GRABEN SIE TIEFER

RAINER LIEPOLD

Der Bestattungskulturführer

claudius

www.claudius.de

Umschlaggestaltung: Mario Moths, Marl
Umschlagfoto: © APCortizasJr./iStock
Druck: Clausen & Bosse, Leck

ISBN 978-3-532-62468-5

Rainer Liepold
Graben Sie tiefer!

INHALT

1. EIN WENIG KULTUR – WENN SIE GESTATTEN?

Menschen gut zu bestatten ist eine Kulturleistung. Und es ist ein Geschäft, mit dem man Geld verdienen kann. Für die betroffenen Angehörigen ist es eine besondere, einmalige Herausforderung. Für die Friedhofsprofis – mich als Pfarrer eingeschlossen – gehört es zur alltäglichen Routine. Das macht die Sache spannend. Den Angehörigen tut ein individuell, bis ins Detail gestalteter liebevoller Abschied gut. Zugleich ist mancher Profi im Bestattungsgewerbe daran interessiert, möglichst sein Standardprogramm durchziehen zu können, mit Standardverfahren und Standardfloskeln. Wie viele Wahl- und Gestaltungsmöglichkeiten es eigentlich gäbe, wird den meisten Angehörigen im Vorfeld gar nicht erst aufgezeigt.

Doch der letzte Gang ist kein fraglos zu akzeptierender Selbstläufer. Wir können Menschen auf ganz verschiedene Art und Weise zu Grabe tragen. Und die Unterschiede sind deutlich spürbar: Beerdigungen können unverkrampft ehrlich, warmherzig wertschätzend und emotional berührend sein. Nehmen Sie es mir nicht übel, aber es gibt wunderschöne Bestattungen! Dann passen die Formen und Worte zum Verstorbenen. Dann klingt und riecht alles echt. Dann sind alle ganz bei der Sache. Und danach, wenn die Angehörigen den Friedhof verlassen, gehen sie mit dem guten Gefühl, auf gute Weise Abschied genommen zu haben.

Dieses Buch will Ihnen Lust machen, sich für eine derartige Bestattungskultur zu entscheiden. Dabei werden wir den „Profis" vom Bestattungsgewerbe neugierig auf die Finger schauen. Ist es nicht erstaunlich, dass dies bislang noch so selten geschieht? Auf den Test „Aussegnungshallen und Friedhöfe" von Stiftung Warentest warten wir vergeblich. Auch der große *Focus*-Report „Deutschlands beste Grabredner" steht noch aus. Verständlich – denn auf dem Friedhof gräbt keiner gerne ein bisschen tiefer. Bei den Toten genauer hinzusehen ist offensichtlich ein Tabu. Es werden Urologen getestet, Wegwerfwindeln, Lebensversicherungen und die Veranstalter von Pauschalreisen sowieso. Über fast alle kommerziellen Dienstleistung und Konsumprodukte können Sie sich als mündiger Verbraucher problemlos informieren. Doch mit Blick auf den letzten Gang lassen sich die meisten Menschen vom erstbesten Anbieter blind an die Hand nehmen.

Dieses Buch soll mit dem Tabu brechen. Wir sehen uns unbefangen auf Friedhöfen um. Wir nehmen Aussegnungshallen in Augenschein. Wir forschen nach, wie Bestatter und Trauerredner ihre Arbeit tun. Was wir dabei entdecken, wird manchmal beeindruckend und manchmal deprimierend sein, mal erschreckend und mal lustig, gelegentlich öde, doch oft auch ermutigend und schön. Eines ist es ganz sicher nicht: langweilig. Wenn ich als Pfarrer aus dem Backstage-Bereich des Friedhofs berichte, ist mir die Aufmerksamkeit immer sicher.

Der Kulturanthropologe Norbert Fischer beklagt eine Bürokratisierung des Todes, die zulasten unserer persönlichen Erfahrungen geht: „Bestattungsunternehmen und Friedhofsverwaltung haben den Tod unter sich aufgeteilt. Sie haben den Menschen ihren Tod aus den Händen genommen. Daher fehlt es uns an konkreter Erfahrung und Sprache im Umgang mit dem Tod. Die zunächst entlastende Wirkung bürokratischer Abläufe hat zur Unfähigkeit geführt, Tod und Trauer eigenständig zu verarbeiten. So ist es weniger die häufig beschworene ‚Verdrängung' als vielmehr eine Art Enteignung, die den modernen Umgang mit dem Tod prägt." Das ist so zutreffend wie schade. Die Rituale der Bestattungskultur zielen ja ursprünglich darauf ab, uns zur Mitgestaltung eines Abschieds einzuladen. Die Idee ist, dass wir selbst tätig werden können – und die Hoffnung, dass uns dies den Umgang mit dem Tod erleichtert. Um einen Abschied zu gestalten hat jede Zeit ihre eigenen Formen, Bräuche und Ausdrucksweisen entwickelt. Doch vieles davon hat sich dann als erstaunlich langlebig erwiesen. Fast alles, was Ihnen heute bei Bestattungen begegnet, hat eine Jahrhunderte währende Vorgeschichte.

Doch die Zeit der „Selbstverständlichkeiten" ist vorbei: Die meisten Menschen verstehen den Sinn traditioneller Bestattungsbräuche nicht mehr von selbst. Althergebrachte Liturgien? Die steifen Konventionen der Kondolenz? Das wird heute oft als zwanghaft und aufgesetzt erlebt. Stattdessen nehmen sich immer mehr Menschen die Freiheit, sich von alten Formen zu emanzipieren. Sie suchen nach neuen Ausdrucksformen und modernen Ritualen. Der Friedhof wird zum Experimentierfeld. Viele Angehörige von Verstorbenen wünschen sich heute, dass in neuer Weise über den Tod geredet wird. Sie wollen Beerdigungen, auf denen ungezwungen gelacht werden darf. Sie schrecken nicht mal davor zurück, auf dem Friedhof Sektkorken knallen zu lassen.

Läutet damit das Totenglöckchen für die gute alte Bestattungskultur? Keineswegs! Dass vieles an der Bestattungskultur althergebracht ist, heißt ja nicht, dass es nicht auch den heutigen Menschen noch guttut. Bei den Gralshütern des Althergebrachten ist die Kultur selten in guten Händen. Das gilt auch für die Bestattungskultur. Auf der Suche nach liebevollen, authentischen und lebensbejahenden Formen gehen die Angehörigen von Verstorbenen zunehmend neue Wege. Und das ist gut so.

Dabei wäre es aber schade, wenn die überlieferten Rituale pauschal als überholt betrachtet würden. Denn manche alte Tradition bewahrt ein elementares Wissen über die emotionale Tiefengrammatik von Menschen, die durch einen Todesfall erschüttert wurden. Und derart bewährte Kulturtechniken lassen sich nicht so ohne Weiteres durch etwas Neues ersetzen. So wirken am Ende nicht alle Versuche, neue Formen und neue Worte zu finden, auf Anhieb stimmig.

Dieser „Bestattungskulturführer" nimmt die Erfahrungen ernst, die ich bei über 500 Beisetzungen sammeln durfte. Dabei sind mir sowohl das Potenzial als auch die Grenzen der traditionellen Formen bewusst geworden. Ich habe mich bemüht, die Erwartungen ganz verschiedener Angehöriger zu verstehen. Nur in sehr wenigen Fällen war es den Menschen egal, wie die Beerdigung gestaltet wurde. Aber zugleich war kaum jemand wirklich vorbereitet auf das Bestattungsgespräch. Die wenigsten Menschen hatten durchdachte Vorstellungen davon, was sie sich am Friedhof wünschten. Deshalb dieses Buch: Der Wunsch, selbstbestimmt und bewusst zu leben, sollte auch auf dem letzten Gang ernst genommen werden!

Bestattungskultur ist nicht etwas, das wir an die Profis delegieren können. Dieses Buch wendet sich an Menschen, die bereit sind, selbst Zeit, Gedanken, Fantasie – und auch ein bisschen Geld – in das Verabschieden ihrer Verstorbenen zu investieren. Denn Abschiede sind nicht in erster Linie die Dienstleistungen eines Bestattungsunternehmers. Sie sind vor allem eine Gestaltungsaufgabe für die Angehörigen. Sie haben viele Möglichkeiten, bewusst mitzugestalten, wie enge Angehörige – oder eines Tages Sie selbst – bestattet werden. Wenn unsere Gesellschaft dies wiederentdecken würde, ginge es auf den Friedhöfen weniger peinlich zu. Und mein Verdacht ist: Wir könnten dann auch mit dem Tod besser umgehen!

2. GESCHICHTEN VOM FRIEDHOF

Stellen wir eine ermutigende Einsicht an den Anfang: Es ist wahrscheinlich, dass Sie ganz passabel mit dem Tod leben können. Der Tod einer vertrauten Bezugsperson ist zwar eine schmerzhafte Erfahrung, die Sie zeitweise sehr erschüttern kann. Doch wenn Sie nicht ganz anders sind als die meisten Menschen, wird ein Sterbefall Sie trotzdem nicht dauerhaft aus der Bahn werfen. „Trauer ist eine menschliche Erfahrung, etwas, wofür wir geschaffen sind, und sicherlich nichts, was uns überfordern soll", bilanziert George A. Bonanno, einer der renommiertesten Trauerforscher.

Jeder Mensch weiß, dass er irgendwann sterben muss. Auch Sie wissen das. Und Sie ahnen, dass Sie vor Ihrem eigenen Tod den Tod anderer Menschen erleiden müssen. Darunter können Menschen sein, die Sie sehr lieben und mit denen Sie ganz innig verbunden sind. Möglicherweise haben Sie diese Erfahrung sogar schon gemacht. Abschiede gehören eben leider unausweichlich zum Leben. Gerade deshalb hat unsere Kultur ja auch Verfahren entwickelt, wie wir diese Abschiede möglichst so gestalten können, dass es dem Weiterleben der Hinterbliebenen dient. In diesem Sinne ist die Bestattung eines Toten Lebenshilfe für seine Angehörigen. Die Abschiedsrituale, Symbolhandlungen und Worte am Grab sollen beim Loslassen helfen. Sie sollen es den Hinterbliebenen erleichtern, sich nach einiger Zeit wieder für eine Zukunft ohne den Verstorbenen zu öffnen.

Aus diesem Grund wurde beispielsweise der Grabstein erfunden.

Seine ursprüngliche Aufgabe bestand schlicht und einfach darin, den Sargdeckel so zu beschweren, dass er sich nicht mehr öffnen lässt. Und damit war vor allem gemeint, dass er sich nicht mehr *von innen* öffnen lässt! Der Grabstein sollte sicherstellen, dass der Verstorbene wirklich brav in seinem Sarg blieb. Die Angehörigen hatten damals nämlich große Angst vor der Wiederkehr der Toten.

Diese Ängste vergangener Zeiten waren durch magische Vorstellung geprägten. Das ist uns heute fremd. Wenn Sie einen lieben Menschen bestatten, dann dürfte die Sorge, dass er als böser Geist wieder auftaucht, kaum Ihr größtes Problem sein. Sehr wahrscheinlich werden Sie diese Vorstellung sogar für völligen Unsinn halten. Aber ist damit das tiefere Wissen, das sich hinter der Erfindung des Grabsteins verbirgt, wirklich obsolet? Nein. Denn der Wunsch, einen Sarg sicher zu verschließen, nimmt eine Funktion wahr, die bis heute zu jeder Bestattung gehört. Die Gestaltung des Rituals hilft den Trauernden, sich der *Unwiederbringlichkeit* des Verstorbenen bewusst zu werden. Sie hilft, die *Endgültigkeit* des Abschieds zu begreifen. Das klingt auf den ersten Blick zwar nach einer unerfreulichen, schmerzhaften Erfahrung. Aber sie ist letztendlich wohl notwendig. Indem Sie als Trauernder die Trennung vom Betrauerten bewusst erleben, fällt es Ihnen leichter, den Verlust abschließend zu akzeptieren. Erst dadurch entsteht der Freiraum, Ihre Zukunft ohne den Verstorbenen zu gestalten.

Asche zu Asche. Erde zu Erde. Staub zum Staube. Der Erdwurf am offenen Grab ist bei vielen Bestattungen ein besonders emotionaler Moment. Vielleicht können Sie sich an so eine Situation erinnern? Vor Ihnen das offene Grab. Etwa 1,5 Meter unten Ihnen der Sarg in der Erde. Und jetzt werfen Sie mit einer kleinen Schaufel Erde auf den Sargdeckel. Was geht dabei in Ihnen vor? Sie sehen, wie sich das Grab schließt. Sie helfen symbolisch mit, einen Menschen endgültig unter die Erde zu bringen. In diesem Moment wird vielen Hinterbliebenen die Endgültigkeit des Abschieds wirklich bewusst. Die engsten Angehörigen, die ein paar Minuten davor noch gefasst der Trauerrede zugehört und so gewirkt haben, als hätten sie ihre Gefühle im Griff, werden auf einmal von Weinkrämpfen geschüttelt.

Wäre es nicht besser, wenn wir uns solche schmerzhaften Erfahrungen ersparen würden? Warum halten wir an alten Bräuchen fest, obwohl diese uns in einer ohnehin leidvollen Situation in unserer Selbstkontrolle schwächen? Obwohl sie möglicherweise sogar unkontrollierte emotionale Ausbrüche provozieren? Nun, da gibt es die populärwissenschaftliche Theorie von der heilsamen Notwendigkeit des „Rauslassens“: Die „Lass es raus“-These läuft darauf hinaus, dass es eine „entladende“, befreiende Wirkung hat, starke Gefühle sichtbar „auszuleben“. Den Grundstock für diese Sichtweise hat die Psychoanalytikerin Helene Deutsch in den Zwanzigerjahren gelegt. Sie führte Therapiegespräche mit Patienten, die an schweren psychischen Erkrankungen litten. Dabei gewann sie den Eindruck, dass diese Menschen dadurch krank wurden, dass sie in einem früheren Lebensabschnitt auf sichtbar gezeigte und bewusst gelebte Trauer verzichtet hatten. Daraus schloss Deutsch: „Runterschlucken“ macht krank, während „Rauslassen“ heilsam ist.

Aus diesem Grund gibt es Trauerbegleiter und Seelsorger, die Angehörigen dazu raten, ihren Schmerz emotional und expressiv auszuleben. Dadurch soll diese angeblich heilsame „sichtbare Trauer“ ins Fließen kommen. Doch die „Lass es raus“-Theorie scheint nicht in jedem Fall zu stimmen. Aktuelle Forschungen kommen zu dem Ergebnis, dass es tatsächlich vielen Hinterbliebenen guttut, sich emotional kontrolliert zu verhalten. Wenn diese Menschen sich in den Verlustschmerz hineinsteigerten, würde sich das Risiko, an einer anhaltenden Trauerstörung zu erkranken, sogar erhöhen. Es ist also keineswegs immer hilfreich, die Hinterbliebenen dazu zu drängen, im Trauerprozess expressiv „Gefühle zu zeigen“.

Es gäbe eine Reihe von Vorschlägen, wie eine Bestattung „harmloser“ gestaltet werden könnte: Warum überhaupt ein Abschiednehmen am Friedhof? Warum einen Sarg vor Augen haben? Wäre es nicht am einfachsten, sich in einem hellen Raum zu treffen, in dem nichts an den Tod erinnert? Dort sieht man sich dann miteinander Fotos aus dem Leben des Verstorbenen an, dazu ein Glas Prosecco. Angehörige und Freunde, die in beschwingter Weise Anekdoten aus dem Leben der Toten erzählen und danach gemeinsam sein Lieblingsgericht kochen? Statt einer Beerdigung in Schwarz eine bunte Feier des Lebens?

Solche „Bestattungen light“ haben sich nicht durchgesetzt. Auch heute entscheiden sich die allermeisten Menschen für ein Abschiedsritual, das ihnen den Tod des Verstorbenen vor Augen führt und dadurch spürbar eine Zäsur markiert. Dafür gibt es auch gute Gründe: Als Passageritual für die Hinterbliebenen kann die Bestattung ihre Aufgabe nur dann erfüllen, wenn das, was sich verändert hat, auch augenfällig wird: die Trennung von einem Verstorbenen. Wenn der Tod bei einer Bestattung zur Fußnote wird, dient das keineswegs dem Weiterleben der Angehörigen.

Das Bedürfnis nach einem echten Abschied scheint tief in uns verwurzelt zu sein. Das kann die folgende Geschichte verdeutlichen: Ein 51-jähriger Mann verbringt seinen Urlaub auf einer griechischen Insel. Eines Morgens schwimmt er bei Sonnenaufgang hinaus ins Meer. Alleine. Und er kehrt nicht mehr zurück. Seine Leiche wird nie gefunden. Doch die Familienangehörigen gehen schon bald davon aus, dass er tot ist. „Ganz weit rauszuschwimmen und dafür offen zu sein, dass die Kräfte nicht für eine Rückkehr reichen: Das hat einfach zu ihm gepasst“, erinnert sich die Schwester. Als der Verschollene nach einem Jahr offiziell für tot erklärt wird, wünscht sich die Familie eine Abschiedsfeier in der Kirche. Da es keinen Leichnam gibt, müssen sie ohne Sarg Abschied nehmen. Stattdessen stellen die Familienangehörigen ein großes Foto des Verstorbenen auf den Altar. Doch in dem Moment, in dem ich als Pfarrer die Abschiedsworte spreche, auf die normalerweise auf dem Friedhof der Erdwurf folgt, geschieht etwas Ungeplantes: Die Mutter des Verstorbenen steht auf und kommt nach vorne. Sie greift nach dem aufgestellten Foto und streichelt es zärtlich. Dann legt sie es *flach* auf den Altar. Dadurch wird ihr Sohn auf einmal unsichtbar für die Trauergemeinde. Sie weint. Und sie setzt sich wieder. Durch das Umlegen des Fotos hat sich etwas geändert: Es ist deutlich geworden, dass die Verbindung der Hinterbliebenen zum Verstorbenen jetzt unterbrochen ist. Dieser symbolische Akt der Trennung hat genau das aufgegriffen, was normalerweise geschieht, wenn ein Sarg ins Grab herabgelassen wird. Die Mutter hatte offensichtlich ein spontanes Bedürfnis, auch unter diesen ungewöhnlichen Umständen wirklich Abschied zu nehmen. Sie wollte sich von ihrem toten Sohn sichtbar trennen.

Die traditionellen Bestattungsrituale werden heute von vielen Menschen hinterfragt. Unser Umgang mit dem Tod ist anders als in früheren Jahrhunderten. Allein aus Tradition oder Konvention an Bräuchen festzuhalten wäre nicht im Sinne der betroffenen Angehörigen. Trotzdem sollten Sie sich bewusst machen, dass diese Bräuche nicht zufällig entstanden sind. Sie haben im Trauerprozess eine Funktion erfüllt, die den Hinterbliebenen bei der Wiederherstellung von Lebensgewissheit geholfen hat. Gerade das macht die Bestattung zur *Kultur*leistung.

„Kultur" ist die Antwort auf „Natur". „Natur" bezeichnet das, was von selbst ist, wie es ist. Was dann aber der Mensch *aus eigener Kraft* hervorbringt, um seine Lebensumstände zu verändern, zu gestalten oder zu deuten, gilt als Kulturleistung. Zur allergrößten Leistungsfähigkeit scheint die Menschheit interessanterweise gerade dann aufgelaufen zu sein, wenn es darum ging, sich mit dem Tod – der eben leider zur Natur des Menschen gehört – auseinanderzusetzen. Haben Sie schon mal ehrfürchtig staunend vor der Cheops-Pyramide in Ägypten gestanden? Oder vor den 6000 Terrakotta-Soldaten in Xi´an? Was heute für Touristen ein beliebtes Fotomotiv ist, war damals Bestattungskultur in ihrer ambitioniertesten Form. Unsere Vorfahren haben eben nicht nur Kultur*pflanzen* erfunden, um das Überleben einer immer größer werdenden Menschheit zu ermöglichen, sie haben auch die verschiedensten Kulturtechniken des Bestattens entwickelt, um dem Tod etwas entgegenzusetzen.

Wenn Sie heute ein Grabmal in Auftrag geben, werden Sie sich kaum die Größe und Protzigkeit der Cheops-Pyramide zum Vorbild zu nehmen. Auch die Idee, einem Verstorbenen 6000 Mercedes-Limousinen – statt der Terrakotta-Soldaten – als Grabbeigabe mitzugeben, dürfte höchstens unter russischen Mafiabossen ernsthaft erwogen werden. Der wirklich wichtige Ertrag der Bestattungskultur ist nämlich nicht, dass sie Jahrtausende währende Monumente hinterlässt. Sie soll vielmehr ganz praktisch den Hinterbliebenen helfen, ihr Leben ohne den Verstorbenen möglichst unbelastet weiterzuleben.

Dazu haben unsere Vorfahren Abschiedsrituale entwickelt, von denen ihre Zeitgenossen gesagt haben: „Das passt zu uns, und besser kann man es in so einer Situation nicht machen!" Zu diesem Zweck mussten die Rituale im richtigen Verhältnis Hingabe und Kontrolle, Konfrontation und Schonung ermöglichen. Eine Bestattung tut den Trauernden dann gut, wenn sie in einer zu ihnen passenden Weise ihre Gefühle zeigen können, ohne völlig von diesen überwältigt zu werden. Wenn der Tod ernst genommen, doch zugleich auch durch Worte und Symbole Lebenshoffnung vermittelt wird. Wenn die Endgültigkeit des Abschieds klar markiert, aber dem Tod auch eine wie auch immer geartete Zukunft entgegengesetzt wird.

Die Kulturtechniken des Bestattens scheinen durch alle Zeiten hindurch etwas Positives bewirkt zu haben. Sie haben den Menschen ihrer Zeit geholfen, sich mit der Unabwendbarkeit des Todes abzufinden. Und sie haben geholfen, die Verstorbenen so zu verabschieden, dass das Leben der Hinterbliebenen möglichst gut weiterging. Genau das ist die bleibende Aufgabe der Bestattungskultur bis heute. Es sieht übrigens ganz so aus, als käme diesem Anliegen der Bestattungs*kultur* die *Natur* des Menschen entgegen. Der Psychologe George A. Bonanno hat mit einer großen Studie bewiesen, dass wir normalerweise den Tod eines nahen Angehörigen recht gut verkraften können: „Die gute Nachricht für die meisten von uns lautet, dass Trauer weder etwas Übermächtiges noch etwas extrem Langwieriges ist. So furchtbar der Verlustschmerz sein kann, die meisten von uns sind *widerstandsfähig*." Bonannos Untersuchungen zeigen, dass 85 bis 90 Prozent der Menschen, die den Tod einer engen Bezugsperson verarbeiten müssen, aus eigener Kraft wieder auf die Beine kommen. Die meisten Hinterbliebenen finden nach und nach zurück zu Selbstständigkeit und Lebensfreude, nur eine kleine Minderheit muss sich in therapeutische Betreuung begeben.

Ein Bestatter, der viele Hundert Menschen intensiv beim Abschiednehmen begleitete, hat folgende Beobachtung gemacht: „Trauer ist eine Kraft, und Betroffene sind oft über sich selbst erstaunt, wenn sie in der Zeit nach dem Verlust Kräfte in sich entdecken, von denen sie nichts geahnt hatten: Energie, Kreativität, Lebenswille, Durchsetzungsfähigkeit." Mit diesem Befund deckt sich auch meine Wahrnehmung als Pfarrer. Ich habe viele Menschen beim Tod eines engen Angehörigen begleitet. Danach habe ich dann oft miterlebet, wie ihr Leben in den Wochen, Monaten und Jahren nach dem Abschied weiterverlaufen ist. Die meisten von ihnen kommen ohne professionelle Hilfe zurecht. Sie sind von Tod eines Angehörigen ehrlich betroffen. Sie vermissen diesen Menschen schmerzhaft. Anfangs denken sie sehr oft an ihn – später immer noch, aber seltener. Sie vergessen den Verstorbenen zwar nicht, aber sie richten sich doch auch ohne ihn wieder im Leben ein. Sie lachen wieder – am Anfang noch selten, später dann fast so oft wie früher. Sie nehmen ihre Alltagsverrichtungen wieder auf. Sie sehen irgendwann wieder nach vorne und entdecken, wodurch ihr Leben auch ohne den Verstorbenen lebenswert bleibt.

Hellwach, trotz dunkler Kleidung

Ist es nicht schön, wenn mal etwas auf Knopfdruck funktioniert? Ein Druck auf den Knopf der Fernbedienung, und die Totenglocke erklingt. Ein weiterer Knopfdruck, und der Sarg rollt auf einer in den Boden eingelassenen Schiene langsam nach hinten. Zeitgleich schließt sich wie von Geisterhand der Vorhang zwischen dem Toten und der Trauergemeinde. Dazu läuft von rechts und links symmetrisch je ein schwarzer, blickdichter Vorhang auf die Mitte zu. Und jetzt wird es spannend: Wird der Sarg schnell genug nach hinten gerollt sein, sodass sich der Vorhang sauber vor ihm schließt? Oder wird der schwere Vorhangstoff den Sarg noch berühren, sich an ihm kurz aufbauschen und dann mit einer hörbaren Bewegung, in die Trauerhalle zurückschwingend, den Sarg freigeben? Oder wird er sich vielleicht sogar an den vorderen Griffen des Sargs vorbeistreifend in einem von diesen verfangen und den Sarg vom rückwärts rollenden Sargtisch reißen, sodass dieser polternd auf den Boden schlägt?

Am Ende ging alles gut. Wobei wir vielleicht besser sagen sollten: Am Ende hat die Technik reibungslos funktioniert. „Gut" fand die 54-jährige Frau, die mir von dieser Trauerfeier erzählte, diesen massiven Einsatz von Technik eben gerade nicht. Sie sprach vielmehr von einer „herzlosen Mischung aus Fließbandbetrieb und Kasperltheater" und empfand den äußeren Ablauf der Trauerfeier als „total unpersönlich". Es ging damals um den Abschied von Britta. Britta war ihre beste Freundin, drei Jahre jünger als sie, und sie war an Brustkrebs gestorben. „Mitten aus dem Leben gerissen", sagt man bei Todesfällen dieser Art. Entsprechend groß war die Betroffenheit und die Trauergemeinde auf dem Friedhof.

Brittas Sarg hat sich ganz ohne menschliches Zutun wie von Geisterhand aus dem Blickfeld der Trauernden zurückgezogen. Die Inkas im alten Peru wären beeindruckt gewesen. Sie hätten mit höheren Mächten gerechnet. Wir rechnen heute eher damit, dass der Friedhofsbetreiber Personalkosten sparen will. Optimiertes Prozessmanagement und der Einsatz moderner Sakraltechnologie: Jetzt wäre McKinsey beeindruckt! Wer so verabschiedet wird, wundert sich wahrscheinlich nicht mehr, wenn an der Himmelspforte statt eines bärtigen Petrus eine Gegensprechanlage mit Spracherkennungscomputer die Daten fürs Check-in ins Jenseits aufnimmt.

Ich erzähle Ihnen diese Geschichte nicht, weil ich grundsätzlich etwas gegen Technik auf Friedhöfen hätte. Ich möchte vielmehr mithilfe dieser Begebenheit veranschaulichen, wie sehr Trauergäste *auf jedes Detail achten*. Brittas Freundin konnte sogar das leise Summgeräusch imitieren, das der Motor beim Schließen des Vorhangs von sich gegeben hatte. Dieses Geräusch ist ihr sehr viel intensiver im Ohr geblieben als die Orgelmusik, mit der die Trauerfeier beschlossen wurde.

Hinterbliebene können sich oft noch Jahre nach der Bestattung an solche Details erinnern. An das Geräusch, als der Sarg beim Herablassen an die Grabwand geschrammt ist. An die Schlammspritzer am Hosensaum eines Trauergastes. An die Spinnweben am Kerzenständer. An das leichte Flackern einer von insgesamt zwölf Neonröhren in der Aussegnungshalle. An die Materialanmutung der kleinen Plastikschaufel, mit der sie Erde ins Grab geworfen haben. „Das Knistern beim Herausholen eines Papiertaschentuchs aus der Packung stört die Trauergäste einer Bestattung erheblich", hat der Theologe und Fortbilder für Bestatter Klaus Dirschauer beobachtet. Er rät deshalb zum geräuscharm zu entfaltenden Stofftaschentuch.

Wie ist diese Sensibilität für das Detail zu erklären? Die Antwort ist bemerkenswert: Kummer bewirkt ganz offensichtlich Konzentration! Menschen, die traurig sind, sehen besonders gründlich hin. Sie achten mehr auf Kleinigkeiten, als sie es in alltäglicher Stimmung täten. „With sadness comes accuracy, with happiness false memory", stellte der Wissenschaftler Justin Storbeck fest. Der US-Psychologe hat herausgefunden, dass eine traurige Gemütsverfassung die Wahrnehmung schärft. Traurige Menschen nehmen ihre Umwelt aufmerksamer wahr. Wir erinnern uns später präziser und wahrheitsgemäßer, wenn es um ein trauriges Ereignis geht.

Diese Beobachtung wurde bei Probanden gemacht, die sich davor einen Kinofilm angesehen hatten. Bei traurigen Filmen war ihre Aufmerksamkeit und Aufnahmefähigkeit eindeutig größer als bei lustigen. Wer ein Drama vorgeführt bekam, konnte sich danach intensiver an Details erinnern. Seine Erinnerungen waren darüber hinaus auch noch zuverlässiger als beim Komödienpublikum. Wer einen lustigen Film gesehen hatte, machte beim Memorieren einzelner Szenen erheblich mehr Fehler.

Stellen Sie sich vor, Sie sollen einen anderen Menschen richtig einschätzen: Wird Ihnen dies besser gelingen, wenn Sie davor traurige Musik vorgespielt bekommen? So erstaunlich das klingt: Es ist so! Nachdem Sie eine Viertelstunde traurige Musik gehört haben, nehmen Sie andere Menschen aufmerksamer und realistischer wahr, als Sie es ohne die Beschallung mit trüben Tönen täten. Die Neigung, sich blenden zu lassen und die Fähigkeiten anderer Menschen zu über- oder unterschätzen, nimmt ab. Durch Musik oder einen Film in traurige Stimmung versetzt, führen Sie kleine Aufgaben, die man Ihnen danach stellt, besonders gründlich und gewissenhaft aus. „Kummer fördert die Konzentration und begünstig gründlicheres und reflektierteres Denken", resümiert der Trauerforscher George A. Bonanno.

Bonanno hat dafür auch eine Erklärung. Er sagt, dass jede Stimmung zu ihr passende körperliche Reaktionsmuster aktiviert. Diese Reaktionsmuster haben dann jeweils eine für die Situation sinnvolle Funktion. Zorn, zum Beispiel, steigert den Adrenalinausstoß. Blut wird in den Kopf gepumpt. Zorn lässt Sie die Fäuste ballen und bringt Sie in Angriffslaune. Da Sie normalerweise nur dann zornig werden, wenn Sie sich in Ihren Rechten missachtet oder angegriffen fühlen, ist es durchaus sinnvoll, dass Ihr Körper in solchen Momenten Verteidigungsbereitschaft signalisiert. Kummer hat die gegenteilige Funktion von Zorn: Wenn Sie bekümmert sind, sprechen Sie leiser. Sie nehmen eine gebückte Köperhaltung ein. Sie bewegen sich langsamer. Dadurch signalisieren Sie ein Bedürfnis nach Schonung. Ihr Körper zeigt an, dass Sie sich vorübergehend aus aktiven Rollen zurückziehen wollen und erst einmal mit sich selbst beschäftigt sind. Genau dies ist die Situation bei einem Trauernden. Und offensichtlich schärft diese Wendung nach innen den Blick für Details.

Das ganze Setting einer Bestattung ist darauf angelegt, die Teilnehmer zu schonen. Es sollen Rückzugsräume für die emotionale Verarbeitung eröffnet werden. Wenn Sie sich Ihre eigenen Erinnerungen an Begräbnisse ins Gedächtnis rufen, was fällt Ihnen dazu ein? Das Tempo auf dem Weg zum Grab war extrem entschleunigt. Die Musik in der Aussegnungshalle war besinnlich und getragen. Die Trauergäste hielten zueinander mehr Abstand und begegneten sich zurückhaltender, als sie es bei einer Geburtstagsfeier täten. Sie und die anderen Trauergäste waren ganz auf eine passive, rezipierende Rolle reduziert. Gerade dadurch konnten Sie sich auf das Wahrnehmen konzentrieren. Ihr biologisches System war in dieser Situation nicht auf „Was kann ich tun?", sondern auf „Was geschieht hier?" geeicht. Liegt es da nicht nahe, dass Sie mit einer besonderen Achtsamkeit bei der Sache waren? Mit allen Sinnen hellwach für jedes Detail? Ich hatte vorhin erwähnt, wie sehr eine achtlose Kleinigkeit von Trauernden als störend wahrgenommen werden kann. Aber diese geschärfte Sensibilität einer Trauergemeinde ist zum Glück nicht nur defizitorientiert. Auch für die *schönen* Details sind die Hinterbliebenen bei einer Bestattung besonders offen.

Ich habe eine junge Frau vor Augen, deren geliebte Uroma ich beerdigt habe. Der Leichenzug war am Grab angekommen. Üblicherweise dauert es dann einen Moment, bis sich die Trauergäste je nach Verwandtschaftsgrad um das Grab herum „sortiert" haben. Die junge Frau hatte entsprechend ihrer Nähe zur Verstorbenen einen Platz direkt vor dem offenen Grab eingenommen. Doch als die Trauergemeinde schon fast zur Ruhe gekommen war, ist sie auf einmal noch einen halben Schritt nach links getreten. Durch diese 20 Zentimeter Lageveränderung stand sie an einer Stelle, wo die Sonne durch die Bäume scheinen konnte. Sie stand spürbar im Licht. Und dann hat sie ihre Augen geschlossen und die Wärme der Sonnenstrahlen auf ihrem Gesicht genossen. Dass sie in diesem Moment auch mit geschlossenen Augen das Licht um sich herum *spürte*, dürfte stärker gewesen sein als alles, was ich mit Worten über Lebenshoffnung sagen konnte.

Fernsehpfarrer Jürgen Fliege gilt als Profi unter den Empathikern. Manchmal führt er auch ganz ohne Fernsehen eine Beerdigung durch. Eine solche hat ein Freund von mir miterlebt. Danach wollte ich natürlich wissen, wie Pfarrer Fliege auf dem Friedhof war. Mein Freund antwortete: „Ein Detail hat mich wirklich berührt. Als der Trauerzug am Grab angekommen ist, lagen da mehrere Kränze. Bei einem dieser Kränze war die Schleife im unteren Teil verdreht, sodass der Text nicht vollständig zu lesen war. Fliege ist in die Hocke gegangen und hat die Schleife ganz achtsam, fast schon zärtlich gerade gezogen. Dann hat er den Text auf ihr laut vorgelesen. Das war stark. In dem Moment waren alle ganz bei der Sache." So ein Gespür für die Details zu haben – wahrscheinlich macht genau dies die Qualität eines echten Bestattungsprofis aus. Jürgen Flieges Auftritt auf dem Friedhof hat vor allem aus diesem Grund Eindruck hinterlassen.

Bei einer von mir gestalteten Beerdigung hatte einmal ein Eichhörnchen seinen großen Auftritt. Wenige Meter vom Grab entfernt hing ein kleines Vogelhäuschen in einem Baum. Das Eichhörnchen war auf das Vogelfutter scharf. Es konnte dieses aber nur erreichen, indem es sich mit den Hinterfüßen an einem darüber liegenden Ast festhaltend zum Vogelhäuschen herunterhängen ließ. Mit dieser akrobatischen Art der Futtersuche war das Eichhörnchen gerade beschäftigt, als der Trauerzug am Grab eintraf. Da Trauernde sich langsam und leise bewegen, sah sich das Eichhörnchen zunächst nicht genötigt, die Futtersuche einzustellen. Ich habe mir das Tier eine ganze Zeit lang geduldig angesehen. Unter anderem, weil mir bewusst war, dass ich in Konkurrenz um Aufmerksamkeit gegen ein Eichhörnchen im Zehenhang wenig Chancen hatte. Erst als das Eichhörnchen den Baum hochkletterte und aus unserem Sichtfeld verschwunden war, begann ich: „Sie sehen, der Friedhof ist keineswegs ein toter Ort, sondern ein Garten des Lebens. Und so beginnen wir diesen Gottesdienst im Namen des Gottes, der liebevoll alles Leben geschaffen hat."

Ein Trauergast – er stand bei der Bestattung weiter hinten und gehörte wohl nicht zum engeren Angehörigenkreis – sprach mich nach der Beisetzung schmunzelnd an: „Das mit dem Eichhörnchen war gut! Ihr beide seid ein schönes Team. Vor der nächsten Beerdigung sollten Sie beim Grab Nüsse auslegen, damit Ihr pelziger Kollege wieder kommt …"

Merken Sie sich beim Besuch von Beerdigungen, was Sie als wohltuend oder störend empfunden haben! Wenn Sie selbst eine in Auftrag geben müssen, sprechen Sie den Bestatter auf diese Dinge an!

Authentisch: Wie Sie möglichst echt trauern

Der Sohn des Verstorbenen greift mit der bloßen Hand tief in die Erde. Aus der hohlen Hand lässt er sie dann ins offene Grab fallen. Die kleine Schaufel, die eigentlich für den Erdwurf gedacht ist, ignoriert er souverän. Ich sehe es und bin berührt: Warum bin ich selbst nie auf die Idee gekommen, die Erde wirklich „in die Hand" zu nehmen? Bei der nächsten Bestattung tue ich es: Die Erde fühlt sich kühl und feucht an, aber keineswegs unangenehm. Wie eine Decke des Lebens, die den Leichnam wirklich zudeckt, auf der aber auch wieder etwas wachsen kann. Die Erde fühlt sich nach Tod und nach Leben an. Sie mit der bloßen Hand ins Grab zu werfen kommt mir auf eine wohltuende Weise „natürlich" vor. Viel besser, als das Schäufelchen zu benutzen, das ich in seiner Buddelkasten-Anmutung ohnehin immer irgendwie albern fand.

Je nach Stimmung werfe ich seitdem bei manchen Beerdigungen die Erde mit der Hand ins Grab. Und mir ist aufgefallen, dass andere Trauergäste dann oft meinem Beispiel folgen. Warum? Vielleicht ist die Geste ein Aufbegehren dagegen, dass wir bei einem Todesfall auf eine unnatürliche Weise fast alles sonst aus der Hand gegeben haben? Viele Aufgaben, die früher von Nachbarn und Angehörigen erledigt wurden, wurden im Laufe der letzten zwei Jahrhunderte an Profis delegiert: Der Leichnam wird nicht mehr von den Angehörigen gewaschen und eingekleidet. Das Grab wird nicht mehr von den Nachbarn ausgehoben. Der Sarg wird nicht mehr von Freunden getragen. Die Trauergemeinde ist heute meistens ganz auf eine Zuschauerrolle reduziert. Auf dem Friedhof dürfen Sie gerne innerlich berührt sein. Aber mit Blick auf den äußerlichen Ablauf gilt: „Bitte nichts anfassen!"

In mancher Hinsicht ist das entlastend. Es sei denn, Sie gehören zu den Menschen, die den Toten ganz ohne Berührungsängste begegnen. Ich habe diese Unbefangenheit nicht, andere aber wohl schon. Ich kann mich an ein Interview mit einer Bestatterin erinnern. Sie berichtete, dass es ihr gutgetan habe, als 21-jährige Studentin die

Leiche ihrer jung verstorbenen Schwester zu waschen. Dieses Erlebnis wurde ihr zum Anlass, sich für den Beruf der Bestatterin zu entscheiden. Das Waschen des Leichnams bezeichnete sie als ihr „persönliches Erweckungserlebnis". Bei diesem Interview wurde mir klar, dass in mir ganz offensichtlich kein Bestatter schlummert. Einen Leichnam zu waschen würde mich zum Beispiel große Überwindung kosten.

Wie viele Berührungsängste wir Toten gegenüber haben, ist von Mensch zu Mensch unterschiedlich. Ich kann mich an zwei Töchter, neun und elf Jahre, erinnern, deren Vater völlig überraschend gestorben war. An einem Schlaganfall bei einem Wochenendausflug. In dieser schmerzhaften Situation entschied sich die Familie für ein besonders gutes Bestattungsinstitut. Zu dessen Dienstleistungen gehörte, dass die Angehörigen mehrere Stunden Zeit hatten, ungestört am geöffneten Sarg Abschied zu nehmen. Dazu stellte das Bestattungsinstitut einen hellen, freundlichen Raum zu Verfügung, in dessen Mitte der Tote aufgebahrt war. In diesem Abschiedsraum gab es bequeme Sitzgelegenheiten, Kaffee, Säfte und Wasser standen bereit. In einer Ecke stand eine Stereoanlage mit einer Auswahl von CDs oder um mitgebrachte Musik zu hören. Für Kinder lagen Farbtöpfe und Pinsel bereit. So konnten sie den Sargdeckel bemalen oder Erinnerungsbilder anfertigen und dem Verstorbenen in den Sarg legen. Unter diesen Rahmenbedingungen konnte die Familie intensiv und ungestört Abschied nehmen.

Doch von dieser Möglichkeit haben die beiden Töchter auf ganz unterschiedliche Weise Gebrauch gemacht: Die jüngere bewegte sich völlig ungezwungen im Raum. Sie hatte kein Problem damit, ihren verstorbenen Vater zu sehen und sogar zu berühren. Der Elfjährigen indessen hat es sichtbar Überwindung abverlangt, an den offenen Sarg zu treten. Sie fühlte sich unbehaglich in einem Raum mit dem Toten. Daraufhin schloss eine Mitarbeiterin des Bestattungsinstituts die Tür zum Nachbarraum auf. Dort lag keine Leiche. Sie brachte Stifte und Papier und lud die ältere Schwester ein: Wenn sie wolle, könne sie gerne auch in diesem Raum etwas für ihren Vater malen.

Darauf ging das Mädchen sofort – und spürbar erleichtert – ein. Doch nach einiger Zeit kam sie dann doch wieder in den Raum, in dem ihr Vater aufgebahrt war. Ihr war deutlich anzumerken, dass sie dazu all ihren Mut zusammengekratzt hatte. Sie ist kurz geblieben und wieder gegangen. In den nächsten zwei Stunden gab es dann noch mehrere solcher „Stippvisiten". Die Ältere hat sich so viel Nähe zum Toten zugemutet, wie ihr in dieser Situation gutgetan hat. Die besondere Kompetenz des Bestattungsunternehmens bestand nicht darin, den „richtigen" Trauerweg vorzugeben. Die beiden Töchter durften vielmehr selbst entdecken, was für sie in dieser Situation richtig war. Genau das macht es uns möglich, in unserer Trauer authentisch zu sein.

Authentizität wird den Angehörigen dadurch ermöglicht, dass sie für sich entscheiden dürfen: Was ist meine ganz persönliche Art, Abschied zu nehmen? Was will ich bei einem Abschied selbst in die Hand nehmen? Was will ich lieber an den Bestatter delegieren? Ein Bestatter, der den Hinterbliebenen grundsätzlich alle Aufgaben und Sorgen abnehmen will – der sich sozusagen als „Entsorgungsunternehmer" versteht –, verhindert oft diese Authentizität.

Diesen Gedanken der „Entsorgung" hat ein Wiener Unternehmer bereits im Jahr 1880 auf die Spitze getrieben. Um ein Höchstmaß an Schonung zu erreichen, wollte er nicht nur den Angehörigen alle Aufgaben aus der Hand nehmen, idealerweise sollte sogar ganz auf Handarbeit verzichtet werden. Zu diesem Zweck erfand Wilhelm Lovrek einen Sargversenkungsapparat: Durch diesen erfolge das Herablassen des Sargs „per Knopfdruck gleichmäßig und geräuschlos". Nach Lovreks Einschätzung war dies eine dringend notwendige Hilfe, „den schmerzlichsten Moment zu verkürzen und weniger peinlich zu gestalten". Das händische Herunterlassen des Sargs mit Seilen empfand er als „widerliche Tortur". Stellen Sie sich nur mal das knarzende Geräusch vor, wenn die Seile an der Grabumfassung entlangschrammen: Kann man das nicht mithilfe geräuschloser Entsorgungstechnologie pietätvoller gestalten? Man kann – aber um welchen Preis? „Was als Pietät gemeint war, mündete in Sterilität", stellt der Bestattungshistoriker Wolfgang Stöcker zutreffend fest. Wenn Sie im Internet unter dem Suchwort „Sargversenkungsapparat“ recherchieren, werden Sie auch heute noch ein entsprechendes Gerät für die „perfekte, pietätvolle Erdbestattung“ finden. Inklusive „mechanischem Bremsgetriebe mit Fliehkraftregler“ (das klingt fast so, als müsse man den Sarg vom Davonfliegen abhalten).

Ich selbst habe es bei über 500 Beerdigungen kein einziges Mal erlebt, dass so eine vollmechanische Entsorgungshilfe zum Einsatz kam. Was ich aber oft erlebe, ist, dass auf dem Friedhof alles wie am Schnürchen laufen soll: Das Friedhofspersonal erledigt seine Arbeit wie mechanisch – kein Wunder bei zehn Bestattungen täglich. Die Sargträger spulen mit den immer gleichen Handgriffen, Bewegungsmustern und Gesichtsausdrücken ihr Programm ähnlich zuverlässig ab wie Lovreks Sargversenkungsapparat. Der Friedhofsbetrieb funktioniert wie ein geölter Apparat, der reibungslose Pietät organisieren will. So ein reibungsloser Abgang entspricht aber nicht immer den emotionalen Bedürfnissen der Trauernden! Der Mann, der mit der bloßen Hand in die Erde gegriffen hat – und damit irgendwie auch Sand im sterilen Getriebe des Friedhofsbetriebs war –, hat prompt beim Friedhofspersonal viel missbilligendes Kopfschütteln hervorgerufen.

Es gibt Hinterbliebene, die es als entlastend empfinden, nichts selbst in die Hand nehmen zu müssen. Für diese Menschen ist es sicher sinnvoll, einfach nur die „Profis“ machen zu lassen. Andere sehen das aber anders. Sie wollen bei einer Beerdigung in irgendeiner Weise persönlich beteiligt sein. Sie wollen der Bestattung eine persönliche Note verleihen und ihre Verbundenheit mit dem Verstorbenen zum Ausdruck bringen. Wer sich bei der Gestaltung eines Abschieds persönlich einbringen möchte, hat viele Möglichkeiten.

Ich für meinen Teil hätte nichts dagegen, wenn bei meiner eigenen Beerdigung der rund um meinen Sarg meine Lieblingsbücher aufgestapelt würden – gerne schon zwei Stunden vor der Feier, sodass die Trauergäste in dem schmökern können, was mir wichtig war. Oder wenn meine ehemaligen Bergfreunde in Bergschuhen kämen – auch wenn diese braun und nicht schwarz sind. Oder wenn ich auf meinem letzten Gang von den Menschen getragen würde, die schon davor eine tragende Rolle in meinem Leben hatten – auch wenn sie sich dabei eher als Gesprächspartner hervorgetan haben als durch ihre Fähigkeit, Särge in makelloser Synchronität abzusenken. Oder wenn unser Kirchenchor singen würde – auch wenn er den Ton nicht immer verlässlich trifft. Ein bisschen schräg und den Ton nicht immer genau treffend beerdigt zu werden? Das würde sogar ganz ausgezeichnet zu mir passen! Beim Leichenschmaus dürften die Leute dafür auch gerne die besten Weine aus meinem eigenen Keller trinken.

Doch wenn ich heute bei eben diesem Wein – und zum Glück ohne den geringsten konkreten Anlass – über meine Beerdigung nachdenke, wird mir schnell bewusst: Solche individuellen, „authentischen" Einlagen sind nur in Grenzen sinnvoll. Meine Eltern und meine Ehefrau hätten den legitimen Wunsch, dass mein Abgang nicht zu einem – Zitat meiner Frau – „letzten irren Hundetheater verkommt". Wenn die traditionellen Rituale durch die Aktivitäten der authentischen, aber wenig rollensicheren Freunde ganz in den Hintergrund gedrängt würden, würden wahrscheinlich die engsten Angehörigen darunter leiden.

Das habe ich allerdings nur selten erlebt. Fast immer haben die entfernteren Angehörigen ein Gespür dafür, dass ihre eigenen persönlichen Beiträge eine Bestattung nicht dominieren dürfen. Und den nahen Angehörigen ist bewusst, dass sie sich bei der Bestattung überfordern würden, wenn sie *zu viel* selbst machen wollten. Wenn Sie von einem Todesfall betroffen sind, wird es Ihnen wahrscheinlich guttun, bei der Bestattung „vorzukommen" und Beteiligung zu zeigen. Aber *im Mittelpunkt* des Rituals zu stehen wäre heikel.

Er stand im Mittelpunkt. In einer Aussegnungshalle, in der nicht nur alle 80 Stühle besetzt waren, sondern noch mal so viele Menschen im Stehen der Trauerfeier beiwohnten. Ein 29-Jähriger war an Leukämie gestorben. Und jetzt stand sein bester Freund vorne neben dem Sarg. Er wollte die Traueransprache halten. Dazu hatte er zwei eng beschriebene Zettel in der Hand. Sicher mit sehr persönlichen, liebevoll formulierten Erinnerungen. Doch er hatte seine Emotionen nicht im Griff. Er konnte seinen Blick nicht vom Sarg abwenden und musste immer wieder schluchzen. Er fand zu keiner sicheren Stimme. Erschwert durch die schlechte Akustik in der Aussegnungshalle verstanden die Trauergäste nur einzelne Wörter oder höchstens mal ein Satzfragment. Seine Ansprache wurde mehrfach von längeren Weinkrämpfen unterbrochen. Ich dachte mir: „Mensch, das ist ein echter Freund!" Und zugleich: „Es wäre besser gewesen, wenn er darauf verzichtet hätte, diese Rede zu halten." Und ich bin mir sicher, dass viele der Trauergäste in diesem Moment das Gleiche dachten. Trauern heißt auch Sich-fallen-lassen-Dürfen. Und das verträgt sich nicht mit einer tragenden Rolle bei einer Bestattung. Ich wäre sehr dankbar gewesen, wenn der Freund mir seine Erinnerungen zuvor gegeben hätte. Es wäre mir eine Freude gewesen, in der Ansprache weite Passagen daraus vorzulesen. Dann wäre das Persönliche zur Sprache gekommen, und der Freund hätte sich fallen lassen dürfen.

Ungewöhnliche Bestattungen: Darf es was Besonderes sein?

Ungehemmt fließende Authentizität kann auf manche Menschen durchaus auch befremdlich wirken, besonders auf dem Friedhof. Ich denke dabei an die Beisetzung eines HSV-Fans, die seine Freunde aus der Fankurve so geglückt fanden, dass sie sie auf YouTube eingestellt haben: Die meisten Trauergäste erschienen in ihrer Stadiontracht auf dem Friedhof, in den Vereinsfarben Blau, Weiß, Schwarz. Auf einem mitgebrachten Ghettoblaster wurde das Vereinslied *„HSV forever"* intoniert. Den Sarg zierte eine Vereinsfahne. Die launige Ansprache des Trauerredners griff ausschließlich Bilder aus der Fußballwelt auf. Über dem offenen Grab wurde dann mit Dosenbier angestoßen. Fast schon überflüssig zu erwähnen, dass die Urne wie ein Fußball gestaltet war.

Hamburger Bestatter bieten „HSV-Beerdigungen" an. Blumenbukett in Vereinsfarben? Ein von den Spielern handsignierter Sarg? Vielleicht sogar der Stadionsprecher als Trauerredner? Ja, das alles ist möglich! Je nachdem, ob Sie 5000 oder 15.000 Euro ausgeben wollen – Lizenzgebühren an den HSV inklusive. Für diese HSV-Bestattungen steht sogar ein vereinseigener Friedhof in Altona bereit. Nur einen Steinwurf vom Stadion entfernt, mit Blick auf die Westtribüne! Fromme Juden wollen ja schließlich auch mit Aussicht auf den Tempelberg in Jerusalem beigesetzt werden.

Als Pfarrer, in dessen Gemeindegebiet noch dazu die Allianz-Arena des FC Bayern liegt, runzle ich da die Stirn. Das heißt aber nicht, dass auch Sie die Stirn runzeln müssen. Ich gebe zu: Es gibt in Deutschland viele Menschen, die samstags regelmäßig ins Stadion gehen, aber noch nie am Sonntag in der Kirche waren. Sie singen mit Begeisterung Schlachtgesänge, können aber mit Kirchenliedern nichts anfangen. Liegt es da nicht nahe, dass diese Menschen auch bei Bestattungen auf Gesänge, Symbole und Gemeinschaftserfahrungen zurückgreifen, die ihnen vertraut sind?

„Der Ritus umfängt den Betroffenen mit festen Formen. Er leitet damit das individuelle Verhalten in Situationen, die so außerordentlich sind, dass individuelle Weisen, sich darin zu verhalten, nicht mehr möglich sind." Mit diesen Worten beschreibt der Theologe Dietrich Rössler die Funktion der Bestattungsliturgie. „Liturgie" bedeutet ins Deutsche übersetzt „öffentlicher Dienst". Damit sind Worte und Handlungen gemeint, die den meisten Menschen irgendwie vertraut sind. Etwas, das man in einer bestimmten Situation einfach macht oder sagt, ohne groß überlegen zu müssen: „Erde zu Erde. Asche zu Asche. Staub zum Staube." Danach treten Sie ans Grab, verneigen sich kurz und werfen Erde hinein. Das kennen Sie. Das muss Ihnen niemand erklären.

Heute hat die Kirche kein Monopol mehr auf Liturgien. Im Gegenteil, die klassische Kirchenliturgie entwickelt sich zum Ladenhüter. Stellen Sie sich vor, ich begrüße die Trauergemeinde liturgisch korrekt mit den Worten „Der HERR sei mit Euch": Wüssten Sie, wie Sie darauf zu reagieren haben? Die Trauergemeinde müsste einstimmig antworten: „Und mit deinem Geist!" Aber das erlebe ich heute nur noch, wenn ich einen Kollegen beerdige. Also lasse ich den liturgischen Gruß lieber weg. Wenn jedoch der Stadionliturg den HSV-Fans entgegenruft: „*Forever and ever*!“, dann antworten diese völlig selbstverständlich: „*We'll stay together!*“

Dazu kommt der Aspekt der Gemeinschaft. Eine starke Gemeinschaft wirkt nach den Worten des Anthropologen Ernest Becker als „kultureller Angstpuffer“. Ihm zufolge kriegen wir die Angst vor dem Tod unter anderem dadurch „gepuffert“, dass der sterbliche Einzelne sich als Teil einer ihn überlebenden Gemeinschaft versteht: „Wir empfinden uns als Teil eines größeren Ganzen, einer Gruppe oder Kultur, die dauerhafter ist als wir. Diese Empfindung verschafft uns das Gefühl, unsterblich zu sein.“

Ein einzelner Fan mag sterben, aber die Vereinshymne beschwört die Ewigkeit: „HSV – forever and ever“. „Des Menschen Leben währt 70 Jahre, oder, wenn es hoch kommt, sind es 80 Jahre“ – sagt das Alte Testament. Doch der Ball rollt ewig, und „nach dem Spiel ist vor dem Spiel“ – Originalton Sepp Herberger. Ganz offensichtlich kann durch Fußball ein Gemeinschaftsgefühl entstehen, das den Einzelnen zu tragen vermag.

Was gibt es also gegen eine HSV-Beerdigung einzuwenden? Da hat der Mann in Schwarz abgepfiffen, und die Fankurve reagiert solidarisch, Arm in Arm. Man nimmt mit einer außergewöhnlichen liturgischen Dynamik Abschied und ist dabei maximal „authentisch“. Hat das nicht Applaus verdient? Ich für meinen Teil bleibe skeptisch. Meine Skepsis möchte ich mit einem weiteren Wort aus der Fußballsprache begründen: Die HSV-Beerdigung hat einige Menschen *in die Abseitsfalle* laufen lassen. Ins Abseits geraten ist bei dieser Bestattung ganz offensichtlich *die Familie* des Verstorbenen. Inmitten des blau-weiß-schwarzen Fanblocks standen auch drei konventionell in Schwarz gekleidete Frauen. Ich vermute, eine von ihnen war die Mutter des Toten. Ihr Alter und ihre sichtbare persönliche Betroffenheit deuteten darauf hin. Diese drei Nichtvereinsmitglieder wirkten keineswegs besonders glücklich – was ja bei einer Beerdigung verständlich ist. Aber es schien auch so, als seien sie nicht glücklich damit, wie die Beerdigung gestaltet wurde. Die Schlachtgesänge und die sich ganz um den Fußball drehende Ansprache? Das war ganz offensichtlich nicht ihre Sache. Verständnislos und verloren standen sie am Rand.

Damit stoßen wir auf ein Problem der „besonderen" Bestattungsfeiern. Stellen Sie sich vor, ein Milieu mit seinen Gesängen, Symbolen und Überzeugungen dominiert eine Bestattung: In diesem Fall könnte es Ihnen schwerfallen, sich auf diese einzulassen, wenn Sie dem Milieu nicht angehören! „Themenbestattungen" grenzen diejenigen aus, die mit dem Thema nichts anfangen können. Und wenn diese Menschen trotzdem mit dem Verstorbenen verbunden sind, ist das nicht fair. Der Ritus sollte so gestaltet werden, dass möglichst alle vom Todesfall Betroffenen daran teilnehmen können.

Eine ähnliche und doch ganz andere Beisetzung hatte ich im Milieu der Queer Community. Als ich einen 37-jährigen, an Aids verstorbenen Homosexuellen beerdigte, hatte ich eine erste Friedhofserfahrung mit diesem Milieu. Es waren sehr liebe Menschen, die aber sehr „speziell" beerdigt haben: bunt gekleidet, mit Prosecco und Luftballons am Grab. Dazu das dunkelgraue Friedhofspersonal, das mit demonstrativem Kopfschütteln die Nackenmuskulatur zum Knacken brachte. Wow! Doch ich habe mich keineswegs unwohl gefühlt: Während dieser Beerdigung verstand ich, dass Menschen, die zu Lebzeiten von der Mehrheitsgesellschaft ausgegrenzt wurden, am Grab wirklich sie selbst sein wollen. Um das Friedhofspersonal vom Kopfschütteln abzuhalten, hätten sie sich verleugnen müssen. Damit hätten sie aber den Verstorbenen – der irgendwann den Mut hatte, seine sexuelle Orientierung nicht mehr zur verleugnen – verraten. Die Eltern des 37-Jährgen waren auch dabei, in Schwarz gekleidet. Sie haben optisch nicht in die bunte Community gepasst. Aber sie waren trotzdem kein Fremdkörper. Ihre Erinnerungen an den Sohn kamen in der Trauerrede zur Sprache, und die Community hat sich für diese Familiengeschichten wohlwollend interessiert. Zugleich wurde auch die Bedeutung der Community für den Verstorbenen gewürdigt. Auch das war den Eltern wichtig. „Wir haben unseren Sohn in seinem Anderssein akzeptiert. So können wir auch akzeptieren, dass die Beerdigung ein bisschen anders ist", sagte der Vater danach zu mir.

Warum kommt der HSV auf dem Friedhof in meinen Augen schlecht weg, die Queer Community aber gut? Wenn Sie ein heterosexueller Fußballfan sind, finden Sie das möglicherweise unfair. Mit Ihrem Widerspruch lägen Sie grundsätzlich nicht ganz falsch. Schließlich könnte auch die Beerdigung eines Menschen, der von sich sagt „Fußball war mein Leben!", so gestaltet werden, dass niemand ins Abseits gestellt wird.

Es waren die Details, die den Unterschied gemacht haben. Mir persönlich kam die HSV-Beerdigung bedrückend herzlos vor. Und ich glaube, ich weiß auch, woran das lag: Die Dynamik dieser Beerdigung bestand darin, dass ein Kollektiv *sich selbst feierte*. Mit Dosenbier am Grab. Dabei war der Verstorbene als Individuum nicht wirklich wichtig. Wichtig an ihm war nur, dass er zur Fangemeinschaft gehört, dass er dem HSV zugejubelt hatte. Mich erinnert das an die Heldenbestattung im Krieg. Auch da wird der einzelne Soldat nicht als Individuum gewürdigt, vielmehr wird der „höhere Auftrag" oder das „Ringen für den Endsieg" gewürdigt. Eine „gute" Bestattung sollte aber die Individualität des Verstorbenen und nicht das Vereinsziel in den Mittelpunkt stellen.

Selbstkritisch räume ich ein, dass man auch bei einer kirchlichen Bestattung in unpassender Weise vereinnahmt werden kann: „Unser Bruder in Christo" – der polnische Pater nannte nie den Namen des Verstorbenen. Er nannte ihn stattdessen immer „unseren Bruder in Christo". Und er sagte: „Es ist unser aller Trost und unser aller feste Hoffnung, dass unser Bruder in Christo jetzt sehen wird, was er Zeit seines Lebens fest geglaubt und gehofft hat!" Echt? Nun, ich kannte den Verstorbenen. Er war ein sehr beliebter, lebenslustiger Mensch, eine Stimmungskanone am Akkordeon. Und ich kannte die Angehörigen. Eine Familie, die ausgesprochen herzlich miteinander umging und auf berührende Weise zusammenhielt. Übermäßig fromm waren sie aber nicht. Es wäre ihnen nie in den Sinn gekommen, aus der Kirche auszutreten. Sie waren auf eine bayerische Weise „gut katholisch". Aber dass der Glaube ihr zentrales Lebensthema gewesen sei, kann man kaum sagen. Der Verstorbene war für sie „der Papa" und nicht „der Bruder in Christo". Durch das Überbetonen der Frömmigkeit wurde aus der Beerdigung ein bisschen eine Milieuveranstaltung – allerdings mit dem Problem, dass das Milieu frommer polnischer Priester nur in Form einer einzigen Person vertreten war.

Kleidung und Accessoires: Nur Äußerlichkeiten?

Die junge Sprechstundenhilfe kam ganz in Schwarz, wie es sich gehört. Immerhin wurde ihr Chef beerdigt. Aber die Rocklänge: Kürzer ging es kaum. Und dazu noch Stiefel mit hohen Absätzen! Herr Dr. med., Inhaber einer renommierten Arztpraxis, war kurz vor seinem 60. Geburtstag gestorben. Seine Frau, älter als die Sprechstundenhilfe, aber ebenfalls sehr gut aussehend, beschrieb ihn mit folgenden Worten: „Er hat sich zum Schönen hingezogen gefühlt. Und zu den Schönen ..." Da die Witwe vom Tod ihres Mannes sehr mitgenommen war und ausgesprochen liebevoll von ihm erzählte, schloss ich nicht auf Ehebruch. Aber ich war mir ziemlich sicher, dass dem Verstorbenen die Beine seiner Sprechstundenhilfe gefallen hatten.

Jetzt stand sie also im superkurzen Rock am offenen Grab. Wenn Sie es aus der Perspektive eines Mannes betrachten: Ein schöner Anblick! Und von unten dürfte der Blick auf eine verwegene Weise noch bemerkenswerter gewesen sein.

Statt „in Sack und Asche zu gehen" entscheiden sich heute viele Trauergäste für normale schwarze Kleidung. Frauen sind auf dem Friedhof manchmal sogar ganz schön herausgeputzt. Doch das ist keineswegs ein neues Phänomen unserer liberalen Zeit. Ambitionierte und gewagte Trauermode war schon um 1900 weitverbreitet: „Die Trauermode wurde zu einem Wettlauf der modebewussten Damen, die sich durch die Lektüre einschlägiger Modejournale über die jeweils neuesten Trends informieren konnten", schreibt Reiner Sörries, Professor für Christliche Archäologie und Kunstgeschichte.

Sörries hat die Geschichte der Trauerkleidung erforscht. Diese hatte zunächst eine soziale Funktion: durch ihre Kleidung wurden Frauen als Witwen kenntlich gemacht. Nach dem Tod ihres Mannes stand eine Frau nämlich vor einer Statusänderung, die mit bestimmten Rechten und Pflichten verbunden war. Im Haus der Trauernden wurde das Herdfeuer gelöscht. Die Nachbarn waren vorübergehend für das Kochen und die wichtigsten Erledigungen zuständig. Dafür hatten sich die Hinterbliebenen von geselligen Anlässen, Festen und Tanzveranstaltungen fernzuhalten. Witwen ist man mit einem gewissen Maß an Schonung und Zurückhaltung begegnet; dafür mussten sie selbst zurückhaltend auftreten. Dass eine Witwe vor Ihnen steht, hätte Sie über viele Jahrhunderte sofort an der Kleidung erkannt. Der Witwentracht hätten Sie sogar entnehmen können, wie lange die Dame schon verwitwet war: Je nachdem, ob sie sich im Zustand der Voll-, Halb- oder Austrauer befand, veränderte sich ihre Kleidung.

Sörries geht aber davon aus, dass die Witwentracht schon lange vor ihrer sozialen Funktion eine magische hatte. Wenn wir in der Geschichte der Trauerkleidung noch einen Schritt weiter zurückgehen, stoßen wir auf archaische Vorstellungen: Der Schleier sollte ursprünglich sicherstellen, dass die Witwe unkenntlich gemacht wurde. So sollte verhindert werden, dass der Tote zu ihr zurückfinden und sie zu sich in den Tod ziehen konnte. Eine Gefahr, mit der Sie heute nicht mehr rechnen werden. Es sei denn, Sie haben immer noch die gefährlich hohen Absätze der Arzthelferinnenstiefel unmittelbar an der Grabeskante vor Augen.

Heute ist die traditionelle Witwentracht kaum mehr üblich. Ihr Verschwinden verdanken wir unter anderem dem Fortschritt bei der Gleichberechtigung. Denn Witwen und Witwer wurden früher sichtbar ungleich behandelt. Der verwitwete Mann war bereits einen Tag nach der Beisetzung nicht mehr als Witwer zu erkennen. Doch der Frau wurde auferlegt, über eine sehr lange Zeit durch eine Witwentracht eine soziale Sonderrolle einzunehmen. Was mag hinter dieser Ungleichbehandlung stecken? Ziemlich sicher waren es die Motive einer männerdominierten Gesellschaft: Der Gedanke, dass eine verwitwete Frau sich zu schnell ohne ihren Mann wieder im Leben einrichten könnte, verursachte Unbehagen. Deshalb musste sie durch ihr Aussehen zeigen, dass sie für Kontaktanbahnungen und gesellige Aktivitäten „verbrannt" war. Überspitzt gesagt: Das war die soziale Variante der in Indien praktizierten Witwenverbrennung. Wenn Witwen heute noch Schwarz tragen, tun sie es nicht, um ihren Status zu zeigen. Sie tun es als Ausdruck ihrer Stimmung: Schwarz hat sich bei uns als Farbe der Trauer eingebürgert.

Dass Trauer und die Farbe Schwarz zusammengehören, erscheint uns heute als selbstverständlich. Doch das war nicht immer so: Über viele Jahrhunderte war *Weiß* die übliche Trauerfarbe. Auf dem Friedhof schwarz zu sehen wurde erst vor 400 Jahren üblich – in ärmeren Regionen und bei armen Hinterbliebenen sogar erst vor 200 Jahren. Stoffe schwarz einzufärben war lange Zeit nicht möglich. Als dann im 16. Jahrhundert entsprechende Färbetechniken aufkamen, war schwarze Kleidung zunächst sehr teuer. Denn diese neuen Verfahren waren anfangs nur in Flandern und Florenz bekannt. Als Importware aus den Modezentren der damaligen Welt blieb schwarze Kleidung den Reichen vorbehalten. So verwundert es nicht, dass Schwarz als Kleidungsfarbe zunächst nicht mit „Trauer", sondern mit „Eleganz" und „Feierlichkeit" verbunden war. Um besonders elegant und feierlich aufzutreten erschienen diejenigen, die es sich leisten konnten, dann auch auf dem Friedhof in Schwarz. Und damit war der Trend gesetzt: In dem Maße, in dem sich die Färbetechniken verbreiteten und schwarze Kleidung erschwinglicher wurde, setzte sich Schwarz auch als Farbe der Trauer durch. Gleichzeitig blieb es in den ärmeren Bevölkerungsschichten „dem besten Stück im Schrank" vorbehalten.

Kehren wir von diesem Exkurs in die Modegeschichte wieder auf einen Münchner Friedhof unserer Tage zurück. Und sehen wir uns dort eine weitere junge Dame an, wobei Sie in diesem Fall vielleicht eher von einem „Mädchen" sprechen würden: Die 15-Jährige erschien zur Trauerfeier für ihren Opa mit schwarze Strähnchen im ansonsten blonden Haar. Sie trug außerdem mehrere auffällige Ringe mit schwarzen Steinen und eine schwarze Perlenkette. Ich erinnerte mich, sie beim Vorgespräch gesehen zu haben: Aber da gab es weder die schwarzen Strähnchen noch den Schmuck. Also hatte sie diese Accessoires ganz offensichtlich bewusst für die Trauerfeier gewählt. Besonders stilvoll und hochwertig wirkten diese Ringe und die Kette nicht. Unbewusst hatte die 15-Jährige damit an einen älteren Friedhofsmodetrend angeknüpft: Schon Ende des 19. Jahrhunderts kam Trauerschmuck in Mode, „dessen besonderes Kennzeichen es war, dass er gleichzeitig attraktiv und aus billigem, ‚anspruchslosem' Material gefertigt war", so der Bestattungsexperte Sörries: „Üblich war schwarzer Schmuck aus Glas, Email, schwarzem oder geschwärztem Holz, Onyx, später auch aus Ebonit und Bakelit." Ende des 19. Jahrhunderts wurde es in den Damenwelt üblich, durch Schmuck und Accessoires die Trauer öffentlich zu zeigen. Zu diesem Zweck kam zum Beispiel auch das Trauertaschentuch auf: Ein breiter schwarzer Trauerrand umfing die Sekrete gefühlsbetonter Damen besonders stilvoll. Heute haben junge Damen neue Möglichkeiten entdeckt, ihrer Trauer durch spezielle Accessoires Ausdruck zu verleihen: Ein schönes Beispiel dafür ist eine mit Perlen besticke schwarze Handyhülle. Eine solche wurde mir stolz von einer Konfirmandin gezeigt, als wir im Konfirmandenunterricht das Thema „Tod und Sterben" hatten. Auch dieses Mädchen hat damit unbewusst die alte Tradition des Trauerschmucks fortgesetzt: „Diese Handyhülle habe ich mir extra für die Beerdigung meiner Uroma gekauft. Und jetzt werde ich sie ein Jahr lang benützen. Bis zum ersten Todestag. Sie erinnert mich an meine Uroma und dass sie nicht mehr lebt."

Die geschlechtsspezifische Funktion der Mode hat sich vor gut 200 Jahren übrigens komplett gewandelt: Bis zur Französischen Revolution waren die Männer das sich üppig inszenierende, herausgeputzte Geschlecht. Doch im Zuge der Revolution wurden höfisch aufgedonnerte Aristokraten auf einmal als „nutzlos" und „unmännlich überkandidelt" empfunden. Die Männermode wurde bürgerlich, das heißt der sachliche Mann, der schmuck- und emotionslos in der Berufsrolle aufgeht, wurde zum Ideal. Damit trat der dezente Anzug seinen Siegeszug als universale Männeruniform an. Durch Kleidung Emotionen auszudrücken – und auf ein Leben außerhalb der Berufsrolle zu verweisen – war von da an den Frauen vorbehalten. Die Moderforscherin Barbara Vinken fasst diese Entwicklung mit folgenden Worten zusammen: „Männer zeigen durch ihre Kleidung, dass sie systemkompatibel sind und funktionieren. Frauen zeigen durch ihre Kleidung, dass sie Muße und Zeit haben, sich den wichtigen Dingen des Lebens zu widmen." Das kann man auch auf dem Friedhof beobachten: Männer kleiden sich „dem Anlass entsprechend". Frauen auch. Aber sie entwickeln darüber hinaus oft Fantasie, um durch ihre Kleidung eine Beziehung zum Verstorbenen herzustellen und ihre ganz persönlichen Gefühle auszudrücken.

Es gibt jedoch zumindest ein männerspezifisches Traueraccessoire: Ich denke dabei an den *Trauerflor*. Der Trauerflor verdankt sich genau dem geschilderten Hang der Männer, sich zu uniformieren. Ein schwarzes Band am Oberarm zu tragen war ursprünglich eine Ersatzlösung für trauernde Uniformträger: Polizisten, Feuerwehrmänner oder Fußballer konnten ja nicht ihre Dienstkleidung gegen Trauerkleidung eintauschen. Stellen Sie sich dazu einfach ein Fußballspiel vor, wo beide Mannschaften in Schwarz gegeneinander antreten: Das wäre selbst in Zeiten des Farbfernsehens schwierig. Deshalb haben die Fußballer der Bundesliga zum Beispiel nach dem Tod von Robert Enke auf ihren üblichen Trikots einen Trauerflor getragen. Ähnlich verfahren Polizisten und Feuerwehrleute, wenn jemand aus ihrem Kollegenkreis stirbt. Auf diese Weise genügen Männer weiterhin ihren beruflichen Pflichten – und zeigen nebenbei trotzdem Trauer.

Besitzen Sie Kleidungsstücke, in denen Sie mit dem Verstorbenen etwas Besonderes erlebt haben? In welcher Kleidung würde der Verstorbene Sie gerne an seinem Grab sehen? Ist es möglich, diese bei der Beerdigung zu tragen?

No woman, no cry: Ist Trauern vor allem Frauensache?

Stellen Sie sich einen der ersten schönen Samstage im beginnenden Frühling vor. So ein Tag, wo es Männer juckt, ihr Auto zu waschen. Ich gehe stattdessen auf zwei große Münchner Friedhöfe, erst zum Nordfriedhof, dann zum Waldfriedhof. Dort fahre ich mit einem dreckigen Auto vor, aber mit poliertem Doktortitel – denn schließlich komme ich in wissenschaftlicher Mission: Eine statistische Zählung durchzuführen ist mein Ziel. Ich möchte herausfinden, wie viel Prozent der Menschen, die an diesem Tag Grabpflege betreiben, *Frauen* sind.

Der Sepulkral-Statistiker Dr. Liepold kam am Samstag, den 1. März 2014, auf einen Frauenanteil in Höhe von 73 Prozent. Doch falls Sie wissen, wie seriöse Statistiken wirklich zustande kommen, werden Sie die Aussagekraft dieser Erhebung für gering halten. Insbesondere werden Sie bezweifeln, dass man aus dieser Einzelbeobachtung schließen kann, dass Trauern vor allem eine Frauensache sei. Es könnte ja auch sein, dass *Gartenarbeit* vor allem eine Sache von Frauen ist und diese deshalb bei der Grabpflege überrepräsentiert sind.

Wenn ich begründen will, dass Trauern in besonderer Weise Frauensache ist, muss ich also noch andere Argumente ins Spiel bringen. Und die nächsten Argumente, die ich hiermit anführe, sind alte Schinken: Gemälde, Malereien und Drucke aus den vergangenen fünf Jahrhunderten. Und zwar solche, die Beerdigungsszenen darstellen. Gibt es in der Darstellung auffällige Unterschiede zwischen trauernden Frauen und trauernden Männer? Google sei Dank könnten Sie diesen Fragen schnell selbst auf den Grund gehen und würden dann entdecken, was auch ich entdeckt habe: Die alten Meister waren der Meinung, dass Trauern vor allem Frauensache ist!

Wenn es um dieses Thema geht, werden auf den alten Bildern ganz überwiegend Frauen dargestellt. Witwen finden Sie drei Mal häufiger als Witwer. Und das in Zeiten, als noch viele Frauen im Wochenbett gestorben sind und deshalb das Zahlenverhältnis von Witwen und Witwern – anders als heute – ziemlich ausgeglichen gewesen sein dürfte. Indem Frauen viel häufiger in Trauerpose dargestellt werden, erwecken die Kunstwerke den Eindruck, dass Trauern vor allem ein weibliches Thema ist. Und darüber hinaus können Sie bei vielen dieser alten Gemälde noch eine weitere Beobachtung machen: Die Trauer von Männern und Frauen wird auf verschiedene Weise dargestellt. In der Köperhaltung und Gestik gibt es geschlechtsspezifische Besonderheiten: Frauen sind dabei immer in einer passiven, demütigen, hinnehmenden Rolle. Sie sind sichtbar gebrochenen Herzens. Männer manchmal auch – oft aber eben nicht: Viele der dargestellten Männer trotzen dem Tod mit heroischem Blick und einer Aura von maskuliner Tatkraft.

Nehmen Sie zum Beispiel die Kreuzigungsszene aus dem Isenheimer Altar. Auf diesem berühmten Altarbild von Matthias Grünewald sehen Sie vier Menschen unter dem Kreuz: Maria, die Mutter von Jesus, und Maria von Magdalena sowie den Lieblingsjünger Johannes und Johannes den Täufer. Die beiden Frauen geben sich sichtbar ihrem Schmerz hin. Auch die Männer wirken situationsbedingt nicht gerade glücklich. Aber sie haben trotzdem schon wieder zu *aktiven* Rollen gefunden: Der Jünger Johannes tröstet die Mutter von Jesus. Er stützt sie von unten und fängt ihren Sturz in bodenlose Traurigkeit ab. Auch der zweite Mann, Johannes der Täufer, wirkt keineswegs wie vom Trauerschmerz gebrochen. Mit einem aufgeschlagenen Buch in der Hand deutet er auf den gerade verstorbenen Jesus am Kreuz. Sein Verhalten symbolisiert sozusagen, dass die Sache Jesu auch nach dessen Tod weitergeht. Und das führt uns zu einer Einstellung, die bis heute ziemlich typisch für trauernde Männer ist: „Das Leben muss weitergehen! Man muss nach vorne sehen!“ Sind 500 Jahre alte Gemälde ein überzeugendes Argument dafür, dass intensives Trauern in besonderer Weise eine Frauensache ist? Selbst wenn das damals so war, muss es ja nicht zwangsläufig bis heute so sein. Die geschlechtsspezifischen Unterschiede könnten auch mit der Zeit verschwunden sein. Führen wir deshalb ein weiteres Experiment durch, das uns etwas über das *heutige* Trauerverhalten sagt!

Ich habe mir im Internet viele Fotos angesehen, die in den Tagen nach dem 31. August 1997 aufgenommen wurde. An diesem Tag ist Lady Di bei einem Autounfall in einem Verkehrstunnel in Paris ums Leben gekommen. Daraufhin schwappte eine bis dahin nie da gewesene Welle der öffentlichen Trauer durch England und den Rest der Welt. Tausende Menschen zogen zum Buckingham Palace, um dort Kerzen anzuzünden und Kränze niederzulegen. Als der Sarg am 6. September öffentlich zur Beerdigung nach Westminster Abbey überführt wurde, säumten circa 2,5 Millionen Menschen die Straßen Londons. Und was schätzen Sie? Wie viele unter ihnen waren weiblichen Geschlechts?

Mithilfe von 15 zufällig ausgewählten Fotos bin ich auf insgesamt 364 Gesichter von Erwachsenen gestoßen, deren Geschlecht eindeutig zu erkennen war. Und ich habe brav Strichliste geführt: 233 der Abgebildeten waren Frauen. Während die anwesenden Männer meistens einem Familienverband zuzuordnen waren, gab es viele Frauen, die alleine oder mit Freundinnen erschienen sind. Wenn wir auf Basis dieser Zahlen eine Hochrechnung wagen, kommen wir zu dem Ergebnis, dass 64 Prozent aller öffentlich um Lady Di Trauernden weiblichen Geschlechts waren.

Die Statistikexperten unter Ihnen bedauern jetzt wohl endgültig, dieses Buch gekauft zu haben? Ich gebe gerne zu, dass auch diese Erhebung wissenschaftlich nicht ganz ernst zu nehmen ist. Aber vielleicht überzeugt Sie dann eine eigene Recherche? Sehen Sie sich doch einfach mal in den Gästebüchern von Online-Friedhöfen und in den Chatrooms von Trauerselbsthilfegruppen im Internet um: Das Übermaß weiblicher Beteiligung ist völlig offenkundig!

Und möglicherweise gibt es ja naheliegende Gründe für den weiblichen Kompetenzvorsprung auf diesem Gebiet? Frauen sind im Beziehungsgefüge der Familie oft stärker präsent als Männer. Diese sind bekanntlich als Jäger, Sammler und Dienstreisende mit Vielfliegerstatus häufiger außer Haus. Wenn Frauen aber schon zu Lebzeiten des Verstorbenen einen größeren Teil der Beziehungsarbeit geleistet haben und Trauer letztendlich nichts anderes ist als ein Akt finaler Beziehungspflege, dann haben viele Frauen hier offenkundig einen emotionalen Vorsprung. Dazu dürfte noch ein weiterer Aspekt kommen: Feministinnen reklamieren, dass Frauen schon „von ihrer Natur her“ besser mit dem Tod umgehen können. Sie hätten als Gebärende und durch den großen weiblichen Lebenszyklus (Menarche, Menstruation, Wechseljahre) automatisch ein intensiveres Verhältnis zu den natürlichen Kreisläufen des Lebens. Von daher läge es also bereits in der Natur der Frau, dass sie achtsamer und emotional klüger mit dem Tod umgehe, als der gemeine männliche Artgenosse es tut.

Liegt es dann nicht nahe, ein Bestattungsinstitut zu gründen, in dem ausschließlich Frauen tätig sind? Genau dies hat beispielsweise Ajana Holz 1995 getan. Als Inhaberin der Bestattungshauses „Die Barke“ möchte sie ganz bewusst „den würdevollen und sanften Umgang mit den Toten wieder in Frauenhände legen“. Dabei erinnert sie daran, dass die Pflege der Toten über viele Jahrhunderte ohnehin in weiblichen Händen lag: „Frauen wissen um die Übergänge von Geburt und Tod. Wir besinnen uns dabei auf die alte Tradition der Leichenwäscherinnen, die oft gleichzeitig Hebammen waren.“ Und das stimmt: Erst als sich mit Bestattungen Geld verdienen ließ, übernahmen die Herrn der Schöpfung das Geschäft. Einen kommerziellen Charakter haben die Bestattungsdienstleistungen aber erst im 19. Jahrhundert bekommen. Davor waren es tatsächlich in erster Linie Frauen, die sich um das Waschen der Leichen und die Vorbereitung der Bestattung kümmerten.

Zum Beispiel gab es vom 12. Jahrhundert an die *Beginen* – eine Mischung aus Frauen-WG und „Kloster light“: Diese Frauenkommunen haben sich freiwillig und selbstbestimmt, also ohne Gelübde und ohne Anbindung an die Kirchenhierarchie, zusammengeschlossen. Leider war die spätmittelalterliche Gesellschaft für so eine Form von Weiberwirtschaft nicht allzu offen. Deshalb blieb den Beginen als Betätigungsfeld nur das, was die Männer unter keinen Umständen selbst machen wollten: die Seelsorge an den Sterbenden und das Vorbereiten der Leichen für die Bestattungen. Berufe, die mit dem Tod zu tun hatten, litten nämlich unter einem gruselig schlechten Sozialprestige. Aus den Beginen entwickelten sich später die *Seelnonnen* und *Lichtfrauen*. Hierbei handelte es sich meistens um Frauen aus den unteren sozialen Schichten. Für sie stellte die Leichenpflege einen Gelegenheitsverdienst dar. Die Seelnonnen sorgten dann teilweise auch für spirituelle Elemente bei der Verabschiedung der Toten, da die Kirche vielerorts nicht wirklich gewillt war, sich in diesem Bereich zu engagieren.

Man(n) hat also allen Grund, einzuräumen, dass das Trauergewerbe über viele Jahrhunderte in besonderer Weise eine Frauendomäne war. Freiberuflerinnen, die auf Honorarbasis bei einer Bestattung tätig waren, gab es übrigens auch im Orient: Ich denke dabei an die *Klageweiber*. Diese wurden von den Angehörigen engagiert, um den Verstorbenen möglichst gefühlvoll und laut zu beweinen. Umso höher die Phonzahl und umso dramatischer das Auftreten, desto höher war auch ihr Honorar. Stimmgewaltige und schauspielerisch begabte Männer hätten in diesem Berufsfeld trotzdem keine Chance gehabt: Expressive öffentliche Trauer war schon immer Frauensache!

Damit wird nicht bestritten, dass auch Männer von Trauer überwältigt werden können. Auch sie können auf den Tod eines nahen Angehörigen sehr emotional und impulsiv reagieren. Dies haben 27 Münchner Konfirmanden erlebt, als der sie betreuende Pfarrer wild schreiend eine Holztür eintrat. Ich war zwar nicht dabei, aber mehrere Augenzeugen haben mir danach davon berichtet. Und was mir erzählt wurde, gibt eindrucksvoll Aufschluss über die „geschlechtsspezifischen Besonderheiten" beim Trauerverhalten: Ein Kollege von mir hatte während einer Konfirmandenfreizeit einen schrecklichen Anruf erhalten. Ihm wurde mitgeteilt, dass sein Bruder bei einem Autounfall ums Leben gekommen war. Er starb, weil er alkoholisiert gegen einen Baum gefahren war. Mein Kollege, 1,97 Meter groß, trat daraufhin eine Tür aus den Angeln und sprang wild schreiend auf der am Boden liegenden Tür herum.

Den Schmerz nicht ohnmächtig hinzunehmen, sondern mit Wut und Aufbegehren zu reagieren, diese Reaktion scheint irgendwie männlich zu sein. Männer neigen offenbar dazu, handgreiflich zu werden, wenn sie die Erfahrung machen, dass sie etwas nicht „im

Griff haben". Und mit dem Tod konfrontiert zu werden läuft ja auf eine Erfahrung von Kontrollverlust hinaus. Die Reaktion meines Kollegen war deshalb nicht untypisch. Frei nach dem Motto „Wer hier etwas zerdeppert, das entscheide ich!" hatte er dem ohnmächtigen Hinnehmen-Müssen ein mächtiges Hinhauen-Dürfen entgegengesetzt.

Es scheint also bis heute geschlechtsspezifische Unterschiede im Trauerverhalten zu geben. Im Zuge der Gleichberechtigung haben sich jedoch Verhalten, Körpersprache, Gestik und Mimik auf dem Friedhof einander angeglichen. Männer dürfen heutzutage ebenfalls Empathie und Hilflosigkeit zeigen. Zugleich habe ich starke und mit einem hohen Maß an Selbstkontrolle auftretende Frauen vor Augen. Große Unterschiede im Trauerverhalten dürften Sie heute weniger zwischen Frauen und Männern beobachten – eher zwischen verschiedenen Kulturkreisen.

Multi-Bestattungskulti: Wie Migranten trauern

„Am schlimmsten ist das, wenn die Menschen einen Migrationshintergrund haben ..." – Eine junge Polizistin berichtete mir von Fällen, in denen sie eine Todesnachricht überbringen musste. Allzu viele waren das bislang noch nicht. Doch besonders eindrücklich hatte sie die beiden Situationen in Erinnerung, wo sie Familien mit Migrationshintergrund aufsuchen musste: „Nicht, dass Sie denken, ich habe was gegen Ausländer", fuhr sie fort, „aber diese Gefühlsausbrüche? Das bin ich einfach nicht gewöhnt!"

Wie unterschiedlich Menschen trauern, können Sie in dem Moment erleben, in dem jemand stirbt, der mindestens ein paar Hundert Kilometer südlich der deutschen Südgrenze geboren ist. Mit zunehmender Temperatur zeigen Trauernde offensichtlich mehr Temperament. Sollten Sie je dabei gewesen sein, als eine Togolesin, eine Türkin oder ein Sizilianer beerdigt wurde, wissen Sie, was ich meine. Menschen aus anderen Kulturkreisen trauern sehr viel emotionaler und ausdrucksstärker. Ihr Verhalten kann auf Mitteleuropäer durchaus verstörend wirken.

Ein Asylbewerber aus Ostafrika kam bei einem Unfall ums Leben. Noch bevor die Polizei die schreckliche Nachricht der Ehefrau offiziell mitteilen konnte, wussten ihre Freundinnen aus dem gleichen Kulturkreis Bescheid. Sie gingen sofort zur Witwe: „Als die letzte Frau eingetroffen war, stimmten die Frauen ein lautes Klagen an, und die Ostafrikanerin klagte mit in der Meinung, es sei irgendein Unglück geschehen. Sie fragte nicht. Eine der Frauen ergriff eine Schere und schnitt der Ostafrikanerin die Haare ab, die augenblicklich verstand, dass es ihr eigener Mann war, der nicht mehr lebte. Sie schrie und raste und gab Zeichen, dass sie sich umbringen wolle. Inzwischen kam die deutsche Polizei, um die Witwe von dem Unfall ihres Mannes zu unterrichten, und ein besorgter Polizist verständigte einen Arzt. Dieser, interkulturell unerfahren, rückte mit einer Beruhigungsspritze an, die auch wirkte. Die anderen Frauen waren empört, dass man die Witwe mit Gewalt und Drogen am Klagen hinderte." Dieser Bericht stammt von Ingelore Oomen-Welke, die als Professorin für die Didaktik der deutschen Sprache viel mit Menschen aus anderen Kulturkreisen zu tun hat.

Oomen-Welke wirbt um Verständnis für das Trauerverhalten von Menschen aus anderen Kulturkreisen. Und sie hat recht: Auch diese uns chaotisch und unkontrolliert erscheinenden Gefühlsausbrüche sind letztendlich keineswegs willkürlich. Die Ostafrikanerin hat in einer Weise auf die Nachricht vom Tod ihres Mannes reagiert, die ihren Freundinnen aus dem gleichen Kulturkreis völlig normal erschien. Entsetzt waren diese vielmehr wegen des Verhaltens des Arztes, dessen „deutsches" Vorgehen ihren Trauerprozess behinderte.

In allen Kulturkreisen gibt es Regeln, wie die emotionalen Ausbrüche der Trauernden auszusehen haben: sich die Haare zu raufen, sich die Wange zu zerkratzen oder Kleider zu zerreißen? In manchen Ländern ist das durchaus in Ordnung. Purzelbäume zu machen oder einen Nachbarn zu schlagen gehört indessen auch dort nicht zum Programm. Es ist erlaubt, sich gehen zu lassen. Aber wie das

Sich-gehen-Lassen geht, ist jeweils durch Konventionen genau festgelegt.

In unserem Kulturkreis hat sich ein hohes Maß an Selbstkontrolle durchgesetzt. Statt lautem, exaltiertem Klagen ist leises, introvertiertes Weinen üblich. Statt üppiger Empathie mit innigen Umarmungen pietätvoller Abstand und dezente Zurückhaltung. Wenn Sie sich an diese Konventionen nicht halten, müssen Sie im schlimmsten Fall befürchten, dass man den Arzt ruft. Können Sie verstehen, dass dieses Verhalten wiederum auf Nichtmitteleuropäer verstörend wirkt? Wie fremd unser Land vielen Menschen mit Migrationshintergrund geblieben ist, können Sie auf dem Friedhof erkennen. Dazu müssen Sie nur nach Grabsteinen mit türkischen Namen und muslimischen Symbolen suchen. Wenn Sie über den nächstgelegenen Friedhof schlendern, werden Sie dabei jedoch kaum fündig werden.

Vormittags erteile ich Religionsunterricht an einer Grundschule, in der 40 Prozent der Kinder an Allah und seinen Propheten Mohammed glauben. Doch wenn ich nachmittags eine Beerdigung habe, suche ich auf den großen Münchner Friedhöfen vergeblich nach muslimischen Gräbern. Fündig werde ich nur dann, wenn ich im Internet recherchiere, wo es extra für Muslime ausgewiesene Bereiche gibt. Wie kommt das? Unsere Gesellschaft ist sichtbar durch türkische Migranten mitgeprägt. Die erste Generation der Gastarbeiter hat ein Alter erreicht, wo mit vielen Sterbefällen zu rechnen ist. Warum sind dennoch unsere Friedhöfe so deutsch geblieben, wie Deutschland vor 50 Jahren war?

85 Prozent der Muslime werden auch heute noch in ihren Herkunftsländern beerdigt. Zu diesem Zweck werden täglich zwischen 80 und 100 Särge per Luftfracht in den Süden geflogen. Turkish Airlines verlangt pauschal 650 Euro für die Überführung eines Sargs von Berlin nach Istanbul. Bei der Cargo-Tochter der Lufthansa wird nach Kilo abgerechnet. Derzeit gibt es allein in Berlin fünf muslimische Bestattungsinstitute, die sich um ihre verstorbenen Glaubensgeschwister kümmern. In anderen Städten mit hohem Migrantenanteil sind ähnliche Einrichtungen entstanden. Dass diese von den Ange-

hörigen beauftragt werden, eine Bestattung in Deutschland zu organisieren, ist aber immer noch die Ausnahme. Denn die hiesigen Rahmenbedingungen und Bräuche machen es Muslimen schwer, entsprechend ihren Traditionen Abschied zu nehmen.

„Eigentlich sagt der Koran ‚Lass dich begraben, wo du stirbst'", betont der türkische Bestatter Bahri Deniz: „Diese Welt gehört Allah. Egal, wo Sie beerdigt werden – alles gehört Allah. Egal, ob Sie in der Türkei oder in Deutschland, in Amerika oder in Russland beerdigt werden. Wer ins Paradies geht, geht ins Paradies. Wer in die Hölle geht, geht in die Hölle. Alles gehört Allah. Aber da die Leute Heimweh haben, veranlassen sie dann meistens doch Überführungen." Deniz ist Geschäftsführer von „Hicret – Islamischer Bestattungsdienst" in Berlin. Der Name hat bereits eine doppelsinnige Bedeutung: *Hicret* heißt ins Deutsche übersetzt *Auswanderung*. Im Koran ist damit der Übergang des Verstorbenen ins Jenseits gemeint. Viele Türken denken bei dem Wort aber eher an die Überführung der Leiche in die ehemalige Heimat.

Deutschland ist für viele türkischstämmige Mitbürger längst zum Lebensmittelpunkt geworden. Was müsste sich ändern, damit sie sich am Ende auch hier bestatten lassen? Gibt es Vorstellungen der Mehrheitskultur oder sogar Gesetze, die dies den Muslimen erschweren? Unter dem schönen Titel „Integration von unten" fragt der Islamwissenschaftler Jens-Martin Rode nach interkulturellen Konfliktfeldern auf dem Friedhof. Die vier wichtigsten Reibungspunkte zwischen muslimischen und traditionell deutschen Bestattungsbräuchen sehen wir uns jetzt an.

Erstens gibt es unterschiedliche Vorstellungen davon, *wie schnell* ein Verstorbener unter die Erde zu bringen ist: Wer in der Türkei morgens stirbt, wird bereits nachmittags beigesetzt. Verstorbene möglichst noch am gleichen Tag zu beerdigen ist im ganzen muslimischen Kulturkreis üblich. Nach deutschem Recht ist indessen vorgeschrieben, dass die Bestattung frühestens 48 Stunden nach dem Tod zulässig ist. Für beide Traditionen gab es in vergangenen Jahrhunderten gute Gründe: In unseren kühlen Regionen wollte man sich Zeit nehmen, in Ruhe zu prüfen, ob der Tote wirklich nicht mehr lebt. Demgegenüber hatte man in den deutlich wärmeren Ländern des Islams Sorge, dass der Tote ein gewisses Eigenleben entfaltet, wenn man sich zu viel Zeit mit der Bestattung lässt. Wenn Sie ein nüchtern denkender Mensch sind, werden Sie jetzt anmerken, dass heute die Zuverlässigkeit der medizinischen Diagnostik einerseits und die von Kühleinrichtungen andererseits beiden Traditionen ihre historische Argumentationsbasis entzieht.

Das zweite Problem für Muslime besteht in der *Sargpflicht*. Deutsche Eiche ist eben auch noch nach dem letzten Atemzug Geschmacksache. Muslime ziehen es traditionell vor, nur in Tücher gehüllt beigesetzt zu werden. Der Islamwissenschaftler Jens-Martin Rode wollte wissen, ob es heute für den Sargzwang außer der Tradition noch andere Gründe gibt. Und die scheint es zu geben – nämlich den Einwand, dass ein Verzicht auf den Sarg die Verwesung behindern kann. „Es gibt Stimmen im Bestattungsgewerbe, die auf das vermehrte Auftreten sogenannter ‚Wachsleichen' aufmerksam machen. Hat ein Boden nicht genügend Sauerstoff, so bewirkt das körpereigene Fett unter Luftabschluss eine dauerhafte Konservierung des Leichnams. Eine Tuchbestattung könne diese Problem verschärfen." Aber an vielen Orten steht die Erdbeschaffenheit einer Tuchbestattung nicht im Wege. Nordrhein-Westfalen und Niedersachsen waren deshalb die ersten Bundesländer, die es den Kommunen freigestellt haben, die Sargpflicht aufzuheben. Für Muslime ist aber alleine die Frage nach dem Verwesungstempo schon befremdlich.

Womit wir beim dritten Aspekt unserer Bestattungskultur wären, der Muslimen Probleme bereitet: Im Islam wird ein *ewiges Ruherecht* für die Verstorbenen gefordert. Im dicht besiedelten Deutschland ist es stattdessen üblich, Gräber nur für eine begrenzte Zeitspanne zu pachten. Dies widerspricht der vom Koran geforderten Achtung der Totenruhe.

Als Letztes fehlt Muslimen auf unseren Friedhöfen eine ihnen gemäße *religiöse Infrastruktur*. Um rituelle Waschungen vorzunehmen und nach muslimischem Ritus zu beten, würden sie einen Wasch- und

Gebetsraum benötigen. Solche Einrichtungen finden sich aber nur auf extrem wenigen deutschen Friedhöfen. Stattdessen sind selbst Friedhöfe in kommunaler Trägerschaft oft deutlich von christlichen Symbolen und Bibelsprüchen geprägt. Jesus Christus spricht: „Ich bin der Weg und die Wahrheit und das Leben", prangt in goldenen Lettern als Schriftzug in der Jugendstil-Aussegnungshalle eines großen städtischen Friedhofs in München. Wenn Sie die Aussegnungshalle in Richtung der Gräber verlassen, gehen Sie zunächst 50 Meter lang auf ein großes Kreuz zu. Und wenn Sie dann bei den Gräbern angelangt sind, stehen Sie – sofern Sie Muslim sind – vor einem weiteren Problem: Keines der Gräber ist exakt nach Mekka ausgerichtet! Genau dies wäre Ihnen als Muslim aber wichtig. Mit fremden Augen betrachtet werden Sie bei jedem Schritt auf unseren Friedhöfen merken: Diese Orte sind in Zeiten entstanden, wo das Christentum noch in frageloser Weise „cultus publicus" war.

Inzwischen gibt es auf den größeren kommunalen Friedhöfen immer öfter auch Gräberfelder für Muslime. Ihrem Wunsch entsprechend werden sie dort nur unter anderen Muslimen begraben. Die Gräber sind nach Mekka ausgerichtet. Dennoch ziehen die meisten der hier lebenden Muslime am Ende immer noch Turkish Airlines dem benachbarten Nordfriedhof vor. In Zukunft wird die Bestattungskultur nach Wegen suchen müssen, wie unsere Friedhöfe auch für Menschen mit Migrationshintergrund in einladender Weise zur letzten Ruhestätte werden können. Und Ärzte, Polizistinnen, Hospizmitarbeiterinnen, Friedhofsbetreiber und Bestatter werden lernen müssen, sich auch auf das Trauerverhalten von Menschen aus anderen Kulturkreisen einzustellen.

Spiel mir das Lied vom Tod! Nur welches?

„'S ist Feierabend, 's ist Feierabend." Ich stehe neben dem Sarg und lausche der Musik: *„Ein jeder legt sein Werkzeug hin, vorbei sind Müh und Pein. 'S ist Feierabend, 's ist Feierabend."* Aha?! Hier wird also der

redliche Handwerker musikalisch auf die wohlverdiente Chill-out-Phase eingestimmt?

„'S ist Feierabend, 's ist Feierabend": Irgendwann wird mir die Sache unheimlich. Werden die ersten Trauergäste gleich ihre Brotzeitdose auspacken? Stehe ich noch würdig aufrecht, oder schunkle ich inzwischen schon ein wenig nach dem grob gestrickten Takt des Lieds? *„'S ist Feierabend, 's ist Feierabend."* Und noch mal. Kann eine CD eigentlich hängen bleiben, wie es früher manchmal die Schallplatten taten? Nach viereinhalb Minuten – gefühlt waren es mindestens doppelt so viele – werde ich von dem Lied erlöst. Die CD ist nicht hängen geblieben. Und ich bin heilfroh, dass das wackere Sängerduo jetzt tatsächlich endlich Feierabend hat.

Geschmäcker sind eben verschieden. Für meine eigene Beerdigung würde ich mir ein Lied von Rainald Grebe wünschen: *„Mein Mondamin ist alle. Die Küche sieht so traurig aus. Kurz hinter Koblenz liegt erschlafft ein Zeppelin. Wer will heut noch hoch hinaus?"* Diese mit melancholischer Stimme gesungene skurrile Ballade auf die Endlichkeit berührt mich zutiefst. Wohlgemerkt: mich! Andere Menschen würden sich lieber noch drei Jahre an ein Beatmungsgerät klemmen lassen, als derartige Blödeleien aus dem Grab hören zu müssen. Zu welchen Liedern wir unser Leben am Ende ausklingen lassen, zeigt, wie unterschiedlich unsere Vorlieben und Lebensentwürfe sind.

„Wie ein Baum, den man fällt" von Reinhard Mey wurde bei der Beerdigung eines Mannes gespielt, der beim Squashspielen an einem Schlaganfall starb. *„Siebenbürgen, süße Heimat"* intonierte die Blaskapelle auf dem Weg zum Grab einer 87-Jährigen, die ihre ersten 55 Lebensjahre in einem Dorf in Siebenbürgen gelebt hatte. *„Komm, großer schwarzer Vogel"* von Ludwig Hirsch wünschte sich ein 41-jähriger Informatiker, als er nach langem Krebsleiden innerlich bereit war zu sterben. *„Es steht ein Soldat am Wolgastrand, hält Wache für sein Vaterland"* vernahm ich staunend bei der Trauerfeier eines Mannes, der in jungen Jahren einen „Ausflug" nach Russland mit sieben Jahren Kriegsgefangenschaft bezahlt hatte. *„Geboren um zu leben"*, gesungen von einem Herrn, der sich „Unheilig" nennt, hatten Enkel

herausgesucht, vielleicht um in Erinnerung zu rufen, dass ihre 83-jährige Großmutter keinesfalls eine Totgeburt war? *„Wann ist man ein Mann?"* lautete die Frage von Herbert Grönemeyer, die ein kettenrauchender Globetrotter mit ins Grab nahm. *„Ich hatte einst einen Kameraden"* scheinen alle ehemaligen Berufssoldaten im Rückblick hervorheben zu wollen. *„Ich weiß, es wird einmal ein Wunder geschehen"* von Zarah Leander war der optimistische Liedwunsch einer 90-jährigen Kunstmalerin. *„Das bisschen Haushalt macht sich von allein – sagt mein Mann"* von Johanna von Koczian erklang am Sarg eines 76-jähriger Facharbeiters. Diesen Liedwunsch fand ich so kurios, dass ich mir nicht verkneifen konnte, nach den Motiven zu fragen. Die Antwort der Witwe deckte einen offensichtlich noch brodelnden Konflikt auf: „Mein Mann war immer der Meinung, dass Haushaltsarbeit keine echte Arbeit ist. Außerdem musste er immer das letzte Wort haben. Deshalb habe *ich* dieses Lied für ihn herausgesucht" – die Witwe konnte sich ein Grinsen nicht verkneifen. Wer hatte hier wirklich das letzte Wort? Ein Beispiel, das zeigt, dass durch Lieder auch Disharmonien anklingen können.

In den CD-Anlagen der Friedhöfe landet nicht nur deutsches Liedgut. Sprechen Sie Englisch? Falls nein, dann entgeht Ihnen auf dem Friedhof was! Für diesen Fall übersetze ich Ihnen gerne die Titel der beliebtesten englischsprachigen Beerdigungslieder ins Deutsche: *„Zeit, auf Wiedersehen zu sagen"* von Sarah Brightman und Andrea Bocelli führt seit Jahren die Friedhofshitparade an. Viele Verstorbene möchten im Rückblick noch mal betonen: *„Ich habe es auf meine Weise gemacht!"* (Frank Sinatra) Im Jahr 2010 wurde es kurzzeitig sehr modisch, *„irgendwo hinter dem Regenbogen"* von Israel Kamakawiwo'ole zu sein. Die *„Kerze im Wind"* von Elton John war zu diesem Zeitpunkt nach meiner Wahrnehmung in den Trauercharts schon wieder am Erlöschen. Ein Dauerbrenner scheint dafür *„Ich werde dich immer lieben!"* von Whitney Houston zu sein. Ebenfalls fest etabliert auf dem Friedhof ist die vom medizinischen Standpunkt aus verwegene Behauptung *„Mein Herz wird weiter schlagen"* von Céline Dion.

Wahrscheinlich geht es Ihnen wie mir: Nicht jedes der genannten

Lieder empfinden Sie auf dem Friedhof als passend. Bei dem einen oder anderen würden Sie sich vielleicht sogar im Grab umdrehen. Manche Lieder lassen einen sehr individuellen Zugang zur Lebensgeschichte oder zum Sterben anklingen. Das kann uns sowohl berühren als auch ratlos machen.

Der Berufsverband der Bestatter gibt jedes Jahr eine aktuelle Hitliste heraus. Die „Top 10" in den Aussegnungshallen bestanden im Jahr 2013 demnach aus folgenden Liedern:

Platz	Titel und Interpret	Trend
1	**Time To Say Goodbye** – *Sarah Brightman*	↑
2	**I Will Always Love you** – *Whitney Houston*	↓
3	**The Rose** – *Bette Midler*	↑
4	**Someone Like You** – *Adele*	↑
5	**Ave Maria** – *Franz Schubert*	↓
6	**My Way** – *Frank Sinatra*	↓
7	**Geboren um zu leben** – *Unheilig*	↓
8	**Only Time** – *Enya*	↑
9	**Hurt** – *Jonny Cash*	↑
10	**My Heart Will Go On** – *Céline Dion*	↑

Quelle: www.bestattungen.de

Hätten Sie diese Dominanz von modernen Titeln erwartet? Und so viele englischsprachige Lieder? Auf der Chart-Liste steht ja nur noch ein einziger Klassiker: das *„Ave Maria"* von Schubert. Und wenn Sie nach traditionellen Kirchenliedern suchen, werden Sie gar nicht mehr fündig. Im Jahr 2009 ist mit *„So nimm denn meine Hände"* das letzte Kirchenlied aus den Friedhofscharts geflogen.

Mir fällt es schwer, dies zu glauben. Die Beerdigungsliederhitparade, die ich auf Grundlage meiner eigenen Friedhofserfahrungen erstellen würde, sähe konservativer aus. Den Spitzenplatz von *„Time To Say Goodbye"* kann ich zwar bestätigen. Und auch Schuberts *„Ave Maria"* sehe ich – selbst bei evangelischen Beerdigungen – weit vorne. Doch Kantaten von Johann Sebastian Bach und Mozarts *„Requiem"* werden ebenfalls oft gewählt. Und bei etwa jeder zweiten Beerdigung erklingen dann doch auch Lieder aus dem Kirchengesangbuch: *„So nimm denn meine Hände"*, *„Befiehl du deine Wege"* und *„O Haupt voll Blut und Wunden"* höre ich zum Beispiel ziemlich oft. Da rund 65 Prozent der Beerdigungen in München kirchlich gestaltet werden, kann meine Wahrnehmung als Pfarrer so exotisch nicht sein. Vielleicht berücksichtigt die Statistik der Bestatter diejenigen Begräbnisse nicht, bei denen die Angehörigen ihre Musikwünsche mit dem Pfarrer beziehungsweise dem Kirchenorganisten *direkt* absprechen? Möglicherweise ist das kirchliche Liedgut deshalb in der Bestatter-Hitparade unterrepräsentiert. Wie gesagt, möglicherweise.

In der Großstadt wird leider auf Beerdigungen selten selbst gesungen. Der gemeinsame Gesang wurde derart zur Ausnahme, dass die Münchner Friedhöfe nicht einmal mehr Gesangbücher vorhalten. Im Frühjahr 2010 hat die Stadt all ihre Friedhofsorganisten entlassen. Noch gibt es auf den Friedhöfen Orgeln, aber falls eine Trauergemeinde „echte" Musik wünscht, muss sie sich selbst um einen Musiker bemühen. Im Grunde genommen wird nur noch bei solchen Bestattungen gesungen, wo das gemeinsame Musizieren und Singen zum Familienleben gehörte oder man durch häufigen Gottesdienstbesuch mit Kirchenliedern vertraut ist.

Wenn Sie nicht mehr den Mut haben, selbst auf dem Friedhof zu singen, gesellen Sie sich damit zu den „Totengräbern" einer starken und bewährten Kulturtechnik: Denn Singen ist Ausdruck von Emotionen und innerer Beteiligung. Singen ist ein Gemeinschaftserlebnis, bei dem die Trauergemeinde erlebt, im Einklang miteinander zu sein. Singen kann sogar zum Sich-Einstimmen auf eine Hoffnung werden, die über den Tod hinaus trägt. Das Selbst-singen-Dürfen haben unsere Vorfahren in der Zeit der Reformation der Kirche abgetrotzt. Sich nicht mehr selbst singen zu trauen ist indessen Ausdruck eines Verlusts von emotional vitaler und gemeinschaftsfördernder Kommunikation.

„Herr Pfarrer, ich weiß nicht, ob wir dann in der Stimmung sein werden ..." Der Sohn der Verstorbenen zögerte zunächst, als ich ihm riet, bei der Beerdigung ein oder zwei Lieder zu singen: „Ich denke, dass wir in dem Moment dann alle sehr traurig sein werden. Und ob uns dann nach Singen zumute ist?" Normalerweise respektiere ich die Wünsche der Hinterbliebenen. Aber in diesem Fall insistierte ich: „Ich kenne Sie und einige aus Ihrer Familie doch aus den Gottesdiensten. Sie können singen. Das weiß ich. Und ich bin mir sicher, es wird Ihnen guttun!" Der Mann ließ sich von mir überzeugen.

Drei Tage später intonierte die Friedhofsorgel ein bekanntes Kirchenlied. Die Aussegnungshallte füllte sich mit Gesang, der Strophe für Strophe kräftiger und sicherer wurde. Und mein Blick suchte den Sohn der Verstorbenen. Er hatte die Augen geschlossen und sang auswendig von der lebensbejahenden Kraft Gottes: „Der Wolken, Luft und Winden gibt Wege, Lauf und Bahn, der wird auch Wege finden, da dein Fuß gehen kann." Ja! Ich bin mir sicher, es war richtig, ihm mit Nachdruck zum Selbstsingen geraten zu haben. Auf dem Rückweg vom Friedhof sagte ich zu unserer Kirchenmusikerin: „Die haben doch schön gesungen, oder?" Sie, die im Gegensatz zu mir wirklich musikalisch ist, sah mich überrascht an und antwortete: „Schön? Na ja ... – sagen wir lieber: von Herzen! Aber wenn Menschen von Herzen singen, ist das immer schön."

Niemand würde auf die Idee kommen, dieser Trauergesellschaft einen Plattenvertrag anzubieten. Andrea Bocellis und Sarah Brightmans Gesang von CD hätten stattdessen auch Zuhörer mit dem perfekten musikalischen Gehör überzeugt. Aber darum geht es doch bei einer Bestattung gar nicht! Das gemeinsame Singen auf dem Friedhof zielt nicht auf die perfekte Performance ab. Das Wohltuende am eigenen Gesang ist vielmehr in erster Linie, dass „echte" Menschen „echt" singen.

Was für Lieder wurden auf den letzten Bestattungen gespielt, an denen Sie teilgenommen haben? Fanden Sie diese Musik passend?

Welche Lieder würden Sie sich für Ihre eigene Beerdigung wünschen?

Gibt es Kirchenlieder, die in Ihnen etwas zum Klingen bringen? Können Sie sich vorstellen, dass eines davon bei einer Beerdigung gesungen wird?

Vom Zusammenhalt beim Loslassen

Schon zwei Stunden vor der Beerdigung wieselt sie durch den Gemeindesaal und deckt die Tische. Auf jeden Platz legt sie Servietten, und zwischen den Tellern drapiert sie Blumenschmuck. Am Vortag hat sie bereits drei Kuchen gebacken. Gleich kommt die Trauergemeinde vom Friedhof. Sie wird einen liebevoll geschmückten Raum inklusive Kuchenbuffet vorfinden. Jutta W., 66 Jahre alt, ist in unserer Kirchengemeinde ehrenamtlich engagiert. Jetzt kümmert sie sich um den Leichenschmaus, ebenfalls ehrenamtlich. Es geht um die Verabschiedung eines Familienvaters, der an einem Schlaganfall gestorben ist. Die Witwe selbst hat bei einem Cateringservice einen Eintopf bestellt. Abgesehen davon muss sie sich um nichts kümmern. Nach dem Leichenschmaus erledigt Jutta W. mit anderen Helferinnen den Abwasch. Sie machen gemeinsam die Räume wieder sauber. Am Ende hat sie über zehn unbezahlte Arbeitsstunden investiert, um der Witwe auf praktische Weise beizustehen. „Ist doch klar", antwortet sie auf mein Lob. „Das würde doch jeder in so einer Situation tun!"

Was ich Ihnen noch nicht gesagt habe, ist, dass Jutta W. den Verstorbenen gar nicht kannte. Auch die Witwe kennt sie nicht wirklich. Nachdem ich ihr vor der Beerdigung die Witwe beschrieben hatte, hatte sie vage eine Frau vor Augen, die sie möglicherweise ein oder zwei Mal im Gottesdienst gesehen haben könnte. Ihre Hilfsbereitschaft war also nicht durch Verwandtschaft, Freundschaft, Nachbarschaft oder sonst eine Form von persönlicher Nähe motiviert. Ist Jutta W. eine Heilige? Nun, auch aus anderen Situationen kenne ich sie als einen sehr herzlichen und hilfsbereiten Menschen. Aber in unserem Fall war es wohl letztendlich ein ausgesprochen menschliches Bedürfnis, etwas für die Witwe zu tun. Es scheint in der Natur des Menschen zu liegen, dass wir auf einen Todesfall mit gemeinschaftsfördernden Aktivitäten reagieren. In dem Moment, in dem Sie an Ihre Sterblichkeit erinnert werden, steigt Ihre Neigung, sich für eine Gemeinschaft, der Sie sich zugehörig fühlen, zu engagieren.

Ich erzähle Ihnen noch von einer anderen beeindruckenden Frau: Diese hat durch eine mutige Zeugenaussage den Anführer einer lokalen Straßengang vor Gericht gebracht. Damit hat sie sich einem gewissen Risiko ausgesetzt. Jeder, der die Zustände im Stadtviertel kennt, weiß das. Deshalb konnten sich viele andere Menschen nicht zu einer Zeugenaussage durchringen, sie hatten Angst vor Repressalien. Nur diese eine Frau hatte den Mut zu einer Anzeige. Deswegen soll sie jetzt aus den Mitteln einer Stiftung eine Belohnung erhalten. Wie hoch würden Sie diese Belohnung ansetzen? Nein, diese zweite Heilige gibt es im Gegensatz zu Jutta W. nicht wirklich. Sie wurde für ein Experiment des amerikanischen Trauerforschers George A. Bonanno erfunden. Er hat seine Studenten gefragt: Wie hoch soll die Belohnung für diese mutige Frau ausfallen? Bonanno hat danach einen Durchschnittswert für die von den Studenten festgesetzte Belohnung errechnet. Und dann hat er das Experiment mit anderen Studenten – und einer kleinen Veränderung – wiederholt. Diese bestand darin, dass die zweite Studentengruppe vor der Festsetzung der Belohnung noch andere Fragen beantworten musste: „Notieren Sie so genau wie möglich, was Ihrer Meinung nach passieren wird, wenn Sie sterben beziehungsweise wenn Sie physisch tot sind!“ „Beschreiben Sie kurz, was Sie fühlen, wenn Sie an Ihren eigenen Tod denken!“ Diese beiden Fragen führten den Studenten ihre Sterblichkeit vor Augen. Was denken Sie, wird dies zur Folge haben? Werden die Studenten im Anschluss die gleiche Belohnung vorschlagen wie jene in der ersten Versuchsgruppe? Oder wird die Belohnung für die mutige Frau jetzt im Durchschnitt höher ausfallen? Oder niedriger? Das Ergebnis war: Die Studenten, die bewusst an ihre Sterblichkeit erinnert wurden, setzten sie die Belohnung für die mutige Frau deutlich höher an!

Ich möchte Ihnen noch von einem weiteren Bonanno-Experiment berichten. Dieses Mal wurden Amtsrichter gebeten, eine Kaution für eine festgenommene Prostituierte festzusetzen. Prostitution ist in den USA verboten. Parallel dazu wurde eine zweite Gruppe von Amtsrichtern ebenfalls um die Festsetzung der Kaution gebeten – nur dass diese Gruppe zuvor die gleichen Fragen beantworten sollte wie die Studenten aus dem vorherigen Experiment. Was wird sich jetzt ändern? Werden die Amtsrichter, denen gerade bewusst gemacht wurde, dass sie sterblich sind, milder urteilen? Oder strenger? Welche der beiden Gruppen wird eine höhere Kaution für den Verstoß gegen das Prostitutionsverbot fordern? Ich selbst würde vermuten, dass die Amtsrichter, die gerade darüber nachgedacht haben, dass sie sterblich sind, eine *niedrige* Kaution festlegen. Als braver Pfarrer stelle ich mir vor, dass wir im Angesicht unseres Todes milder und barmherziger werden. Wer will schon mit dem Gefühl sterben, zu hart zu anderen Menschen gewesen zu sein? Und wenn ich den Tod vor Augen hätte und über meine eigenen, nicht mehr zu korrigierenden Fehler nachdächte, würde ich dann nicht für Nachsicht und Gnade plädieren? Würde ich deshalb nicht milder auf andere fehlerbehaftete Menschen reagieren?

Die amerikanischen Amtsrichter taten dies nicht, im Gegenteil. Wenn sie zuvor an ihre Sterblichkeit erinnert wurden, setzten sie eine deutlich *höhere* Kaution für die festgenommene Prostituierte fest! Die Sterblichkeit scheint uns demnach nicht milde oder großzügig zu stimmen. Sie schwört uns vielmehr in allererster Linie auf *Gemeinschaftswerte* ein. Wer spürt, dass es mit ihm irgendwann zu Ende geht, setzt auf Werte, die ihn überdauern. Deshalb wollten die Amtsrichter Verstöße gegen das Recht der Gemeinschaft strenger ahnden. Zugleich wollten Studenten gemeinschaftsfördernde Courage höher belohnen, wenn sie davor ausdrücklich an ihre Sterblichkeit erinnert wurden. Trauerforscher Bonanno bilanziert, „dass Menschen, die an ihre Sterblichkeit erinnert werden, sich zur Abwehr der Todesfurcht umso stärker an eine gemeinsame Weltanschauung klammern". Im Angesicht des Todes rücken wir also zusammen.

Im Widerspruch dazu äußern heute viele Hinterbliebene ausdrücklich den Wunsch, dass ein gewisser Abstand gewahrt wird. „Von Beileidsbezeugungen am Grab bitte ich Abstand zu nehmen", dieser Satz steht auf vielen Todesanzeigen und Einladungskarten. Seine hintergründige Botschaft lautet: „Kommt – aber kommt mir nicht zu nahe!"

„Mein Beileid!" – „Mein Beileid!" – „Beileid!" – „Mein Beileid!" Fast immer mit der gleichen Formulierung schütteln die Trauergäste der Witwe die Hand. Wenn Sie selbst schon mal in so einer Schlange standen, dann haben Sie jetzt wahrscheinlich vor Augen, wie dieses Pflichtprogramm abgespult wird. Manche Trauernde empfinden das als zwanghaft und steif. Andere treten mit großer Befangenheit und innerem Unbehagen vor die Witwe. Wäre es da nicht besser, wir würden die Hinterbliebenen in diesem intensivsten Moment des Abschiednehmens einfach in Ruhe lassen? „Das möchte ich jetzt lieber mit mir allein abmachen" ist am offenen Grab oft der Wunsch der engsten Angehörigen.

So ein Rückzug auf sich selbst würde in anderen Kulturen zutiefst befremden. Fast überall auf der Welt sind bei Bestattungen lautes gemeinsames Klagen und innige Umarmungen üblich. Die Beteiligten zeigen einander, wie tief ihr Schmerz ist und wie intensiv sie (Mit) Leid empfinden. Besonders wichtig ist dabei, dass die unmittelbaren Angehörigen ihre Trauer sichtbar ausleben: Wie stark die Witwe trauert, wie verletzt und hilflos sie auf den Tod ihres Mannes reagiert – das soll die Trauergemeinde bitte auch sehen!

Bei uns hingegen herrschen üblicherweise Selbstkontrolle und Introvertiertheit vor. Ist dies allein auf die unterschiedlichen Temperamente in verschiedenen Kulturkreisen zurückzuführen? Wohl kaum. Tatsächlich dürften auch unser Wohlstand und der Sozialstaat diesen Unterschied begünstigen: In Deutschland können wir es uns schlichtweg – im wahrsten Sinne des Wortes – *leisten*, auf Gefühlsausbrüche auf dem Friedhof zu verzichten. Eine deutsche Witwe ist nämlich normalerweise nicht darauf angewiesen, bei der Bestattung um die materielle Solidarität der anderen Trauergäste zu werben.

Lautes Klagen am Grab hatte in ärmeren Regionen und Zeiten immer auch die Funktion, innerhalb der Gemeinschaft Solidarität einzu*klagen*. Hinterbliebene weinen unübersehbar und jammern unüberhörbar, um der Gemeinschaft deutlich zu machen, dass sie in Folge des Todesfalls schonungs- und hilfsbedürftig sind. Dazu besteht heute durch die gute materielle Absicherung der meisten Hinterbliebenen in Deutschland wenig Veranlassung. Wer am offenen Grab lieber „für sich sein will", kann sich dies auch leisten.

Trotzdem wird auch bei uns ein Todesfall zum Anlass, dass die Gemeinschaft näher zusammenrückt. Selbst wenn es nicht zu innigen Umarmungen kommt, aktivieren Menschen ihren Gemeinsinn, indem sie sich das bewusst machen, was die Gemeinschaft verbindet und über den Tod des Einzelnen hinaus Bestand hat. Dies möchte ich am Beispiel des Verhaltens eines Konfirmanden veranschaulichen. Der 14-Jährige hatte bei mehreren Konfirmandenstunden unentschuldigt gefehlt. Deshalb wurde er von mir aufgefordert, mich in den Ferien auf eine Beerdigung zu begleiten. Im Anschluss sollte er die dabei gemachten Erfahrungen mit mir besprechen. Zufälligerweise handelte es sich um die Beerdigung eines Mannes aus der erweiterten Nachbarschaft, den der Konfirmand zumindest vom Sehen her vage kannte. Bei unserer Nachbesprechung berichtete mir der Junge, dass er sich tief berührt, aber zugleich auch emotional überfordert gefühlt habe. Ihm habe die Witwe wirklich leidgetan. Gleichzeitig sei er sehr erleichtert gewesen, dass er sich um das persönliche Kondolieren am Grab drücken konnte: „Ich hatte total Schiss, dass ich da auch hinmuss … Aber Gott sei Dank waren ja so viele da, dass es dann gar nicht aufgefallen ist, dass ich nicht zu der Frau hin bin!" Doch nun machte er sich Sorgen, wie er sich verhalten solle, wenn er die Witwe zufällig auf der Straße sehe: „Ich meine, was sage ich denn dann zu ihr? Also, ihr Mann, der ist ja jetzt wirklich tot. Was sage ich da zu ihr? Ich meine, die ist ja jetzt echt schlimm dran. Aber was sagt man denn da?"

Ich sah den Konfirmanden an und war gespannt, wie er die von ihm aufgeworfenen Fragen selbst beantworten würde. Er schaute mich an. Er war wirklich auf der Suche nach einer Antwort. Irgendwann fand er dann eine Lösung: „Ach übrigens: Wenn Sie mal jemand zum Austragen der Gemeindebriefe brauchen: Ich mache das schon. Also, ich kann das auch gerne mal nach der Konfirmation machen."

Ich merkte, dass er erleichtert war, auf diesen Vorschlag gekommen zu sein, und damit das Gespräch zügig beenden wollte. Und ich merkte: selbst wenn Menschen emotional hilflos auf einen Trauerfall reagieren: Ihre Bereitschaft, für die Gemeinschaft einzutreten, wird dadurch oft aktiviert.

Würden Sie sich als engster Angehöriger Beileidsbekundungen am Grab wünschen?

Was halten Sie vom „Leichenschmaus"?

Was können Sie selbst tun, um bei einem Todesfall die Hauptbetroffenen zu entlasten?

In Gottes Namen? Wenn ja, wie sehr?

Das Kreuz an der Wand ist verstaubt. Darunter steht ein Radio aus den Sechzigerjahren. Auf dem Waldfriedhof in München gibt es einen Raum mit dem Türschild „Für die Geistlichkeit". In diesem Raum ziehe ich mir vor Bestattungen meinen Talar an.

Doch kann ich dann am Grab den Glauben noch so zur Sprache bringen, wie es in den Sechzigerjahren im Radio geschah? Schon ein paar Minuten später erlebe ich, dass dies heute nicht zur Erwartungshaltung von Trauernden passen würde. „Ich mag es gar nicht verschweigen: An so etwas wie eine persönliche Auferstehung glaube ich nicht. Ich glaube eher an die Unendlichkeit der Lebensenergie.

Daran, dass das Leben um uns herum weitergeht, auch wenn der einzelne Mensch stirbt. Das ist mein Trost: Dass die Vögel weiter singen und es weiter Jahreszeiten und den Wechsel am Sternenhimmel gibt, auch wenn ich persönlich mal mausetot bin.“ Eine pensionierte Lehrerin spricht mich so unmittelbar nach der Beisetzung an.

Sie hat gerade eben darauf bestanden, die Urne ihrer 93-jährtigen Mutter *selbst* zu tragen. Der Friedhofsangestellte hat dies mit Kopfschütteln hingenommen. Sie hat dann die Urne *selbst* ins Grab hinabgelassen und darauf bestanden, das Grab *selbst* zu schließen, Schaufelwurf für Schaufelwurf. Das Kopfschütteln des Friedhofsangestellten wurde stärker. Und jetzt sagt sie auch noch zu mir als Pfarrer, dass sie *selbst* weiß, was sie glaubt.

Die allermeisten Beerdigungen in Deutschland werden von Geistlichen gestaltet. Vom Inhalt und der Form her handelt es sich also um Gottesdienste. Aber die Menschen kommen nicht, weil sie in die Kirche gehen wollen, sondern um sich von einem Verstorbenen zu verabschieden. Diesen hat vieles auszeichnet – unter anderem auch, dass er Kirchenmitglied war. Das heißt aber nicht zwangsläufig, dass dieser Mensch sehr „gläubig“ gewesen sein muss. Und auch die Angehörigen sind dies häufig nicht (mehr).

An einem normalen Sonntag gehen ungefähr 3,5 Prozent der Deutschen in die Kirche, kirchlich bestattet werden aber fast 70 Prozent. Angesichts dieses Zahlenverhältnisses wird es Sie nicht überraschend, dass ich als Pfarrer oft Menschen das letzte Geleit gebe, die ich zu Lebzeiten nie in der Kirche gesehen habe. Gerade in einer Großstadt gehen viele Kirchenmitglieder nur noch zu Weihnachten – und eine noch größere Zahl nicht einmal mehr das – in den Gottesdienst. Trotzdem werden sie, wenn sie sterben, im Rahmen eines Gottesdienstes verabschiedet. Beerdigungen sind ein wichtiger Teil der Arbeit von Pfarrern. Bereits die schnöden Zahlen führen dies vor Augen: Über 1800 Menschen haben meinen Kollegen und mich im vergangenen Jahr auf dem Friedhof erlebt. Denn im Rahmen unserer Arbeit als Gemeindepfarrer haben wir insgesamt 52 Bestattungen mit durchschnittlich circa 35 Teilnehmenden gestaltet. Um auf eine ähnlich hohe

Zahl von Kirchgängern zu kommen, müssten wir *alle* Gottesdienstbesucher zu Ostern (250) und Weihnachten (1050), zur Konfirmation (300) und bei den Schulgottesdiensten (250) zusammenzählen.

Wenn Sie sich jetzt fragen, wann Sie das letzte Mal einen leibhaftigen Pfarrer in Amtstracht gesehen haben, fällt dann vielleicht auch Ihnen der Besuch einer Beerdigung ein? Der Durchschnittsdeutsche kommt durch die sogenannten Kasualien (Taufe, Konfirmation beziehungsweise Erstkommunion, Hochzeit und Beisetzung) häufiger in Kontakt mit seiner Kirche als durch alle anderen kirchlichen Angebote. Die evangelische Kirche führt alle zehn Jahre eine große Untersuchung durch, um die Erwartungen und Mitgliedschaftsmotive ihrer Mitglieder zu erheben. Was wurde wohl bei all diesen Untersuchungen am häufigsten als Grund genannt, in der Kirche zu bleiben? „Weil ich einmal kirchlich bestattet werden möchte!" Von den Fünfzigerjahren bis zur aktuellen Untersuchung aus dem Jahr 2012 war dies der häufigste Mitgliedsgrund! Gerade auch Menschen, die angeben, ihren Pfarrer noch nie persönlich getroffen zu haben, wollen dann doch, dass er zumindest am Friedhof dabei ist.

Ein knappes Drittel der evangelischen Kirchenmitglieder gibt an, mit ihrer Kirche „kaum verbunden" oder „gar nicht verbunden" zu sein. Von diesen distanzierten Mitgliedern sagen nur 20 Prozent, dass ihnen der Glaube persönlich bedeutsam sei. Zugleich wünschen sich aber 46 Prozent von ihnen eine kirchliche Bestattung. Auch da, wo die Volkskirche an ihren Rändern spürbar bröckelt, wird bis heute eine kirchliche Bestattung oft ausdrücklich gewünscht. In den übrigen Fällen wird sie zumindest hingenommen, weil „sich das so gehört" oder „der Pfarrer wenigstens kein Geld kostet". In meiner 15-jährigen Dienstzeit als Gemeindepfarrer habe ich nur sehr selten erlebt, dass verstorbene Kirchenmitglieder *nicht* kirchlich bestattet wurden. Dem stehen deutlich mehr Fälle gegenüber, wo Ausgetretene am Ende dann *eben doch* kirchlich bestattet wurden, weil sie selbst oder ihre Angehörigen dies ausdrücklich wünschten.

„Was ist für Sie ein religiöses Thema?" Auch diese Frage wurde in der oben genannten Studie gestellt. Wie würden Sie antworten? Die rund 2000 befragten Evangelischen haben am häufigsten gesagt, dass „der Tod" (68 Prozent) ein religiöses Thema für sie sei. Der „Sinn des Lebens" (58 Prozent) oder die Frage nach „Schuld" (53 Prozent) wurden weniger oft genannt. Dass der Tod „religiös" thematisiert wird, können Sie übrigens auch bei den meisten *weltlichen* Bestattungsfeiern beobachten. Worüber sprechen die freien Trauerredner eigentlich? Über den Lebensweg des Verstorbenen hinaus muss ja in irgendeiner Weise der Tod zur Sprache kommen. Wie wird der Tod gedeutet? In welcher Weise werden Lebenssinn und Hoffnung thematisiert? Um dies herauszufinden, habe ich mir mehrere weltliche Trauerreden angehört. Und was ich zu hören bekam, klang erstaunlich „religiös"!

Da wird beispielsweise in bedeutungsschweren Worten aus der Ringparabel von Lessing zitiert. Dann Goethe. Dann werden die Unendlichkeit des Weltalls und die ewige Macht der Liebe beschworen. Am Ende erklingt eine CD mit Vogelzwitschern, und die Rednerin beschließt ihre Ansprache mit folgenden Worten: „Ihre Sybille ist jetzt nicht mehr unter uns. Aber die ewige Suche nach Wahrheit geht weiter. Und wir dürfen jeden Tag aufs Neue genießen, dass so viel Leben um uns herum ist. Mit diesem guten Gefühl sagen wir jetzt ‚Adieu', ‚Tschüss' und ‚Auf Wiedersehen'!"

Das kommt Ihnen gar nicht religiös vor? Nun, „religiös" heißt nicht automatisch „an Gott glaubend". Das lateinische Wort *religio* hat vielmehr ein breiteres Bedeutungsspektrum: „Verpflichtung", „Staunen", „Ehrfurcht", „Verehrung" und „Heiligung" werden damit bezeichnet. Zu einer ganzen Menge davon wären Sie eingeladen worden, wenn Sie bei der gerade geschilderten weltlichen Trauerfeier dabei gewesen wären. Innerhalb von 19 Minuten wurde die Trauergemeinde eingeladen, das Andenken eines Menschen zu *heiligen*, sich ehrfürchtig vor Dichtern und Denkern zu *verneigen*, über die Weiten des Weltalls zu *staunen* und die Schönheit der Natur *verehren*. Und selbst die allerletzte Formulierung, mit der Sybille verabschiedet wurde, ist so ganz unreligiös nicht: „Adieu" heißt ja wörtlich übersetzt „zu Gott". Und dann noch „auf Wiedersehen"? Wo soll man sich denn bitte wiedersehen, wenn der Tod das endgültige Ende wäre?

Der Theologe Dietrich Rössler sagt, dass in einer Bestattung „die Einsicht mitschwingt, dass die Lebensgeschichte nie in dem aufgeht, was einer selbst zu ihr beizutragen hat". Wer der Einzelne war, wird immer aus einem größeren Sinnzusammenhang oder einem weiteren Lebenshorizont heraus gedeutet. Dabei kommt dann zwangsläufig eine „Weltanschauung" zur Sprache: Wenn Sie etwas über einen Verstorbenen, sein Leben und seinen Tod, sagen, wird dabei immer auch mit anklingen, wie Sie die Welt insgesamt sehen.

Nordfriedhof, 10 Uhr 45: Als Pfarrer stelle ich einen Bezug zwischen dem Lebensweg von Erich H. und den Lebens- und Hoffnungsbildern aus dem 23. Psalm her. Am Ende vertraue ich Erich H. mit seinen individuellen Grenzen der Freundlichkeit, Allmacht und Güte Gottes an. Von dieser behaupte ich, dass sie Quelle und Zielpunkt alles Lebens sei. Abschließend breite ich meine Arme zu einer Geste aus, die Trauergäste mit kirchlichen Grundkenntnissen als Segen identifizieren. Und ich wünsche den Angehörigen, dass sie in den nächsten Tagen besonders empfänglich sind „für alles, was uns Gottes belebende Kraft spüren lässt". Um 11 Uhr 30 folgt dann im gleichen Raum die oben geschilderte weltliche Trauerfeier. Doch jetzt wird die Lebensgeschichte von Sybille D. in eine Beziehung gesetzt zum Zug der Sterne und zu „Worten von Goethe, die auch uns Heutigen etwas zu sagen haben". Ob Sybille D. wirklich in Goethes gesammelten Werken Inspiration gefunden hat? Ob Erich H. tatsächlich von dem guten Gefühl durchdrungen war, dass der „HERR sein Hirte ist und ihn auf einer grünen Auen weiden wird"? Von Sybille D. erfahren wir immerhin in der Traueransprache, dass sie gerne Krimis gelesen hat. Und Erich D. hat im Alter den Traum vom Zweitwohnsitz in Spanien verwirklicht – aber trotz der damit verbundenen Kosten an seiner Kirchenmitgliedschaft festgehalten. Dass sich aber die eine für Goethe interessiert hat und der andere regelmäßig in der Bibel gelesen hat, halte ich ehrlich gesagt für unwahrscheinlich.

Deshalb ist es wichtig, dass Geistliche und Trauerredner nicht am Verstorbenen vorbeireden und die Bestattung als Projektionsfläche für ihre eigenen weltanschaulichen Überzeugungen missbrauchen.

Die Toten sollten am Ende nicht als Zeugen für die Lebensanschauung des Trauerredners eingespannt werden, sofern sie diese nicht – oder höchstens ganz am Rande – geteilt haben: Wenn ein verstorbenes Kirchenmitglied nie sichtbar Interesse an Glaubensfragen gezeigt hat, wäre es unehrlich, wenn der fromme Pfarrer am Grab so tut, als wäre der Verstorbene genauso fromm gewesen.

Zum Glück geschieht dies heute nur noch selten. Dass ich bei meiner Ansprache Lebensbilder aus der Bibel anklingen ließ, heißt nicht, dass ich Erich H. als megafrommen Superchristen beschrieben hätte. Und auch meine weltliche Nachrednerin hat keineswegs den Eindruck erweckt, dass sich das ganze Leben von Sybille D. nur um Goethe gedreht hätte. In unserer Gesellschaft spielen „höhere Wahrheiten" und ideologische Letztbegründungen für viele Menschen keine allzu große Rolle mehr. Sie haben sich diese nur teilweise beziehungsweise auf eher unverbindliche Weise zu eigen gemacht. Über Glaubens- oder Weltanschauungsfragen haben die Grabredner – egal, ob Geistlicher oder weltlicher Trauerredner – in der Regel mit den Angehörigen davor auch nicht intensiver gesprochen. In den Vorgesprächen geht es vielmehr vorrangig darum, etwas über den Lebensweg und die Persönlichkeit des Verstorbenen zu erfahren. Aus diesem Grund ist es sinnvoll, dass heute viele Bestattungen nicht zu stark den Charakter eines *Bekenntnisaktes* annehmen.

Dementsprechend betrachten die meisten Geistlichen Bestattungen mehr als seelsorgliche Aufgabe und weniger als Möglichkeit zur Verkündigung. Ebenso verzichten viele weltliche Trauerredner auf weltanschauliche Festlegung, die nur zu einem atheistischen Milieu passen würden. Auf Wunsch bieten einige von ihnen sogar „christliche Reden" an. Eine weltliche Bestattung ist heute also keineswegs automatisch atheistisch. Zugleich kann eine kirchliche Bestattung sehr oft auch von Menschen wohlwollend aufgenommen werden, die selbst nicht kirchennah sind.

Und doch bleibt es dabei: Man kann ein individuelles Leben und sein Ende nicht thematisieren, ohne grundsätzlich etwas über das Leben – seinen Sinn, seinen Wert, seine Grenzen – zu sagen. „Wir können dem Tod nicht anderes entgegensetzen als ein Sinn- und Netzwerk von Metaphern", schreibt der Theologe Dietrich Ritschl und fährt fort: „Unter ihnen ist die Metapher ‚Gott' uns die liebste. In der Metapher Gott blitzen Liebe und Erbarmen auf, die Identität des Menschen bewahrend. Gott ist aber auch die gefährlichste Metapher, weil – zu Klischees abgesunken – das Reden von Gott durch triviale Interpretationen verpfuscht werden kann."

Damit stoßen wir auf ein weiteres Problem der Grabrede: Wer bereits an mehreren Beerdigungen teilgenommen hat, hat sich wahrscheinlich irgendwann schon mal über Phrasen, Klischees und Nur-halb-zu-Ende-Gedachtes geärgert. Die Sprache bei Bestattungen klingt oft formelhaft, unnatürlich und pathetisch: „Eingedenk unserer Sterblichkeit nehmen wir Zuflucht in der lebensverheißende Güte des HERRN, der Himmel und Erde gemacht hat." Aha? Gott wird auf so weltfremde Weise zur Sprache gebracht, dass der brave Pfarrer sich eigentlich nicht wundern muss, wenn sein himmlischer Chef letztendlich der Welt fremd bleibt.

Die weltlichen Redner behaupten fast immer auf ihren Homepages, sie würden Begräbnisse „ohne Floskeln" gestalten. Doch wenn Sie dann ein paar dieser weltlichen Redner hören, werden Sie schnell merken: Die Neigung zu Pathos und formelhafter Sprache ist keineswegs ein Privileg der Geistlichkeit. Wenn Menschen etwas Bedeutungsvolles und Großes sagen wollen, tun sie dies auch dann in großen Worten mit nebulöser Bedeutung, wenn sie auf den Begriff „Gott" verzichten. Eine freie Trauerrednerin berief sich auf Hegels Gedanken vom Weltgeist: „Wie schon der große Philosoph Hegel sagte, ist alles Geist in dieser Welt. Und damit meinte er, dass das Leben weitergeht, wenn der Körper stirbt." Hegel-Kenner staunen jetzt. Hat die Trauerrednerin bislang unbekannte Hegelschriften entdeckt? Oder hat sie einfach etwas gründlich falsch verstanden? Die zweite Antwort ist die wahrscheinlichere. Als ich nach der Bestattung auf ihrer Homepage nachforschte, erfuhr ich, dass sie nach der Mittleren Reife eine Töpferlehre begonnen hatte. Seitdem versucht sie sich unter anderem als Tierakupunkteurin und Atemtherapeutin. Der Weltgeist von Hegel hat sie offensichtlich höchstens auf Wikipedia gestreift. Sie hätte ihn dort besser in Frieden ruhen lassen sollen.

Etwas Überzeugendes und Verbindendes über das Leben zu sagen ist in einer pluralistischen Gesellschaft gar nicht so einfach. Weltliche Redner und Geistliche bewegen sich dabei auf einem schmalen Grad. Einerseits gilt es, belanglose Floskeln und unverbindliche Phrasen zu vermeiden. Andererseits soll der Verstorbene nicht im Nachhinein als Sprungbrett für die Vermittlung von Überzeugungen in Anspruch genommen werden, die er in Wahrheit gar nicht hatte. Zu einer guten Lösung können Sie übrigens etwas beitragen: Wenn Sie als Angehöriger mit einem Geistlichen oder Redner ein Vorgespräch führen, sagen Sie einfach unverblümt, wie fromm oder unfromm der Tote war! Versuchen Sie zu beschreiben, woran *er* geglaubt hat und was *ihm* wichtig war. Dadurch reduzieren Sie das Risiko, dass es der Trauerredner später bei der Bestattung Ihnen erklärt – obwohl er den Verstorbenen doch viel weniger kannte als Sie.

Wer an einer Bestattung teilnimmt, ist dabei besonders offen für elementare Lebensfragen. Das Ende eines individuellen Lebens lädt uns ein, über das Leben insgesamt nachzudenken. Über seinen Wert und seine Würde. Über Lebenshoffnung und -sinn. Es werden ewige Werte und zeitlose Überzeugungen bedacht. Bestattungen laden Menschen ein, darüber nachzudenken, was ihnen wichtig ist und was sie im Leben trägt. Manchmal nehmen die Besucher einer Beerdigung Impulse für den Alltag mit. So hat sich zum Beispiel die Enkelin einer verstorbenen 82-Jährigen nach der Bestattung das Bild vom „guten Hirten" aus Psalm 23 auf den Oberarm tätowieren lassen. Wenn eine weltliche Rednerin so überzeugend von Hegel spräche, dass sich Angehörige danach den Weltgeist auf den Oberarm tätowieren lassen, wäre das genauso schön. Oder wenn Menschen Lust bekämen, bei Hegel, Goethe, bei Bonhoeffer oder in der Bergpredigt nachzulesen, was sie gerade gehört haben. Durch eine gelungene Bestattung kann der Tod zur Einladung werden, vertiefend über die grundsätzlichen Fragen des Lebens nachzudenken.

Würden Sie sich bei Ihrer eigenen Beerdigung eher einen Geistlichen oder einen weltlichen Trauerredner wünschen?

Wie viel Raum sollen religiöse Überzeugungen bei der Trauerfeier einnehmen?

Was wäre Ihnen so „heilig", dass es bei Ihrer eigenen Bestattung zur Sprache kommen sollte?

3. VOM SINN DER BESTATTUNGSRITUALE

In ihrer Sonntagsschrift hatte sie aufgeschrieben, wie sie sich ihre Beerdigung wünschte: Welche Menschen von ihrem Tod zu benachrichtigen seien. Was für ein Bibelvers ihr Beerdigungsspruch sein sollte. Welche Musikstücke gespielt würden. Sie hatte ihren Sarg selbst herausgesucht und auch das letzte Gewand. In einem beiliegenden Kuvert waren 1000 Euro hinterlegt, damit nach der Beerdigung alle Trauergäste in ein Café eingeladen werden konnten. Frau Erna B. ist wenige Tage nach ihrem 90. Geburtstag gestorben. Sie war eine sehr umsichtige Dame. Umsichtige Damen gibt es einige. Aber dass jemand bereits viele Jahre vor seinem Tod detaillierte Verfügungen für die eigene Beerdigung erteilt und dann den Pfarrer zu sich bittet, um ihm zu erläutern, was ihm für die eigene Verabschiedung wichtig ist – das ist ein Ausnahmefall.

Aber es ist eine gute Ausnahme! Frau B. hatte nämlich keine näheren Angehörigen. Wenn sie sich nicht selbst um die persönlichen Details ihrer Beisetzung gekümmert hätte, hätte es wohl keiner getan. Eine Standardbestattung mit Musik vom Band und eine Standardansprache mit einem Standardbibeltext wären die Folge gewesen. Doch jetzt lief es erfreulich anders: Zunächst ein Trompetensolo durch einen von ihr engagierten Solisten: „Jauchzet, ihr Himmel"! Danach legte ich ein Bibelwort aus, zu dem ich bis dahin noch nie etwas gesagt hatte. Doch die Verstorbene hatte mir persönlich gesagt, was es *ihr* bedeutete. Der Wunsch, dass Menschen per Telefonanruf vom Todesfall informiert würden, hatte die Aussegnungshalle gefüllt, immerhin 37 Menschen kamen. Und sie sind alle danach mit ins gegenüberliegende Kaffeehaus gegangen.

Im Bayerischen nennt man so etwas eine „schöne Leich". Damit ist gemeint, dass bei der Beerdigung zu spüren ist, dass der Verstorbene ein beliebter Mensch war. Und dass die Gemeinschaft sich Zeit nimmt, ihn in wertschätzender Weise zu verabschieden. Früher war es allen Menschen wichtig, dass sie als „schöne Leich" aus dem Leben schieden. Und zugleich war es der Gemeinschaft wichtig, „schöne" Bestattungen auszurichten. Im Alter hat der Mensch ganz selbstverständlich detaillierte Verfügungen für die eigene Bestattung getroffen. Und für die Dorfgemeinschaft, Nachbarschaft oder Zunft stand außer Frage, zu den Beerdigungen aus dem persönlichen Umfeld zu gehen.

In früheren Jahrhunderten haben Menschen ausführlich festgelegt, was anlässlich ihrer Bestattung zu tun ist. Beispiele dafür hat der französische Historiker Philippe Ariès gesammelt. Typisch sei beispielsweise das Testament, das ein Winzer aus Montreuil im Jahr 1628 verfasst hat: Von der Wahl der Grabstelle über die Grabinschrift, vom Gottesdienstablauf bis zur Art der Kerzenbeleuchtung sowie zur Aufstellung des Leichenzugs – der Mann wusste ganz genau, was er wollte. Seine entsprechenden Anordnungen füllten mehrere Seiten. Für die Hinterbliebenen war klar, dass sie diese Wünsche respektieren und er eine entsprechende, „schöne" Beerdigung bekommen sollte. Ohne liebevolle und aufwendige Beerdigung abzutreten wäre früher für viele Menschen eine beklemmende Vorstellung gewesen.

Doch wie ist das heute? Unsere Gesellschaft kümmert sich zwar mit allergrößtem Einsatz bis zum letzten Atemzug. Solange ein Mensch am Leben ist, wird alles Menschenmögliche getan. In der Intensivmedizin werden keine Ausgaben gescheut. Doch danach? Mit dem letzten Atemzug des Sterbenden scheint auch der Gesellschaft die Puste auszugehen. Verstorbene, die man davor mit größtem Aufwand am Leben gehalten hat, werden dann erstaunlich lieblos entsorgt. Eine Bestattung kostet häufig weniger als ein einziger Tag intensivmedizinische Betreuung. Doch sobald der Patient tot ist, wird mit jedem Cent gegeizt. Die Ausstattung von Krankenhäusern ist in Deutschland auf dem neuesten Stand. Friedhöfe indessen sehen oft gleich hinter der Aussegnungshalle wie eine Rumpelkammer aus, und es fehlt am Nötigsten. Obwohl eine moderne Lautsprecheranlage und ein paar Gesangbücher nicht wirklich teuer wären.

Wenn ein Verstorbener nach seinem Tod noch etwas mitbekäme, wäre er unangenehm überrascht: Man schiebt ihn aus einer hell erleuchteten Kathedrale der Spitzenmedizin in einen muffigen, unaufgeräumten Abstellraum. Raus aus der von professioneller Betriebsamkeit geprägten, chromblitzenden Hygiene, rein in einen Kellerraum, wo der Putz von den Wänden bröckelt und niemand nach ihm sieht. Er könnte sich kaum des Eindrucks erwehren, dass die Gesellschaft ihn aufgegeben hat und jetzt nur noch als Entsorgungsfall betrachtet.

Die Geschäftsbeziehung zwischen Patient und Krankenkasse endet mit dem Eintritt des Todes. Von diesem Moment an übernimmt die Krankenkasse keine Kosten mehr. Auch nicht für den Kühlraum und die vorübergehende Aufbahrung im Krankenhaus. Das erklärt, warum diese Räume oft so karg und hässlich sind. Das Sterbegeld wurde im Jahr 2004 abgeschafft. Bis dahin hatten die gesetzlichen Krankenversicherungen einen Zuschuss zu den Bestattungskosten gezahlt. Der Tod wurde sozusagen als abschließender Teil einer Krankheitsgeschichte verstanden. Dass die Gesellschaft am Ende für eine würdige Bestattung zu sorgen hatte, war genauso selbstverständlich wie die Übernahme der Arzt- und Krankenhausrechnungen zuvor. Das Sterbegeld war eine gesetzliche Solidarleistung, die signalisierte: Wir lassen dich auch auf dem Friedhof nicht alleine. Jetzt ist das Bezahlen der Bestattung reine Privatsache – inklusive der Möglichkeit, eine entsprechende Privatversicherung abzuschließen.

Warum betreibt die Gesellschaft nur so lange großen Aufwand, wie man einen Menschen irgendwie am Leben halten kann? Kränkt es uns dann, dass wir den Kampf um ein Leben verloren haben? Wollen wir – indem wir die Verstorbenen möglichst routiniert entsorgen – den

Sorgen ausweichen, die durch die Begrenztheit des Lebens hervorgerufen werden könnten? Ist der Tod in unseren Augen ein möglichst schnell zu übergehender Betriebsunfall, der die perfekt geölte Arbeits-und-Freizeit-Maschine nicht zum Stottern bringen darf?

In diesem Fall müssten wir das Verhalten von Frau B. noch mal kritisch in den Blick nehmen: Wäre es dann nicht sogar unfair, derart auf eine aufwendige Bestattung zu bestehen? Würde es nicht vielmehr den Lebensinteressen der Hinterbliebenen dienen, wenn wir einander möglichst wenig mit dem Tod behelligen? Durch ihr Insistieren auf eine Beisetzung hätte Frau B. dann Menschen genötigt, sich mit etwas auseinanderzusetzten, dem sie eigentlich lieber ausweichen wollten. Von den 37 Trauergästen haben sich womöglich einige gedrängt gefühlt zu kommen – obwohl sie doch eigentlich an diesem Nachmittag wichtige berufliche Termine hatten oder sich mit Gartenarbeit beschäftigen wollten. Ich erinnere mich genau: Eigentlich wollte ich zum Joggen gehen. Doch dann saß ich mit den anderen beim Leichenschmaus und aß Kuchen.

Wäre es also nicht am rücksichts- und sinnvollsten, wenn wir am Ende einfach sang- und klanglos abtreten würden? Wenn wir niemanden mit unserem Abtreten behelligen würden? Wenn wir – wo uns das Leben doch über alles geht! – nicht noch aus dem Grab heraus den Lebensinteressen der Hinterbliebenen im Weg stünden? Hat der Dichter Eugen Roth recht, wenn er reimt: „Ein Mensch sieht ein, dass wer, der stirbt, den andern nur den Tag verdirbt"? So sehen es manche Menschen. Und sie treffen deshalb entsprechende Verfügungen für ihr eigenes Ableben. Sie wollen ihren Angehörigen eine intensivere Auseinandersetzung mit dem Tod bewusst ersparen. „Die haben es dann eh schon schwer genug. Da will ich ihnen nicht noch weitere Probleme bereiten", sagte eine 89-jährige Frau. Ich hatte überrascht reagiert, als sie mir davon berichtete, dass sie sich für eine anonyme Bestattung ohne Trauerfeier entschieden hatte. Sie hatte doch Kinder, Enkel und sogar ein kleines Urenkelkind! Wollten diese Menschen sich nicht von ihr verabschieden?

Früher hatte sie sich viele Jahre täglich um die Enkel gekümmert.

Jetzt kümmerte sie sich noch manchmal um ihr Urenkelkind. Sie hatte immer viel Kraft aufgewendet, um die jüngeren Generationen in der Familie zu entlasten. Darin hatte sie ihre Lebensaufgabe gesehen. Deshalb empfand sie es als einen finalen Akt der Entlastung, ihren Kindern und Enkeln nicht „den ganzen Popanz am Friedhof mit Tränen und so" aufzuerlegen: „Und mal von all dem Emotionalen abgesehen – das kostet ja auch Geld, welches meine Leute für andere Sachen viel besser brauchen können." Wer hat nun recht?

Wollen Sie, dass bei der Gestaltung ihrer eigenen Bestattung Ihre Angehörigen freie Hand haben? Oder haben Sie konkrete Wünsche, die berücksichtigt werden sollen?

Wie wichtig wäre es Ihnen, als „schöne Leich", das heißt mit einer aufwendigen Beisetzung, verabschiedet zu werden? Welche Akzente sollen gesetzt werden?

Können Sie bei den Menschen, deren Begräbnis Sie möglicherweise eines Tages in Auftrag geben müssen, einschätzen, was ihnen auf dem Friedhof wichtig wäre?

Die Überlebendenfrage: Wie gehen wir gut mit dem Tod um?

Wie viel Auseinandersetzung mit dem Tod tut den Hinterbliebenen gut? Wenn Sie einen geliebten Menschen verabschieden müssten, würden Sie sich dann der Trauer intensiv und bewusst stellen? Oder würden Sie versuchen, bald wieder nach vorne zu sehen und sich möglichst gut in der Welt ohne den Verstorbenen einzurichten? Fragen wir ganz grundsätzlich: Wie viel Raum gewähren Sie dem Tod in Ihrem Leben?

Über mich kann ich dazu Folgendes sagen: In den vergangenen zwölf Monaten war ich in Sizilien, Schottland und Peru. Aber am Grab meiner Großmutter war ich nicht. Ich habe ein Buch geschrieben, viele Stunden mit meinem Smartphone verbracht, Freundschaften gepflegt, durchschnittlich über 50 Wochenstunden gearbeitet, eine aufwendige Steuererklärung sowie etliche Schneeschuh-Wanderungen gemacht. Aber ich habe keinen einzigen meiner verstorbenen Angehörigen auf dem Friedhof besucht. Ich hatte ein erfülltes Leben, doch Zeit für die Toten hatte ich nicht. Nicht einmal für diejenigen unter ihnen, die ich wirklich sehr gemocht habe. Zu Lebzeiten konnten sich manche dieser Menschen auf meine Loyalität und Zuneigung durchaus verlassen. Aber als sie tot waren, habe ich das Interesse an ihnen relativ schnell verloren. Bin ich deswegen ein schlechter Mensch? Fehlt mir womöglich was? Nimmt meine Seele durch dieses Verhalten Schaden?

Wie halten Sie es mit Ihren Verstorbenen? Pflegen Sie Gräber? Begehen Sie Gedenktage? Haben Sie vielleicht eine Erinnerungsecke mit Fotos? Auf wie vielen Bestattungen waren Sie in den letzten drei Jahren? Wie eng muss die Beziehung zu einem Menschen sein, dass Sie auf seine Beerdigung gehen? Und wenn Sie gehen, gehen Sie dann, weil es Ihnen wirklich ein persönliches Anliegen ist? Oder gehen Sie eher aus Pflichtbewusstsein und mit einem Gefühl von Befangenheit oder Unmut?

In den Aussegnungshallen der großen Münchner Friedhöfe stehen heute nur noch 60 Stühle. Und von diesen ist dann oft nur jeder dritte oder vierte besetzt. In vielen Fällen nehmen nämlich nur noch die allerengsten Angehörigen an der Bestattung teil. Keine Nachbarn. Keine ehemaligen Kollegen. Niemand aus dem erweiterten Freundeskreis. Nur die Kernverwandtschaft – und selbst darunter oft nur diejenigen, die sich problemlos „freimachen“ konnten. Das Abschiednehmen ist heute zumindest in der Stadt in erster Linie „Familiensache“. Immer öfter gibt es aber gar keine Familie mehr. Oder selbst wenn es eine gibt, erspart diese sich den Abschied. Die Zahl derer, die anonym und völlig ohne Trauerfeier begraben werden, nimmt zu. Kein persönlicher Rückblick. Kein wie auch immer gestalteter Abschied. Keine gekennzeichnete Grabstelle. Der Lebensweg eines Menschen endet damit, dass die Angehörigen irgendwann die

Abschussrechnung bekommen. Aus dieser geht hervor, dass die Beisetzung in einem anonymen Grab erfolgt ist. Durch die Begleichung der Rechnung wird dann der finale Schlussstrich gezogen.

„Wir haben gelernt, wie man länger lebt – aber wir haben verlernt, Sterbende würdevoll zu begleiten und unsere Toten sinnerfüllt zu betrauern und zu bestatten", schreibt Nicole Rinder. Sie beklagt, dass manche Menschen ganz auf einen Abschied verzichten oder diesen extrem lapidar gestalten: „Der Verstorbene wird nicht betrauert, er wird entsorgt durch eine ungemein effiziente Verwaltungskette. In Urnen eingedost, in Gräbern endgelagert oder im Meer verklappt." Rinder arbeitet bei einem Bestattungsunternehmen. Sie hat also ein geschäftliches Interesse daran, dass Menschen Zeit und Geld investieren, um ihre Toten wertschätzend zu verabschieden. Aber davon abgesehen: Vielleicht hat sie mit ihrer Kritik ja recht?

Grundsätzlich dürfte ein bewusster Abschied beim Loslassen eines geliebten Menschen hilfreich sein. Dies ist in der Wissenschaft unbestritten. Es wurde beobachtet, dass Menschen, die durch Krieg oder Vertreibung gezwungen waren, auf die Beerdigung eines verstorbenen Angehörigen zu verzichten, im Nachhinein oft besonders unter dem Verlust leiden. „Wenn Trauer nicht gelebt und erfahren werden darf, verharren und versteinern die Trauernden in ihrem Leiden", betont Rinder. Und sie stimmt damit ein in den Grundtenor der meisten Trauerratgeber: Diese sagen, dass den Hinterbliebenen erst durch ein bewusstes Abschiednehmen ein unbeschwertes Weiterleben möglich wird. Die intensive Konfrontation mit dem Tod sei Voraussetzung, um diesen in die Lebenswirklichkeit zu integrieren. Rinder schreibt: „Es hat nichts Heldenhaftes, sich zu beherrschen, die Tränen zurückzuhalten und scheinbar unberührt einen schlimmen Verlust wegzustecken. Schlimmer noch: Trauerverweigerung hat dramatische Folgen für unsere seelische und körperliche Gesundheit. Es entstehen starke negative Gefühle, die krank machen, wenn wir ihnen kein Ventil verschaffen." Deshalb schlägt sie eine Reihe von Ritualen vor, die Ihnen helfen können, Ihre Trauer bewusst und expressiv auszuleben. Dies sei notwendig, damit es Ihnen danach auch wieder besser gehen kann: „Denn alle negativen Gefühle, die Sie nicht nach außen tragen, gären in Ihrem Inneren weiter, härten aus und veröden alles Schöne." Dies könnten Sie nur vermeiden, indem Sie sich auf einen bewusst gestalteten und emotional ausdruckstarken Trauerweg begeben.

Muss ich also damit rechnen, dass meine Lebenslust mir am Ende auf die Füße fällt? Ich habe über die Teilnahme an Beerdigungen hinaus keine weiteren Trauerrituale entwickelt. Nach den Bestattungen bin ich relativ schnell wieder zur Tagesordnung übergegangen. Habe ich also „etwas verdrängt"? Oder „in mich hineingefressen"? Wenn ich dem Tod und der Erinnerung an Verstorbene eher wenig Raum in meinem Leben einräume, muss ich mir dann Sorgen um meine zukünftige psychische Stabilität machen?

Nicht automatisch. Dass Abschiede grundsätzlich nur gelingen, wenn die Hinterbliebenen ihre Trauer über eine längere Zeit emotional ausleben, gilt heute als eine überholte Theorie. Der amerikanische Trauerforscher George Bonanno resümiert: „In vielen Büchern sind Phasen und Stadien aufgeführt, die der Trauerprozess umfasst. ‚Erfolgreiches' Trauern, so wird oft behauptet, hänge von diesen Phasen und Stadien ab, und das Unvermögen, sie vollständig zu durchlaufen, führe nur zu noch größerem Schmerz. Wenn Menschen schnell über ihre Trauer hinwegkommen, wird man leicht argwöhnisch, dass es sich nur um eine Verdrängung handelt. Bemerkenswerterweise habe ich in den vielen Jahren, seit ich Trauer und Verlust erforsche, keinerlei Beweis für diese Idee gefunden."

Fast alle populärwissenschaftlichen Trauerratgeber schlagen Ihnen vor, Ihre Trauer intensiv „auszuleben". Sie sollen dazu Ihren Gefühlen freien Lauf lassen und bewusst bestimmte Phasen der Trauer durchlaufen. Dies sei unverzichtbar, um in guter Weise Abschied zu nehmen. Bonanno hält dies für einen Irrtum. Menschen, die emotional kontrolliert reagieren, würden keineswegs zwangsläufig ihre Gefühle verdrängen. Ein Hinterbliebener, der schnell wieder einen entspannten oder glücklichen Eindruck macht, müsse nicht automatisch damit rechnen, dass dann im Nachhinein die verdrängte Trauer aufbreche: „Mir sind unzählige Geschichten über wohlmeinende Freunde und Familienangehörige zu Ohren gekommen, die eigentlich gesunde Personen drängten, professionelle Hilfe in Anspruch zu nehmen, um ‚einen Zugang zu finden' zu ihrer verborgenen Trauer. Tatsache ist, dass es diese verborgene Trauer zumeist gar nicht gibt."

Bei meinen ersten Beerdigungen als junger Vikar war ich sehr angespannt und befangen. Vor allem beim ersten telefonischen Kontakt: Wenn ich mit den Angehörigen einen Termin für ein Gespräch ausmachen musste, hatte ich immer einen Kloß im Hals. Ich befürchtete, auf Menschen zu stoßen, die total niedergeschlagen und von Schmerz überwältigt waren. Das ist aber nur selten so. Normalerweise bringen auch die engsten Betroffenen ein gewisses Maß an emotionaler Selbstkontrolle auf. Sie reagieren äußerlich organisiert auf die leidvolle Situation. Diese Gefasstheit hat keineswegs etwas Maskenhaftes. Da sind schon echte Trauer und großer Verlustschmerz – aber eben kein totales emotionales Chaos.

Vielleicht hängt dies damit zusammen, dass die überraschenden Todesfälle und das Sterben zur Unzeit – also in relativ jungen Jahren – selten geworden sind? Die umfassende medizinische Versorgung unserer Zeit hat dazu geführt, dass die meisten Menschen in hohem Alter sterben, oft nach langer Krankheitsgeschichte. Ihr Tod war dann in gewisser Weise zu erwarten. Die Angehörigen sind darauf eingestellt. Viele Verstorbene waren am Ende in Pflegestationen. Ihr letzter Lebensabschnitt war von erheblichen Einschränkungen überschattet. Ihr Tod verursacht trotzdem einen großen Schmerz. Aber er kommt nicht überraschend und gefährdet nicht die Alltagsmeisterung der Hinterbliebenen. Wahrscheinlich ist es leichter, solche Verluste zu verarbeiten.

Die Todesfälle in meinem persönlichen Umfeld waren von dieser Art. Bis jetzt hatte ich einfach Glück. Der Tod hat bislang nur in einer relativ leicht zu verkraftenden Weise an meine Tür geklopft. Die Menschen, die ich zu Grabe tragen musste, waren entweder hochbetagt, oder ich war nicht allzu eng mit ihnen verbunden. Meine beiden Großmütter sind gestorben. Sie waren mir sehr vertraut und Teil meiner Lebensgeschichte. Natürlich war ich entsprechend traurig. Aber sie waren alt, und ihr Tod kam nicht überraschend. Ein Freund ist gestorben, jung. Das war wirklich ein Schlag, auch für mich. Aber doch: Er war nicht Teil meines allerinnigsten Beziehungssystems und meines Alltagslebens. Auch ihn habe ich ehrlich betrauert. Und trotzdem konnte ich relativ schnell wieder unbefangen leben.

Die oben zitierte Nicole Rinder indessen – sie hat ein Kind verloren! Das ist eine außergewöhnlich schmerzhafte Erfahrung: „Mein Sohn war vier Tage alt. In dem Moment, als er starb, öffnete er die Augen, sah mich an und hauchte mit einem Seufzer den Rest seines kurzen Lebens aus." Rinder beschreibt, wie wichtig ihr danach ein intensiver, liebevoller Abschied war. Für das Loslassen hat sie mehr Zeit und Freiräume für ihre persönlichen Gefühle benötigt, als im Rahmen der Standardangebote des Bestattungswesens üblich: Sie hat ihr verstorbenes Kind selbst gewaschen, eingeölt und angezogen. Sie hat gemeinsam mit anderen Familienangehörigen den kleinen Sarg bemalt. Am Tag der Beerdigung hat sie den Sarg noch mal öffnen lassen, um gemeinsam mit ihrem Vater Abschied zu nehmen. In all diesen Schritten hat sie sich von ihren emotionalen Bedürfnissen leiten lassen. Das Bestattungsinstitut hat sie achtsam begleitet und ihr die Gestaltungsmöglichkeiten aufgezeigt. Dieser liebevolle, bis ins Detail achtsame Abschied hat Rinder gutgetan: „Ich hatte das Glück, alles, was geschah, als völlig natürlich und im Einklang mit mir selbst zu erleben. Das hat mir sehr geholfen, den Schmerz des Verlustes, meine Zweifel und meine Trauer anzunehmen. Dafür bin ich unendlich dankbar." Das, was sie erleben durfte, bezeichnet Rinder als „neue Trauerkultur". Sie wurde danach Mitarbeiterin des Bestattungshauses, das sie selbst als so hilfreich und einfühlsam erlebt hatte. Vor diesem Hintergrund wirbt sie heute dafür, dass wir auf einen Todesfall mit bewusster und intensiver Trauerarbeit reagieren.

Am Ende scheinen wir also selbst ein Gespür dafür zu haben, welche Art von Trauer uns guttut. Menschen, die einen dramatischen Verlust erlitten habe, müssen die Möglichkeit bekommen, diesen zu verarbeiten. Wenn Sie in eine Situation geraten, in der Sie Zeit und

Freiräume benötigen, um intensiv Abschied zu nehmen, sollten Sie sich diese auch wirklich nehmen. Für die Gesellschaft – und oft auch für die Profis auf dem Friedhof – wäre es einfacher, wenn Todesfälle schnell und reibungslos abgewickelt würden. Aber für Trauernde ist es eben manchmal alles andere als einfach. Und wenn Sie in so eine Situation kommen, ist es völlig legitim, wenn Sie Geduld und Verständnis einfordern, auf Ihre Weise zu trauern. Gerade Bestattungsinstitute, Friedhofsmitarbeiter und Geistliche sollten dafür dann auch Geduld und Verständnis aufbringen!

Andererseits gibt es viele Menschen, die mit den konventionellen Angeboten gut zurechtkommen. Wenn Sie sich nicht für eine „neue Trauerkultur" entscheiden, sondern für die traditionellen Begleitungsangebote und Rituale, werden Sie deswegen noch lange nicht automatisch psychisch krank. Und wenn Sie sich nach einem Todesfall phasenweise emotional gut im Griff haben, heißt das nicht zwangsläufig, dass Sie „Ihre Seele gegen echte Gefühle gepanzert haben" oder „etwas verdrängen". Viele Menschen kommen eben auch ohne Selbsthilfegruppe, zusätzliche persönliche Trauerrituale oder Ratgeberliteratur gut zurecht. Es gibt kein „richtiges" Trauern. Was Ihnen ganz persönlich guttut, müssen und dürfen Sie für sich selbst entscheiden. Ein gutes Bestattungsinstitut wird Ihnen diese Entscheidung nicht abnehmen. Aber es wird Ihnen aufzeigen, was für Entscheidungsmöglichkeiten Sie haben.

Der Tod als Lehrmeister

„Seit dem Tod meines Bruders wurde in unserer Familie das Leben bewusster gelebt. Bewusster soll heißen, dass es nicht so schlimm war, wenn ich wieder mal eine Fünf in Mathe nach Hause gebracht habe. Oder wenn die beste Freundin ein paar Tage nicht mit mir geredet hat. Weil eben nichts so schlimm ist wie der Unfalltod eines geliebten Kindes. Und weil das Leben trotzdem immer weitergeht, irgendwie. Weil es für alles eine Lösung gibt, irgendwie. Nur für den Tod nicht.

Das hat meine Mutter mir danach eingebläut, und die Gestaltung meines Lebensalltags hat bis heute mit dieser einschneidenden Erfahrung zu tun." Christiane zu Salm war sechs Jahre alt, als ihr Bruder bei einem Unfall vor ihren Augen starb. Das ist tragisch. Es hat das Leben der Familie verändert. Aber es hat es eben in mancher Hinsicht auch zum Guten verändert. Nach diesem Todesfall wurde mit dem Leben achtsamer umgegangen. Die Prioritäten wurden anders gesetzt. Die Erfahrung, dass das Leben von einem Moment auf den anderen vorbei sein kann, hat zu mehr Gelassenheit und einem besonders wertschätzenden Umgang miteinander geführt.

Von Salm ist ehrenamtlich als Sterbebegleiterin tätig. Um diese Arbeit gut tun zu können, hat sie davor einen Kurs besucht. Dabei wurde ihr eine Aufgabe gestellt, die sie sehr bewegt hat: Sie sollte einen Nachruf auf sich selbst verfassen. Eine spannende Herausforderung: Stellen Sie sich vor, es gäbe kein Morgen; Sie könnten das Umsetzen von Vorhaben, das Ausleben von Lebenszielen nicht mehr auf die Zukunft verschieben. Wie würde Ihre Bilanz dann ausfallen? Haben Sie Ihr Leben gelebt? Haben Sie etwas aus der Zeit gemacht, die Ihnen geschenkt war? Sind Sie im Reinen mit sich selbst und den Menschen, die Ihnen wichtig sind? Von Salm sagt: „Der Tod, das Ende des Lebens, ist für mich ein gutes Mittel, um herauszufinden, was wirklich wichtig ist, worauf es ankommt, was eigentlich bleibt vom Leben."

Der Tod kann also in gewisser Weise ein Lehrmeister sein. Diese Einsicht hat eine lange Geschichte. Im römischen Reich war es Brauch, die Feldherrn im Moment ihres größten Triumpfs an ihre Sterblichkeit zu erinnern. Beim Siegeszug nach einem gewonnenen Krieg stand auf dem Wagen ein Sklave hinter dem Feldherrn. Er hielt ihm einen Lorbeerkranz über den Kopf, aber zugleich mahnte er ununterbrochen mit leiser Stimme: „Memento moriendum esse!" („Bedenke, dass du sterben musst!") Diese Warnung vor Hybris könnte auch heute vielleicht manchmal ganz heilsam sein.

Allein im Erfolg und Gelingen den Sinn des Lebens zu sehen wäre problematisch. Wer dies tut, läuft Gefahr, nach Maßstäben zu leben, die unmenschlich sind. Die (Leistungs-)Grenzen, die Menschen tatsächlich haben, werden dann negiert. Daraus folgen grenzenlose Erwartungen aneinander und an das Leben: Erfolgreich, gesund, reich, schön – nur so erscheint der Mensch wertvoll und das Leben lebenswert. Diesen fragwürdigen Lebensentwurf stellt der Tod in aller Klarheit infrage. Er zeigt, dass Erfolg, Gesundheit und Schönheit vergänglich sind und man Reichtum nicht mitnehmen kann. So vital diese Werte auch klingen – wer sich an sie klammert, wird schon früh ein „Sterbender" sein. Er kämpft einen aussichtlosen Kampf gegen die Zeit und setzt sich selbst unter Erwartungsdruck. „Bedenke, dass du sterben musst!" kann da eine heilsame Einsicht sein.

Fritz Roth hat viele Jahre als Unternehmensberater gearbeitet. Dann wurde er Bestatter. Er kennt also die Kriterien aus beiden Welten. Im Wirtschaftsleben wird die Machbarkeit betont. Der grenzenlose Erfolg ist das Ziel. Doch mit einem Sarg vor Augen können Menschen nichts mehr machen. Ihre Grenzen werden ihren bewusst. Diese Erfahrung hat laut Roth auf viele Menschen eine heilsame Wirkung: „Der Moment, in dem es gelingt, den Tod als Teil des Lebens zu akzeptieren, ist daher auch ein Moment der Befreiung von unendlichen, uneinlösbaren Ansprüchen an Glück, Gelingen, Perfektion und Leidensfreiheit." In der Auseinandersetzung mit dem Tod stellen wir Kriterien infrage, die uns bereits zu Lebzeiten nicht guttun: „Depressionen und psychische Erkrankungen sind oft Folge einer unmenschlichen Leistungsgesellschaft." Doch das Nachdenken über den Tod lehrt uns, nach dem zu fragen, was dem Leben wirklich dient.

Im Mittelalter war es vor allem die Kirche, die den Menschen ihre Sterblichkeit vor Augen führte, um sie zu einem besseren Leben zu bewegen. *Ars moriendi*, die Kunst des Sterbens, war das Thema von pädagogisch ambitionierten Erbauungsschriften. Doch darin ging es gar nicht nur um die Kunst des Sterbens. Es ging vielmehr um die Kunst, richtig zu leben. Eine solche Schrift verfasste zum Beispiel der Prediger Johann Geiler von Kaysersberg im Jahr 1497. Bereits der Titel zeigt, dass es sich um eine frühe Form der Ratgeberliteratur handelt: „Ein ABC, wie man sich schicken sol, zu einem kostlichen seligen tod."

Wer damals des Lesens nicht kundig war, konnte sich stattdessen Bilder zum gleichen Thema ansehen. Der Totentanz war ein beliebtes Motiv. Von der Gestaltung her erinnern die Totentanz-Bilder an moderne Comics: Ein Mensch wird in den verschiedenen Stationen seines Lebenswegs gezeigt. Doch bemerkenswerterweise hat er dabei immer ein Skelett als Tanzpartner. Das sollte dem Betrachter vor Augen führen, dass in allen Wechselspielen des Lebens der Tod als Begleiter immer dabei ist. Er kommt, wann er mag, und er beendet den Lebenstanz, wann er mag. Der Mensch lebt immer im Schatten des Todes – auch wenn er in den Vergnügungen und Verpflichtungen des Alltags über diesen hinwegtanzt. Die Bilder vom Totentanz rufen Ihnen in Erinnerung, dass Sie sterblich sind. Und ein „Sterbender" in diesem Sinne ist der Mensch nicht erst im allerletzten Lebensabschnitt. Wir können uns unseres Lebens vielmehr in keinem Moment sicher sein. Deshalb sollen wir so leben, dass jeder Tag unser letzter sein könnte.

In religiösen Bildern und Schriften war das Konzept vom richtigen Leben auf den ersten Blick „nicht von dieser Welt": Christen sollten vor allem so leben, dass sie nach dem Tod in den Himmel kommen. Die wahre Lebensbilanz würde also erst im Jenseits sichtbar. Heute klingt das nach Vertröstung. Doch damals war es für viele Menschen wirklich ein Trost, im Einklang mit Gott zu leben. Und im Grunde genommen bleibt die alte Frage bis heute akut – nur eben in einer säkularisierten Variante: Lebe ich entsprechend der Maßstäbe, die mir wichtig sind? Habe ich das, was mir heilig ist, geachtet? Einer der großen Bestseller des Jahres 2014 machte die „ars moriendi" wieder zum Thema: *Fünf Dinge, die Sterbende am meisten bereuen,* verfasst von der australischen Krankenschwester Bronnie Ware. Die Autorin wird von sterbenskranken Menschen in der Endphase ihres Lebens als häusliche Pflegekraft engagiert. Bei dieser Arbeit erfährt sie viel über sterbende Menschen. Unter anderem, was Menschen im Rückblick auf ihr Leben bedauern. Nach ihrer Wahrnehmung gibt es fünf Themen, die dabei immer wieder zur Sprache kommen:

1. Ich habe zu wenig mein eigenes Leben gelebt.
2. Ich habe zu viel gearbeitet.
3. Ich habe mir zu wenig Zeit für die Familie und den Freundeskreis genommen.
4. Ich habe meine wahren Gefühle zu wenig gezeigt.
5. Ich habe mir nicht erlaubt, glücklich zu sein.

Die Akzente haben sich gegenüber der mittelalterlichen „ars moriendi" verschoben. Jetzt geht es nicht mehr um das Leben nach dem Tod. Es geht vielmehr um die Frage, ob Menschen ein Leben *vor* dem Tod hatten. Wenn die Lebenszeit wissentlich begrenzt ist, fragt man sich: Wofür habe ich meine Zeit verwendet? Habe ich kostbare Zeit verschwendet? Wenn ich noch mal leben dürfte, was würde ich anders machen? „Nicht den Tod sollte man fürchten, sondern dass man nie begonnen hat zu leben", sagt Marc Aurel, der Philosoph unter den Kaisern des alten Rom. Damals wie heute haben Menschen für sich entdeckt: Die Konfrontation mit dem Tod lehrt leben. Und die bewusste Begegnung mit Menschen, die sterben müssen, verändert die Lebenseinstellung derer, die sie begleiten. Manchmal liegt gerade auch eine Chance darin, sich dem Tod zunächst in Halbdistanz zu stellen: Dies geschieht zum Beispiel, wenn Sie auf die Bestattung eines Menschen gehen, den Sie nicht allzu gut kannten. In solchen Fällen wird Ihr persönlicher Verlustschmerz Sie nicht überwältigen. Und doch ist wahrscheinlich, dass der Besuch der Beisetzung Sie bewegt.

Ich spüre oft, dass Menschen auf dem Friedhof in besonderer Weise wach sind für das Leben. Sie achten auf Details, die sie im Alltagstrott übersehen würden. Natürlich zwitschern die Vögel auch vor der Kantine – aber auf dem Friedhof hören Sie sie auf einmal ganz bewusst. Natürlich scheint die Sonne auch auf dem Parkplatz, wo Ihr Auto steht – aber auf dem Gang zum Grab berühren ihre Strahlen wirklich spürbar Ihr Gesicht. Angesichts des Todes lernen wir das Leben zu schätzen. Unser Lebensgefühl ändert sich zum Positiven, wenn wir den Tod nicht aus dem Leben aussperren. Auch deshalb ist die Bestattungskultur wichtig. Unsere Kultur nimmt Schaden, wenn wir nur zu den Begräbnissen unserer allerengsten Familienangehörigen gehen.

Echt archaisch: Wie alte Trauerbräuche den Urängsten begegnen

Viele Bestattungsbräuche haben wir aus der Vergangenheit übernommen, ohne groß über sie nachzudenken: Wenn ein Mensch stirbt, wird das Fenster geöffnet. Der Tote wird mit den Beinen zuerst aus dem Haus getragen. Bei der Beerdigung werfen wir Erde in das offene Grab. Auf dem Friedhof stehen Grabsteine. Das alles ist irgendwie selbstverständlich. Aber wenn man bewusst darüber nachdenkt, versteht es sich auf einmal nicht mehr von selbst. Warum sollen wir einen Toten nicht mit dem Kopf voraus aus dem Haus tragen? Warum Erdgräber mit schweren Grabsteinen obendrauf? Was spräche dagegen, würde man seine Lieben nach deren Tod einbalsamieren und im Glassarg für jedermann sichtbar aufbahren lassen? Lenin hat es uns doch vorgemacht!

Nein, im Umgang mit dem Tod halten wir weitgehend fraglos an alten Bräuchen fest. Und das ist umso bemerkenswerter, wenn man bedenkt, aus was für Zeiten diese Bräuche stammen. Sie sind wirklich uralt, sie haben archaisch-magische Ursprünge. Ihr ursprüngliches Ziel war, die Gefahr zu bannen, dass die Toten wieder auf die Erde zurückkehren. Die Menschen vergangener Zeiten hatten nämlich große Angst vor dem Spuk der Untoten. Sie waren besorgt, dass die Verstorbenen als Geister oder Gespenster zurückkehren und das Leben der Hinterbliebenen stören könnten. Auf diese tief in unserem Unterbewusstsein brodelnde Angst sollten die Bestattungsbräuche einen Deckel legen. Den Toten gut aus der Welt zu bringen und ihm den Weg zurück zu erschweren – das ist das verborgene Grundmotiv, das unsere Verhaltensweisen bei einem Todesfall prägt.

Wenn ein Mensch stirbt, ist es üblich, unmittelbar nach Eintritt des Todes ein Fenster zu öffnen. Zumindest in den Fällen, wo ich die letzten Atemzüge eines Menschen miterlebt habe, war das so. Da lag zum Beispiel eine Dame auf der Pflegestation im Sterben. Man rief mich. Sie hatte die Augen geschlossen und nahm meine Anwesenheit nicht mehr spürbar wahr. Das einzige Lebenszeichen war, dass sich ihr Brustkorb hob und senkte und ihr Atem zu hören war. Selbst dies nahm ich aber erst wahr, als ich schon länger an ihrem Bett saß. Doch irgendwann hatte ich dann den Eindruck, dass sie aufhörte zu atmen. Ich war mir nicht sicher und fühlte mich nicht kompetent, dies festzustellen. Also ging ich in den Gang und suchte nach dem Personal. Zwei Schwestern kamen. Die erste fühlte nach dem Puls der alten Dame und nickte dann: „Ja. Sie ist tot." Die zweite ging daraufhin zum Fenster und öffnete es. Beide Fensterflügel, sperrangelweit. In diesem Moment fand ich das irgendwie richtig. Doch warum? Rein sachlich betrachtet gibt es für das Öffnen des Fensters eigentlich keinen sinnvollen Grund. Ich weiß, dass die Angst vor dem Leichengift ins Reich der Legenden gehört. Warum aber empfand ich es trotzdem als angemessen und wohltuend, dass das Fenster geöffnet wurde? Durch das Öffnen des Fensters wird die Seele freigegeben. Die Seele der Toten soll den Raum verlassen können. Diejenigen, die im Moment des Sterbens im Zimmer sind, haben dann das Gefühl, „jemanden gehen zu lassen". Das ist ein gutes Gefühl.

Früher kam es vor, dass in einem Haus, in dem jemand im Sterben lag, einige Dachziegel entfernt wurden. Damit wurde ein Freiraum geschaffen, um beim Todeseintritt den Auszug der Seele zu ermöglichen. In manchen alten Bauernhäusern in Bayern gibt es zu diesem Zweck sogar extra ein sogenanntes Seelenloch. Das ist ein kleines, hoch angebrachtes Fensterchen. Sozusagen ein Ventil für die Angst, dass der Verstorbene später als Untoter durch das Gebäude spukt. Das Seelenloch trug dazu bei, dass die Hinterbliebenen sich auch nach einem Todesfall in ihrem Haus wohlfühlen konnten. Um der Seele einen guten Ausgang zu ermöglichen, war früher noch ein weiterer Brauch üblich: das Verhängen der Spiegel. Indem man Tücher über die Spiegel hängte, wollte man vermeiden, dass die Seele durch ihr Spiegelbild verwirrt wurde und deshalb im Zimmer umherirren musste. In dem Moment, in dem das Leben ausgehaucht war, sollte die Seele ungestört ihren Weg aus dem Raum finden. Das war unseren Vorfahren wichtig.

Was darauf folgte, war die Totenwache. Der Leichnam durfte unter keinen Umständen alleine gelassen werden. Deshalb übernahmen die Angehörigen im Wechsel „Schichten" beim aufgebahrten Toten. Und dies wurde dann auch wirklich als ein „Bewachen" verstanden! Der Verstorbene sollte ununterbrochen unter Beobachtung bleiben. Der Gedanke, dass ein Toter „ohne Aufsicht" im Haus liegt, wäre den Hinterbliebenen unheimlich gewesen. Die Totenwache war also ursprünglich kein Akt der Pietät oder Solidarität. Es ging um Gefahrenabwehr in einem magisch-archaischen Sinne.

Vor dem Abtransport wurde der Tote dann eingesargt. Dabei wurde selbstverständlich zu Hammer und Nagel gegriffen. Särge wurden bewusst zugenagelt, nicht zugeschraubt. Den Grund dafür werden Sie bereits erahnen: Nägel verschließen einen Sarg sicherer als Schrauben. Nägel sind ein irreversibler Verschluss, eine Ein-für-alle-mal-Lösung. Schrauben hingegen kann man wieder aufdrehen. Danach wurde der Sarg aus dem Haus getragen. Und dies geschah immer mit den Beinen zuerst. Das war so selbstverständlich, dass der Ausdruck „mit den Beinen zuerst rausgetragen werden" zum Synonym für „gestorben sein" wurde. Auch dieser Brauch diente der Gefahrenabwehr. Denn wer mit den Beinen zuerst aus dem Haus getragen wird, dem wird es danach schwerer fallen, seinen Hauseingang wiederzuerkennen. Beim Verlassen des Hauses ist seine Blickrichtung abgewandt, sodass der Tote es nicht sehen kann. Seine Wiederkehr als Gespenst wurde dadurch erschwert. In manchen Gegenden Hollands wurde zusätzlich noch ein Andreaskreuz auf die Haustür gemalt. Ein Stopp-Zeichen, das Sie heute davor warnt, dass Ihnen ein Zug in die Quere kommen könnte. Früher war es eine weitere Maßnahme, um die Toten davon abzuhalten, den Lebenden in die Quere zu kommen.

Der Erdwurf am Grab und die Befestigung der Grabstätte durch einen Stein schließen diese Kette von Trennungsritualen ab. Die Erde auf dem Sarg beschwert dessen Deckel. Schaufelwurf für Schaufelwurf verringert sich die Angst vor der Wiederkehr des Verstorbenen. Und für den Fall, dass das den Toten immer noch nicht im Grab zu halten vermag, packt man vorsichtshalber am Ende noch einen schweren Stein drauf!

Reiner Sörries, Bestattungskulturforscher, betont, dass die genannten Rituale durchweg dem gleichen Zweck dienen: Sie sollen eine klare Zäsur zwischen den Lebenden und den Toten herstellen. Sie sollten die Unwiederbringlichkeit des Verstorbenen betonen. Nach Sörries ist diese Funktion der alten Bräuche bis heute für das Abschiednehmen wichtig: „Man mag diese Rituale magisch nennen, aber trauerpsychologisch handelt es sich um Trennungsrituale für die Hinterbliebenen, die nicht mehr damit rechnen dürfen, dass sie ihre Verstorbenen zurückerhalten." Man kann also sagen: So archaisch der Ursprung unserer Trauerbräuche ist – sie haben bis heute einen vernünftig nachvollziehbaren psychologischen Sinn!

Die alte Ritualkette leitet Menschen dazu an, einen Verstorbenen wirklich loszulassen. Jeder einzelne der beschriebenen Schritte hilft, den Abschied zu begreifen und seine Endgültigkeit zu verinnerlichen. Und vor dieser Aufgabe stehen die Hinterbliebenen bis heute. Auch wenn Ihnen die alte Angst vor den Untoten fremd ist, bleibt es wichtig, dass Lebende und Tote einander freigeben. Nur dann können die Toten wirklich ruhen. Nur dann finden die Angehörigen irgendwann wieder ihre Ruhe. Schade, dass die alte Ritualkette inzwischen brüchig geworden ist. Sie hat es sehr erleichtert, auf gute Weise Abschied zu nehmen.

Wo heute die Untoten spuken: Das finale Logout im Internet

Auf den ersten Blick wirkt Dennis, 17 Jahre, Gymnasiast, ein wenig eigenbrötlerisch. Seine Kleidung ist frei von allen Ambitionen, um nicht zu sagen schlampig. Sein Gang ist schlurfend, die Haut auch im August wenig sonnenverwöhnt. Offensichtlich ein Stubenhocker, möglicherweise ein kontaktscheuer Streber? Der erste Blick täuscht.

Als Dennis mich in seine Welt mitnimmt, sehe ich: Er hat 266 Freunde. Diese äußern sich ausgesprochen wertschätzend über ihn. Weiterhin entdecke ich, dass Dennis einen ungewöhnlich durchtrainierten Körper und eine Traumfrau als Freundin hat. Wie jetzt? Das klingt doch total widersprüchlich! Um diesen Widerspruch aufzulösen, muss ich Ihnen wohl zunächst erklären, warum ich Kontakt zu Dennis aufgenommen habe: Ich war auf der Suche nach jemandem, der mir Zutritt zur Welt von Facebook und den sozialen Rollenspielen im Internet verschaffte.

Während ich Dennis als Konfirmand als eher zurückhaltend, fast schüchtern erlebt habe, äußert er in sozialen Netzwerken unbefangen seine Meinung. Er beteiligt sich in diversen Foren. Er bekommt für seine Beiträge viel Zuspruch – bei Facebook nennt man das „likes". Dennis bewegt sich ungemein behände in dieser Welt. Ich kann dem über den Bildschirm rasenden Mauszeiger kaum folgen. Er ist dort spürbar ganz und gar zu Hause. Und er ist stolz, wie gut er in seiner Welt vernetzt ist und wie viel Anerkennung er dort erfährt. Was würde passieren, wenn Dennis bei einem Unfall stürbe? Ein wichtiger Teil seines Lebens findet auf dem Computer statt. Das Passwort dafür kennt nur er. Über seine Freundschaften, Standpunkte, Interessen und Träume würde man vor allem im Internet etwas erfahren. Dennis hat ein gutes Verhältnis zu seinen Eltern. Aber diese haben genauso wenig Zugang zu seiner Internetwelt wie ich.

Dennis wird nicht sterben. Es gibt ihn nämlich gar nicht. Er ist eine Kunstfigur, auf die ich die Erfahrungen projiziert habe, die ich mit mehreren internetaffinen Jugendlichen gemacht habe. Doch gerade weil wir uns um keinen „echten" Dennis Sorgen machen müssen, können wir jetzt unbefangen überlegen, was der Tod dieser Kunstfigur für Folgen hätte.

Bereits die Verbreitung der Todesnachricht wäre ein Problem. Mit den bislang üblichen Kommunikationswegen würde man die virtuell – aber nichtsdestotrotz intensiv! – mit ihm verbundenen Menschen gar nicht erreichen. Die Nachbarn bekämen eine Einladung zur Trauerfeier in den Briefkasten gesteckt. In der Zeitung würde eine Traueranzeige geschaltet. Doch wie viele der 266 Facebook-Freunde von Dennis lesen die Traueranzeigen in der *Süddeutschen* oder wohnen in der Nachbarschaft?

In seinen virtuellen Welten würde Dennis deshalb noch eine ganze Zeit lang weiterleben. Die dortigen Freunde würden sich wundern, dass er nichts mehr postet. Seine „likes" würden nach und nach weniger. Das mit Engagement und Fantasie aufgebaute soziale Netz würde langsam verfallen. Viele Chatpartner würden es dann irgendwann aufgeben, mit ihm in Kontakt zu treten. Doch eine richtige Zäsur gäbe es nicht. Vielleicht würde sich mit der Zeit herumsprechen, dass er irgendwann gestorben ist? Aber die Möglichkeit für einen echten Abschied hätte sein virtueller Freundeskreis nicht.

Birgit Janetzky ist so eine Art digitale Nachlassverwalterin. Sie hat sich auf die Bestattung dessen spezialisiert, was unser Leben im Internet ausmacht. Und es wird Sie kaum überraschen, dass Janetzky betont, wie viel eine Festplatte über ihren Besitzer verrät: „Man sieht, wo Menschen Zeit verbringen, wo ihre Träume liegen." Bezeichnenderweise sprechen wir mit Blick auf Facebook & Co. von „sozialen Netzwerken". Bereits durch den Begriff klingt an, dass Menschen dort Freundschaften schließen und Beziehungen pflegen. Sie sind Mitglieder von Chatrooms, Gruppen und Foren. Sie legen ein Profil von sich selbst an und informieren die Netzgemeinde regelmäßig über ihren „Status", womit ihre augenblickliche Gefühlsverfassung gemeint ist. Sie twittern, skypen und kommunizieren über WhatsApp. Auf einer Cloud liegen alle wichtigen Erinnerungen ihres Lebens, inklusive Tausender persönlicher Fotos. Außerdem haben sie auf ihrem Computer Geldguthaben und wichtige Informationen zu Geschäftsbeziehungen, Treuepunkte, Bonusmeilen und alle Adressen, an denen ihnen etwas liegt. Das alles muss nach einem Todesfall in irgendeiner Weise abgewickelt, beendet und beerdigt werden. Und das ist eine komplexe Herausforderung. Deshalb überrascht es nicht, dass es Profis gibt, die gegen Geld die entsprechenden Dienstleistungen anbieten.

Semno, Netarius, Columba – das sind die Namen von Firmen, die sich darauf spezialisiert haben, die Computer- und Internetaktivitäten von Verstorbenen zu beerdigen. In der realen Welt wird ein Toter durch das Absenken des Sargs auf dem Friedhof sichtbar aus dem Beziehungsgefüge genommen. Doch dieses Ritual erreicht die Netzgemeinde nicht. Es besteht die Gefahr, dass der Verstorbene dort weiterlebt. Dass er weiterhin Mails und SMS bekommt, weiterhin in Chatrooms präsent ist, weiterhin ein Profil und einen Status hat, als würde er noch leben. Das kann zu unangenehmen Situationen führen: Die Witwe eines Ingenieurs, der sehr viel Zeit im Internet verbracht hat, berichtete mir, dass sie noch Monate nach dem Tod ihres Mannes von seinen Netzbekannten so auf ihn angesprochen wurde, als würde er noch leben. Das war dann für beide Seiten unangenehm. Deshalb besteht die Aufgabe der digitalen Bestatter zunächst vor allem im Löschen. Mail-Accounts, Mitgliedschaften in sozialen Netzwerken und Chatrooms, Abos, persönliche Homepages – auch hier muss ein Schlussstrich gezogen werden. Doch das geht gar nicht so einfach, sagt Birgit Janetzky: „Löschen geht oft nur über den Seitenbetreiber – und bei vielen Anbietern muss man dann feststellen, dass sie sich noch nie mit dem möglichen Tod ihrer Mitglieder auseinandergesetzt haben."

Immerhin bieten die großen Anbieter inzwischen Verfahren, wie mit ihren verstorbenen Mitgliedern und deren digitalem Erbe umzugehen ist. Facebook stellt es den Angehörigen frei, gegen Vorlage einer Sterbeurkunde den Account zu löschen oder ihn ohne amtliche Dokumente in einen Gedenkzustand umwandeln zu lassen. Wer bei GMX oder web.de das Postfach auflösen will, muss die Sterbeurkunde vorlegen. Um Zugang zu den Mails zu erhalten, braucht man sogar einen Erbschein. Google gibt den Zugang zu Mailkonten nur dann heraus, wenn ein amerikanisches Gericht eine entsprechende Anordnung erlässt. Die Sprecherin von Google in Deutschland, Lena Wagner, sagt: „Wir setzen die Hürden bewusst hoch, denn der Nutzer hat Vertrauen in uns gesetzt, als er das Konto eröffnet hatte. Es könnte ja sein, dass im Postfach auch E-Mails seiner Geliebten zu finden sind." In Wagners Äußerung klingt an, dass so ein digitales Erbe durchaus heikel sein kann. Schließlich machen Menschen im Internet auch Dinge, bei denen sie sich lieber nicht über die Schulter gucken lassen wollen. Doch so ein Computer hat ein unbarmherziges Gedächtnis. Während man früher Kindern mit dem Satz „Der liebe Gott sieht alles" Angst gemacht hat, wird heute manchem Erwachsenen mulmig, wenn man ihm vor Augen führt: „Dein Computer verrät alles über dich!" In dessen Tiefen findet der Witwer möglicherweise Nacktbilder vom Fitnesstrainer seiner Frau. Oder die Witwe stößt auf Jahre zurückliegende Flirtmails zwischen ihrem Mann und der Kindergärtnerin der gemeinsamen Tochter. Im Nachhinein wird sichtbar, dass der nette Familienvater in Homosexuellen-Foren unterwegs war. Oder es kommen Online-Poker-Aktivitäten ans Licht, die erklären, warum manchmal weniger Geld da war, als nach Einkommenslage eigentlich zu erwarten gewesen wäre.

Sie sehen: Der Umgang mit dem digitalen Erbe ist nicht alleine ein technisches Problem. Es geht auch um die Frage, wie weit wir ein Recht darauf haben, uns im Leben eines verstorbenen Menschen umzusehen. Und es geht darum, welche Folgen solche Einblicke für den Trauerprozess der Hinterbliebenen haben: Was würde es für Sie bedeutet, wenn Sie im Nachhinein etwas über einen Verstorbenen erfahren, was dieser zu Lebzeiten immer vor Ihnen geheim gehalten hat? In unseren digitalen Zeiten ist die Wahrscheinlichkeit, dass verborgene Gedanken, Vorlieben oder Aktivitäten posthum ans Licht kommen, so groß wie nie zuvor.

Früher gab es das gute alte Tagebuch. Dem wurden Dinge anvertraut, die man mit keinem Menschen teilen wollte. Eine gewisse Efi Briest zum Beispiel hat ihrem Tagebuch anvertraut, dass sie ihren Ehemann hintergangen hat. Ein einziges Mal und spontan. Sie hat einen Offizier aus der Nachbarschaft geküsst. Viele Jahre später fiel dieses Tagebuch dann zufällig in die Hände ihres Ehemannes. Er war bis dahin völlig frei von Misstrauen seiner Frau gegenüber. Doch dieser Fund hat dann das scheinbar so eingespielte Leben der Familie Briest zerstört. Wahrscheinlich wissen Sie es: Efi Briest ist eine fiktive Gestalt aus einem Roman von Theodor Fontane. Doch die Risiken, die heute auf manchem Computer schlummern, sind sehr real.

Wie also ist der Zugang zum Computer und den Internetaktivtäten eines Verstorbenen zu regeln? Hier stehen wir bereits mit Blick auf die rechtliche Situation vor einem Spannungsfeld: Einerseits gilt die Eigentumsgarantie für Erben, andererseits begrenzt das Fernmeldegeheimnis den Zugriff. Eine zeitgemäße Bestattungskultur muss auch die digitale Welt im Blick haben. Wenn sich ein immer größerer Teil unseres Lebens im Internet abspielt, reicht es nicht mehr, dass wir in der realen Welt mit echter Erde begraben werden. Den Menschen früherer Jahrhunderte war es extrem wichtig, ihre Verstorbenen in einer klaren Weise zu verabschieden. Man wollte sie wirklich gehen lassen. Nur so konnte der Lebensraum der Hinterbliebenen von unerfreulichen Nachwirkungen des Verstorbenen bereinigt werden. Heute stehen wir mit Blick auf das Internet vor ähnlichen Herausforderungen: Ohne finales Logout im Internet spuken die Toten weiter herum. Das kann für die Angehörigen zur Belastung werden.

Haben die Menschen, deren Nachlass Sie eines Tages möglicherweise verwalten werden, Online-Aktivitäten? Haben Sie Zugang zu den Passwörtern?

Was liegt auf dem Computer Ihrer Familienangehörigen oder Ihres Partners, das Ihnen so wichtig ist, dass Sie auch nach dessen Tod darauf Zugriff haben wollen? Kämen Sie im Todesfall an diese gemeinsamen Erinnerungen?

Könnten Ihre Computer- und Internetaktivitäten etwas über Sie verraten, das Sie lieber geheim halten wollen?

Und Fiffi? Vierbeiner auf dem letzten Gang

„Und dann haben wir alle mit der Schaufel Erde ins Gab geworfen. Als das Grab zu war, hat die Mama mit der Hand die Erde glatt gestrichen. Und der Papa hat eine Kerze angezündet und obendrauf getan. Also so eine rote Kerze, die man ja dann nimmt, wenn einer stirbt." Ein Viertklässler, Fabian ist sein Name, erzählt. Es geht an diesem Tag im Religionsunterricht um den Tod und um das Beerdigen. Doch von wessen Begräbnis erzählt er gerade? Von dem seiner Oma?

Nein. Eine Katze wurde beerdigt. Die Katze, die elf Jahre zur Familie gehörte. Es gab sie schon vor Fabians Geburt. Sie hieß Fritz, obwohl sie eigentlich eine Katze und kein Kater war. Als Fritz starb, war die ganze Familie sehr traurig. Und sie stand vor der Frage: Wie verabschieden wir unser geliebtes Haustier? Die Familie bewohnte eine Doppelhaushälfte mit Garten. Also beschloss man, die Katze in einer Ecke ihres Grundstücks zu begraben. Sie mussten dazu zweimal ein Grab ausheben. Fabian erinnert sich: „Beim ersten Mal waren wir zu nahe an dem Baum. Als wir dann tiefer gegraben haben, war da alles voller Wurzeln. Und dann hat da der Papa irgendwann aufgegeben."

Wenn es um das Thema Tod geht, erzählten viele Grundschulkinder zunächst vom Tod eines Haustiers. Am Anfang hat mich das befremdet. Aber mit der Zeit habe ich verstanden: Es ist einfacher, sich dem Thema Tod zunächst über ein Tier zu nähern. Die Eltern der Kinder hatten in diesem Fall weniger Scheu, mit ihren Kindern zu reden. Sie haben bei der Bestattung nicht so viel aus der Hand gegeben, wie bei Bestattungen von Menschen üblich. Und das läuft dann manchmal darauf hinaus, dass die Abschiede von Haustieren so natürlich und liebevoll gestaltet werden, wie es eigentlich bei Menschen wünschenswert wäre.

Rein pädagogisch betrachtet ist es also sinnvoll, ein Haustier zu beerdigen. Kinder machen dadurch wichtige Erfahrungen mit dem Tod und den damit verbundenen Gefühlen. Doch wie ist das, wenn Sie keine Kinder haben, aber ein Haustier – und dieses stirbt? Blenden wir den pädagogischen Aspekt aus und fragen stattdessen grundsätzlich: Soll man ein Haustier so richtig bestatten? Mit individuellem Grab? Mit Totenkerze und Blumengruß? Vielleicht sogar mit einem Gebet? Darf man das? Wie weit geht die Tierliebe sinnvollerweise? Ich wurde in meinen 14 Dienstjahren als Pfarrer noch nie um eine

Tierbestattung gebeten. Ein Tier – auch wenn es noch so geliebt wird – behandelt man nicht wie einen Menschen. Deshalb sind Tierbestattungen nicht in gleicher Weise gesellschaftliche Anlässe wie Humanbestattungen. Aber ein persönliches Anliegen sind sie vielen Tierhaltern eben doch: Manches Haustier wird liebevoll im Garten hinterm Haus beigesetzt, inklusive einem kleinen Grabstein. Wenn Sie Ihr Herz schon mal an ein Tier gehängt haben, werden Sie verstehen, dass die Entsorgung in der kommunalen Tierkörperbeseitigungsanlage dazu nicht wirklich eine Alternative ist.

Aber manchmal schlägt die Tierliebe auch fragwürdige Kapriolen. So wurde zum Beispiel die Pudeldame Tipsy nicht nur mit viel Tränen beigesetzt, sondern auch mit einer üppigen Grabbeigabe: Ihren Hundehals schmückte ein Diamantenband im Wert von 12.000 Euro. Die großzügige Hundehalterin hatte aus der Pudelbestattung ein öffentliches Ereignis gemacht, über das in der Presse wie über eine Promi-Beerdigung berichtet wurde. Manche haben über den Spleen der alten Dame den Kopf geschüttelt. Andere haben im Dunkeln zur Schaufel gegriffen. In der Nacht zum 5. Februar 2012 wurde Tipsys Grab aufgebrochen. So bescherte das 12.000-Euro-Halsband „Tipsy" posthum den Ruhm, die erste Pudeldame zu sein, die von Grabräubern belästigt wurde.

Auch sie haben ihren Herrn wohl für ein bisschen spleenig gehalten – die Bediensteten des Alten Fritz. Immerhin musste der Hofstaat des preußischen Königs dessen *Hunde* siezen und entsprechend dem höfischen Ritual auf Französisch ansprechen. Friedrich II. war nicht nur ein Schöngeist und Schlachtenlenker, er war vor allem auch ein ausgesprochener Hundenarr. Seine Windhunde hörten auf so ambitionierte Namen wie Arsinoe, Thysbe, Phillis, Diana und Superbe. Sie aßen mit ihm zusammen und schliefen in seinem Bett. Als sie starben, wurden sie an prominenter Stelle im Park des Schlosses Sanssouci begraben. Die zehn Gräber seiner Hoheit Lieblingshunde sind dort bis heute zu besichtigen.

„Ganz schön auf den Hund gekommen", mögen sich manche Untertanen, die mit deutlich weniger Essen auskommen mussten, gedacht haben. Das war dem Alten Fritz aber offensichtlich egal. Wenn es nach seinem Wunsch gegangen wäre, wäre er am Ende sogar neben seinen Hunden unter die Erde gekommen. Der preußische König hatte ausdrücklich verfügt, auch selbst auf seinem Hundefriedhof begraben zu werden. Der höfischen Etikette hätte das jedoch nicht entsprochen. Also missachtete sein Nachfolger diesen Wunsch. Der Alte Fritz wurde standesgemäß in der Potsdamer Garnisonkirche beigesetzt, und zwar ausgerechnet neben seinem ungeliebten Vater. Daran können wir ersehen, wie fragwürdig das Wort „hundsgemein" ist: Unter diesem Vater musste Friedrich II. nämlich in jungen Jahren sehr leiden. Ein Jugendfreund, bei dem er Rückhalt suchte, wurde auf Anordnung des hartherzigen, despotischen Vaters vor den Augen des damals 18-Jährigen exekutiert. Das mag uns ahnen lassen, warum der Alte Fritz später die Gesellschaft von Windhunden der von Menschen vorzog. Erst 205 Jahre nach seinem Tod – um genau zu sein, am 17. August 1991 – galt dann der individuelle Wille des Verstorbenen mehr als die Staatsraison. Im frisch vereinigten Deutschland erfolgte die Umbettung der Gebeine des Alten Fritz, sodass er fortan mit seinen geliebten Vierbeinern wieder vereinigt war.

Haustiere zu bestatten war lange Zeit ein Spleen weniger reicher Tierhalter. Aber davon gab es mit Beginn des 20. Jahrhunderts immer mehr. So kam in einigen großen Städten das Bedürfnis nach Tierfriedhöfen auf. Kaknäs in Stockholm und der Hartsdale Pet Cemetery bei New York gehörten zu den ersten. Als im Sommer 1899 vor den Toren von Paris der Cimetière des chiens eröffnete, gab es bereits im ersten Jahr 193 Tierbestattungen. Inzwischen liegen dort über 100.000 Haus- und Zirkustiere begraben. Zu den Promis unter den dort bestatteten toten Tieren gehört der Schäferhund Rin Tin Tin.

Das Hundemädchen Laika hat nach ihrem Tod im Weltall einen Platz im Moskauer Monument der verunglückten Kosmonauten erhalten. Laika war am 3. November 1957 in einer sowjetischen Raumkapsel in die Erdumlaufbahn geschossen worden. Schon wenige Stunden nach dem Start ist sie im Erdorbit infolge von Hitze und Stress gestorben. Dieser heldenhafte Einsatz für die Sowjetmacht wurde gewürdigt, indem man ihr Hundegesicht auf Briefmarken abbildete sowie Schokolade und Zigaretten nach ihr benannte.

Nicht in den Erdorbit, aber immerhin in den Nachbarort hat es ein cleverer Hund in der deutschen Provinz geschafft. Mit einem Körbchen mit Briefen um den Hals konnte man ihn als Posthund einsetzen. Und dies bereits 330 Jahre, bevor der Sowjetmensch Hunde in den Himmel jagte. Als der brave Vierbeiner 1630 starb, würdigten ihn die Bewohner des Dorfes mit folgender Inschrift auf der Grabplatte: „Schicket man ihn hin nach Friedenstein, so lief er hurtig ganz allein; Gut hat er sein Sach ausgericht; Drum hat er diesen Stein gekriegt." Dieser Hund hieß „Stutzel" und ist auf dem kirchlichen Friedhof in Winterstein, Thüringen, begraben. Seine Halterin war eine adelige Jägermeisterin. Sie hatte zuvor die Bedenken des Pfarrers durch eine Spende von 100 Talern an die Kirche und weiteren 50 an den Pfarrer selbst zerstreut. Das Hundegrab auf dem Dorffriedhof fand man in den Nachbardörfern überaus kurios. Fortan wurde Winterstein als der Ort verspottet, „wo der Hund begraben ist".

Sie sehen: In der Vergangenheit wurden höchstens die VIPs (in diesem Fall: *Very Important Pets*) unter den Tieren mit einem richtigen Begräbnis gewürdigt. Heute hat sich das geändert. Tierbestattungen sind zu einem Massenphänomen geworden. Es gibt inzwischen 130 Tierfriedhöfe in Deutschland, und jedes Jahr kommen neue dazu. Ein geliebtes Haustier liebevoll zu verabschieden und in der Erinnerung zu bewahren scheint immer mehr Menschen ein Bedürfnis zu sein: „Es ist zu beobachten, dass Tiergräber in der Summe besser und aufwendiger gepflegt sind, üppiger und verspielter erscheinen als Humangräber", so der Bestattungskulturforscher Reiner Sörries.

Tiere im Rahmen einer Bestattung verabschieden und danach ihre Gräber pflegen? Wie finden Sie das? Ist das einfach nur eine Frage des Geschmacks? Oder ist es eine grundsätzliche Frage, bei der es um elementare menschliche Werte geht? Wenn die finale Tierliebe in diamantenen 12.000-Euro-Grabbeigaben mündet, fragt man sich natürlich, ob diese Pudelbesitzerin Menschen gegenüber ähnlich großzügig gewesen ist. Da läuft das Haustier in Gefahr, zum Fetisch zu werden. Über die entsprechenden Extremfälle – zum Beispiel den Hund Daisy von Rudolph Moshammer – wird in den Medien gerne berichtet. Doch normalerweise schwingt in der Tierliebe vieler Menschen eher eine grundsätzliche Achtung für das Leben mit. Und ein Tierfreund muss keineswegs automatisch ein Menschenverächter sein. Außerdem: Die Trauer beim Tod eines geliebten Haustiers ist einfach da. Und sie ist echt und intensiv. Da bringt es gar nichts, einem Kind zu sagen, „es war doch *nur* ein Tier". Selbst Erwachsene können hier nachhaltig traurig sein. Als Besitzer von Hauskaninchen spreche ich aus eigener Erfahrung. Wenn Sie also gegen die Bestattung von Tieren grundsätzliche Einwände haben, dann bedenken Sie doch, dass dies auch um der trauernden Menschen willen geschieht. Ihnen wird das Loslassen-Müssen dadurch leichter gemacht.

„Alle Kreatur wartet sehnsüchtig auf das Offenbarwerden Gottes!", schreibt der Apostel Paulus (Römerbrief 8,19). Alle Kreatur? Also auch die Tiere? Eine über fünf Meter hohe Christusstatue steht in Hallbergmoos bei München. Und zwar in der Mitte des dortigen Tierfriedhofs! Knapp 400 Hunde-, Katzen-, Kaninchen- und Wellensittichgräber gruppieren sich um den Gottessohn aus Holz. Während auf manchem kommunalen Menschenfriedhof diskutiert wird, die christlichen Symbole zu entfernen, hat Ina Müller, Betreiberin des oben genannten Tierfriedhofs, bewusst ein Zeichen gesetzt: „Das ist auch als Provokation gedacht", sagt sie und äußert ihr Bedauern, dass vielerorts die Kirche gegen christliche Symbole auf dem Tierfriedhof sei. Tierbeisetzungen und Tierfriedhöfe sind Teil unserer Bestattungskultur geworden. Das können Sie begrüßen oder ablehnen – aber es ist einfach ein Ausdruck dafür, dass der Mensch von heute trauert, wann, wie und um wen er will. Das Trauern hat sich von gesellschaftlichen Vorgaben emanzipiert. Dass es dabei unter anderem auf den Hund gekommen ist, ist nicht automatisch eine Gefahr für die Trauerkultur. Wer ein Tier liebevoll verabschiedet, erweist sich dadurch als beziehungsfähig und dem Leben gegenüber achtsam.

Auf unseren „normalen" Friedhöfen sind Haustiere normalerweise nicht willkommen. Auch nicht in lebendem Zustand. Fast alle

Friedhofsordnungen sehen ein Hundeverbot vor. Und selbst da, wo Hunde nicht ausdrücklich ausgesperrt sind, wäre es ein Tabubruch, ein Tier zu einer Bestattung oder Trauerfeier mitzubringen. Oder haben Sie schon mal gesehen, dass hinter einem Sarg ein Hund hergelaufen wäre? Oder dass neben einem Grab ein Wellensittichkäfig stand, damit „Hansi" den Nachruf aus Menschenmund mit Gezwitscher ergänzen kann?

Auch wenn die Lebenserwartung der menschlichen Halter normalerweise höher ist als die ihrer Haustiere (sofern sie ihr Herz nicht an eine Schildkröte gehängt haben), kann es vorkommen, dass „Herrchen" oder „Frauchen" vor dem Haustier stirbt. Warum sollte man das geliebte Tier dann nicht zur Bestattung mitnehmen? Entspräche das nicht dem Wunsch des Verstorbenen? Tiere haben nichts von der Teilnahme an einem Begräbnis. Obwohl ich ein Mensch bin, bin ich mir da ziemlich sicher. Meine Kaninchen haben zwar ein euphorisches Verhältnis zu Erdbewegungsarbeiten. Aber es würde sich ihnen nicht erschließen, warum an meinem Grab auf einmal auch Menschen mit Erde um sich werfen. Und ich glaube auch nicht, dass die Katze, die in der Transportbox zur Trauerfeier mitgeschleppt wird, zu Tränen gerührt ist. Wenn sie sorgenvoll maunzt, dann wohl eher, weil sie in eben diesem Behälter normalerweise zum Tierarzt gefahren wird. Trotzdem kann ich mir Situationen vorstellen, wo ein Haustier fehlen würde, wenn es bei der Beerdigung seines Herrchens zu Hause bleiben müsste. Ich habe da einen Herrn vor Augen, der mit seinem Hund in gewisser Weise verwachsen ist. Die beiden gibt es nur im Doppelpack. Wenn eine Veranstaltung nicht hundeverträglich ist, dann kommt er nicht. Und wenn sein Hund ihm nicht das letzte Geleit geben dürfte, dann würde er nicht beerdigt werden wollen. Ich kenne den Mann nur mit Hund. Wenn er stürbe, würden die Angehörigen selbstverständlich erwarten, dass auch der Hund in der Aussegnungshalle dabei ist. In diesem Fall gehört der Hund einfach zum Leben eines Menschen dazu, kommunale Friedhofsverordnung hin oder her.

Was uns der Ausflug ins Tierreich vor allem zeigt, ist, dass die Bestattungskultur im Wandel ist. Früher waren Tierbestattungen ein Spleen weniger exzentrischer Oberschichtangehöriger. Heute sind sie ein Massenbedürfnis und zunehmend ein gesellschaftlich anerkannter Ausdruck von Trauer. Der Alte Fritz durfte seine Hunde nur betrauern und begraben, weil er von Gottes Gnaden zu solch absonderlichem Verhalten privilegiert war. Doch wir Heutigen nehmen uns die Freiheit heraus, für uns zu entscheiden, um wen und wie wir trauern wollen. „Das geht gar nicht!" ist ein Verdikt, das nicht mehr akzeptiert wird. Auf den Tod eines Haustiers reagieren manche unbefangener und selbstbestimmter, als sie es beim Ableben eines menschlichen Artgenossen täten. Insofern ist Tiertrauer auch ein Lern- und Experimentierfeld für eine im besten Sinne menschliche Trauerkultur. Fabian beispielsweise hat sicher etwas aus der Bestattung seiner Katze gelernt.

Öffentliche Trauer: Promis, Anschläge und Katastrophen

Nicht nur der Yorkshire Terrier Daisy war dabei, sondern auch 15.000 Menschen. Als Rudolph Moshammer, Herrenschneider und Märchenkönig der Münchner Klatschspalten, am 22. Januar 2005 beerdigt wurde, war die öffentliche Anteilnahme groß. In der Allerheiligen-Hofkirche gab es nur Platz für 400 geladene Gäste. Aber 15.000 Trauernde säumten den Weg, als der Sarg durch eine der Münchner Prachtstraßen zum Ostfriedhof gefahren wurde. Oder sollte man besser sagen, 15.000 Schaulustige? Der Heimgang von Daisys Herrchen war Inbegriff dessen, was man in Bayern „eine schöne Leich" nennt: Moshammers seidig schimmernder Mahagonisarg war mit einem Bouquet weißer Lilien bedeckt. Er wurde in einer gläsernen Limousine zu schmissiger Marschmusik zum Friedhof chauffiert. Dort hat man ihn zum Klang von Jagdhörnern in einer prunkvoll ausgestalteten Familiengruft beigesetzt. In den fromm gefalteten Händen trug Moshammer eine Locke von Daisy.

Dieser märchenkönighaften Bestattung wohnten nicht nur jene

15.000 Menschen bei, die trotz Temperaturen um den Gefrierpunkt an den Straßenrändern standen. Im warmen Fernsehsessel zu Hause nahm noch eine viel größere Trauergemeinde Abschied. Der Sender SAT1 hatte die Exklusivrechte für Berichte von der Trauerfeier erworben. Aber auch RTL, N24, n-tv und der staatliche Gebührensender ZDF berichteten ausführlich. Bei so viel Anteilnahme war es schon ganz schön kühn vom damaligen bayerischen Finanzminister Kurt Faltlhauser, sein Unbehagen zu äußern. Nach seiner Meinung sollten in der Allerheiligen-Hofkirche „eigentlich nur würdige Veranstaltungen" stattfinden. „Bei dem Rummel habe ich meine Zweifel. Ich hätte das nicht genehmigt", sagte er der Münchner *Abendzeitung*.

Was halten Sie von dieser Art von „letztem Event"? War das ein albernes letztes Hundetheater eines halbseidenen Promis aus der Bussi-Bussi-Szene? Oder eine emotional berührende Würdigung eines authentischen Münchner Originals, das ein Herz für Obdachlose hatte? Am Ende ist das wohl schlichtweg Geschmackssache. Doch unabhängig davon, ob Sie persönlich um „Mosi" getrauert haben, bleibt die Frage: Warum haben so unglaublich viele Menschen an seiner Bestattung teilgenommen? War er tatsächlich so beliebt? Oder gibt es andere Motive, sich so eine Promi-Bestattung anzusehen? Wenn ja, welche könnten das sein?

Prominentenbegräbnisse entwickeln in unserer durch Massenmedien geprägten Gesellschaft immer wieder eine ganz eigene Dynamik. Vor allem, wenn ein Promi stirbt, den wir aus der Regenbogenpresse kennen: Lady Di etwa. Ihr haben tausendmal mehr Menschen das letzte Geleit gegeben als der ehemaligen Premierministerin Margaret Thatcher. Oder Michael Jackson, dessen Ableben ähnlich viel mehr Trauergäste anzog als der Tod von Ronald Reagan. Da verwundert dann auch nicht, dass die auf Großbildschirmen in der Umgebung der Baptistenkirche von Newark übertragene Trauerfeier für Whitney Houston von mehr Menschen verfolgt wurde als der Leichenzug von Mutter Teresa in Kalkutta. Dabei haben die jeweils Letztgenannten ihr Land erfolgreich reformiert, die Diktaturen des Ostblocks aus der Welt gerüstet beziehungsweise den Friedensnobelpreis erhalten. Historische Bedeutsamkeit scheint also nicht das Motiv für den bestattungstouristischen Hype zu sein. Was aber dann?

Die Klatschspalten-Promis sind offensichtlich für viele Menschen Teil ihres alltäglichen Beziehungsgefüges. Durch ihre Dauerpräsenz in den Medien sind sie vielen Menschen vertrauter als die echten Nachbarn. Man nimmt an ihren Lebenshöhe- und Tiefpunkten teil. Man weiß alles über ihre Fehler und Schwächen. Sie sind Teil einer medial vermittelten Pseudofamilie. Und wenn dann so ein Familienangehöriger stirbt, rückt die Fangemeinde als Schicksalsgemeinschaft zusammen. Man hievt sich endlich mal aus dem Fernsehsessel und geht hinaus auf die Straße, wo der Sarg des Idols vorbeifahren wird. Und man geht aus sich selbst heraus: Durch öffentlich ausgelebte Anteilnahme wird aus vielen Einzelnen vorm Fernseher eine wahrnehmbare starke Gemeinschaft.

Wenn das Fernsehen an die Stelle des Nach-dem-Nächsten-Sehen tritt, wirkt sich das auch auf die Bestattungskultur aus. Vor allem für viele jüngere Menschen dürften die Vorstellungen davon, was bei einer Bestattung passiert, maßgeblich durch das Genre der „Promi-Beerdigungen" geprägt sein. Sie haben im Fernsehen die Trauerfeier für Michael Jackson und Rudolph Moshammer verfolgt, sind aber nicht zur Beerdigung der älteren Dame aus dem Nachbarhaus gegangen: „So gut kannten wir die ja auch nicht." Aber Michael Jackson und Rudolph Moshammer?

Es gibt aber noch eine weitere, offensichtlich etwas anders motivierte Form von öffentlicher Trauer: Diese war zu beobachten, nachdem sich der Fußballtorwart Robert Enke am 10. November 2009 vor einen Zug geworfen hatte. Er hatte unter Depressionen gelitten, was er in der harten Welt des Profifußballs verheimlichen musste. Die öffentliche Betroffenheit über seinen Tod war gewaltig. Doch die Art der Trauer war spürbar anders als bei Rudolph Moshammer. Statt Schaulustiger kamen Menschen, die wirklich betroffen waren. Die Berichterstattung in den Medien war frei von Ironie und ernsthaft um Einfühlungsvermögen bemüht. Kein Minister wäre auf die Idee gekommen, die Abschiedszeremonie als „Rummel" zu bezeichnen.

Bei Moshammers Trauerfeier blieben 70 der für Prominente reservierten Plätze frei, da am Ende nur sogenannte VIPs aus der B-Liga erschienen. Wirklichen Showgrößen und Politikern wäre eine Teilnahme offensichtlich peinlich gewesen. Ganz anders bei der Trauerfeier für Robert Enke: Der Oberbürgermeister, der Ministerpräsident, der Bundesinnenminister und die evangelische Bischöfin waren in die Gestaltung der Trauerfeierlichkeiten einbezogen. Dass die ganze Fußballprominenz von Franz Beckenbauer über die DFB-Funktionäre bis zu allen Spielern der Nationalmannschaft dabei war, wurde schlichtweg von der Öffentlichkeit erwartet.

Während Moshammers Beisetzung auch ein bisschen Volksfestcharakter hatte, war die Atmosphäre nach dem Tod von Enke von echter Betroffenheit und Nachdenklichkeit geprägt. „Seit Dienstagabend verharrt Hannover in tiefer Trauer", sagte Oberbürgermeister Stephan Weil: „Es ist sehr still in Hannover, aber gleichzeitig ist die Stadt zusammengerückt." Der Freitod des Hannover-96-Keepers setzte ein öffentliches Nachdenken in Gang: Warum hatte der 32-jährige Familienvater keinen anderen Ausweg mehr gesehen? Warum musste er verheimlichen, dass er an Depressionen litt? Was verrät uns das über die Maßstäbe im Profifußball? Und sind diese unbarmherzigen Maßstäbe am Ende nicht genau die, die unser aller Leben prägen? Enke litt offensichtlich unter einer Gesellschaft, in der man es sich nicht leisten kann, Schwäche zu zeigen. Das Funktionieren-Müssen steht so im Vordergrund, dass auf den Einzelnen und seine Probleme und Grenzen nicht mehr geachtet wird. „Denkt nicht nur an den Schein. Denkt auch an das, was in den Menschen ist, an Zweifel und Schwäche", forderte der DFB-Präsident Theo Zwanziger deshalb selbstkritisch in seiner Trauerrede.

Hier bestätigt sich der mittelalterliche Gedanke, dass der Tod ein Lehrmeister sein kann. Enkes Tod hat viele Menschen dazu bewegt, über die Maßstäbe, nach denen wir leben, nachzudenken. Das öffentliche Mitgefühl hat danach anderen Profifußballern Mut gemacht, ihre psychischen Erkrankungen und ihre Probleme angesichts des Erfolgsdrucks nicht mehr zu verschweigen. Dies dürfte noch eine andere Art von Coming-out vorbereitet haben: Thomas Hitzlsperger war der erste bekannte Fußballprofi, der sich öffentlich als homosexuell outete. Glauben Sie, er hätte dies auch dann getan, wenn es nicht davor diese starke öffentliche Trauer um Enke gegeben hätte? Das ganze Land wurde damals zur Trauergemeinde – und dies mit einer klaren Botschaft: Man möge zukünftig den Einzelnen so gelten lassen, wie er ist. Es ist ein Menschenrecht, sich von den Zwängen eines unbarmherzigen Kollektivs zu emanzipieren. Die 35.000 Menschen, die im Stadion in Hannover Abschied von Robert Enke genommen haben, und die sieben Millionen, die die Trauerfeierlichkeiten im Fernsehen verfolgten, setzten damit auch ein Zeichen für eine humanere Gesellschaft.

Zeichen gesetzt haben auch die Norweger nach den grausamen Attentaten eines Massenmörders im Sommer 2011. Ein rechtsradikaler Islamhasser hatte damals durch einen Bombenanschlag im Regierungsviertel von Oslo acht Menschen ermordet. Danach schoss er auf der Insel Utøya auf die Teilnehmer eines Jugendlagers der regierenden Arbeiterpartei und tötete 69 Jugendliche. Das Land antwortete mit Blumen: „Es ist eine stille, starke Geste. Die Rose ist zum Symbol des Zusammenhalts geworden, die Osloer Innenstadt ist in diesen Tagen förmlich zugedeckt mit Blumen, an unzähligen Orten haben die Menschen sie abgelegt oder festgesteckt", berichtete ein Reporter. Zwischen den Blumen fand er eine Karte mit folgendem Text: „Wenn ein Mann so viel Hass zeigt, wie viel Liebe können wir dann alle zusammen zeigen?" Dieser Satz stammt aus dem Munde einer der Überlebenden von Utøya. Nur wenige Stunden nach ihrer Rettung hat die 18-Jährige ihn in die Fernsehkameras gesprochen.

„Das Volk hat gegen den Hass gewonnen", betonte Regierungschef Jens Stoltenberg in seiner Trauerrede. „Gemeinsam haben wir uns für Offenheit, Toleranz und Gemeinschaftssinn entschieden." Und er sprach den Norwegern aus der Seele, als er feststellte: „Wir werden darauf mit mehr Demokratie, mehr Offenheit und mehr Humanität antworten."

Trauer stärkt das Gemeinschaftsgefühl. Wenn der Tod uns unsere

Verletzlichkeit vor Augen führt, rücken wir zusammen. Werte, die den Einzelnen überdauern, werden auf einmal wichtig. Dies gilt besonders dann, wenn diese gemeinsamen Werte durch die Gewalttat eines Einzelnen infrage gestellt werden. In Deutschland konnten Sie das zum Beispiel nach dem Schulmassaker in Winnenden beobachten. Die Opfer von Naturkatastrophen oder Unfällen werden nicht so intensiv öffentlich betrauert wie die von Gewalttaten. Wenn es einen bösen Täter gibt, scheint die Reaktion stärker auszufallen, die Gesellschaft rückt im Glauben an das Gute zusammen.

Wenn wir über den Zustand unserer Bestattungskultur nachdenken, müssen wir demnach das Phänomen „öffentliche Trauer" mitbedenken. Denn in unserer heutigen, stark durch Medien geprägten Gesellschaft entstehen Trauergemeinden anders als früher. Das Schicksal anderer Menschen geht Ihnen nahe, auch wenn Sie nur aus dem Fernseher davon erfahren. Insofern stellt der Fernseher durchaus auch Nähe her: Er konfrontiert uns auf emotional berührende Weise mit Todesfällen. Diese Konfrontation wird zugleich im persönlichen Lebensumfeld immer unüblicher: Bei normalen Todesfällen wird der Kreis von Freunden, Kollegen oder Nachbarn, die zur Beerdigung eingeladen werden, immer kleiner. Die echten Nachbarn sagen oft: „Von Beileidsbekundungen bitten wir Abstand zu nehmen." Ganz anders die Medien! Sie fordern uns auf: „Kommt, geht aus euch heraus und trauert kräftig mit!" Dass die Lebenserwartung heute sehr hoch ist und nur relativ wenige Menschen in jungen Jahren sterben, hat zur Folge, dass viele Menschen dem Tod nur noch im Fernsehen begegnen. Der Kulturanthropologe Norbert Fischer schreibt: „Viele Menschen leben heute jahrzehntelang, ohne im engeren familiären Umfeld jemals mit dem Tod konfrontiert worden zu sein. Notgedrungen sind daher die alltäglichen Vorstellungen vom Tod aus zweiter Hand, von den Medien, geprägt."

Sind Sie auf den Tod vorbereitet? Auf den Tod eines Menschen, der Ihnen extrem verbunden ist? Auf den eigenen Tod? Dass Sie einer Auseinandersetzung mit dem Tod gewachsen sind, wird in dem Maße wahrscheinlicher, in dem Sie bereits Erfahrungen mit ihm gemacht haben. Dabei sind vor allem auch die Todesfälle eine Lernchance, bei welchen Sie nicht zu den Hauptbetroffenen gehören. Wenn Sie einen Todesfall sozusagen in Halbdistanz beobachten, lernen Sie daraus etwas über den Tod. Diese Erfahrungen haben die Menschen früher gemacht, wenn sie zur Beerdigung eines Bauern vom anderen Ende des Dorfes gegangen sind. Dabei haben sie den Tod ein wenig beschnuppert, ohne dass er ihnen allzu nahe gekommen wäre. Sie haben sich angesehen, wie man einen Toten verabschiedet. Mit Mitgefühl, aber auch ein bisschen als Schaulustige. Sie konnten mit ihren Emotionen in gewisser Weise experimentieren: Was macht so ein Todesfall mit mir? Was tut mir am Grab gut? Was würde mir missfallen, wenn ich selbst intensiv betroffen wäre? Heute übernimmt diese Funktion die von den Medien forcierte öffentliche Trauer. Die Trauergemeinde ist dabei immer auch ein bisschen Publikum. Zum einen Teil sind wir Betroffene, zum anderen Schaulustige. Und was wir dabei zu sehen bekommen, fließt in unsere Vorstellungen von Bestattungskultur mit ein. Die Lieder, die bei öffentlichen Traueranlässen gespielt werden, schaffen danach sofort den Sprung in die ganz normalen Friedhofscharts. Wenn Menschen sich am Ende fragen, wie sie einen ihnen nahestehenden Menschen verabschieden, greifen sie auch auf das zurück, was sie im Fernsehen gesehen haben.

4. DER RÜCKBLICK AUF DIE VERSTORBENEN

„Ich bin jetzt auf deiner Beerdigung, aber du bist nicht da!" – ein Stoßseufzer auf dem Friedhof. Obwohl natürlich klar ist: Niemand rechnet mit der physischen Gegenwart des Toten. Gerade deshalb ist es uns ein Bedürfnis, uns noch einmal intensiv daran zu erinnern, wie dieser Mensch war. Der persönliche Rückblick auf den Verstorbenen ist ein wichtiger Teil der Bestattung. Dieses Sich-Erinnern geschieht in erster Linie durch die Traueransprache. Darin wird der Lebensweg mit den wichtigsten Ereignissen, Einschnitten, Entwicklungen und Erfolgen in Erinnerung gerufen. Was einen Menschen zu einem besonderen, einzigartigen und liebenswerten Menschen gemacht hat, soll zur Sprache kommen.

„O Redner! Dein Gesicht zieht jämmerliche Falten, indem dein Maul erbärmlich spricht. Eh du mir sollst die Leichenrede halten, wahrhaftig, lieber sterb ich nicht!" Mit diesen Worten verwahrt sich der Dichter Gotthold Ephraim Lessing gegen geistlose Traueransprachen. Er hat eine Art von Reden vor Augen, die es bis heute gibt: Am Rednerpult stehen „Profis", also Geistliche oder Trauerredner, die den Verstorbenen gar nicht kannten. Ihre Unkenntnis seiner Persönlichkeit kaschieren sie mit pathetischen Phrasen. Die Trauerrede ist ein eigenes Genre. Sie hat eine typische Sprache und einen unverwechselbaren Stil. Oft wird sie in einer speziellen Tonfärbung gehalten. Doch diese Art von Trauerrede ist nicht jedermanns Sache. Pathetische Phrasen, formelhafte Feierlichkeit, nichtssagende Standardformulierungen – Lessing fand das das Allerletzte!

Was macht eine gute Trauerrede aus? Wie kann über einen Verstorbenen so gesprochen werden, dass Sie ihn wohlwollend und authentisch vor Augen haben? In der Geschichte der Trauerrede haben sich dazu ein paar Grundregeln eingebürgert.

Erstens ist es üblich, über Tote nur Gutes zu sagen. „De mortuis nil nisi bene", lautet die entsprechende Regel: „Von einem Verstorbenen ist nur in guter Weise zu sprechen!" Dieser alte Rat der alten Römer ist tatsächlich sogar noch älter, es handelt sich bereits um eine Übersetzung aus dem Griechischen. Schon im 6. Jahrhundert vor Christus hat der Philosoph und Dichter Solon diesen Gedanken formuliert. Seitdem gehört er zu den Selbstverständlichkeiten des Genres der Trauerrede. Aber wird die Beschreibung eines Menschen nicht unehrlich, wenn sie ausschließlich positiv gefärbt ist? Wo ist die Grenze zur Lobhudelei? Wie wird mit eventuellen zwiespältigen oder schwierigen Erinnerungen der Angehörigen umgegangen? Die meisten Menschen haben schließlich nicht nur Verdienste erworben, sondern auch Fehler gemacht. Sie haben ihre Angehörigen nicht nur unterstützt, bereichert und geliebt. Manchmal haben sie sie auch missverstanden, geärgert oder überfordert. Ist es sinnvoll, dass diese negativen Erinnerungen komplett verschwiegen werden?

Zweitens gehört der ernste, demonstrativ mitleidende Habitus zur Trauerrede. Dieser ist so fest in unserer Trauerkultur verankert, dass er schon sprichwörtlich geworden ist: „Mit einer Leichenbittermiene", sagen wir – auch jenseits des Friedhofs –, wenn Menschen einen demonstrativ leidenden Habitus zur Schau stellen. Die Formulierung ist erstmals bei Friedrich Schiller literarisch belegt, interessanterweise ohne Bezug auf einen Todesfall. Im Drama *Die Verschwörung des Fiesco zu Genua* beschreibt er die Probleme eines maskenhaften Auftretens. Für die Kluft zwischen den wahren Gefühlen und einer aufgesetzten Mimik wird dabei das Wort „Leichenbittermiene" verwendet. Der alte Schiller griff dabei wohl eine noch ältere Redewendung auf. Das Wort „bitter" inmitten der „Leichenbittermiene" bezieht sich nicht auf bittere Gefühle, sondern auf das Verb „bitten“: „Leichenbitter“ wurden früher eingesetzt, um das Dorf vom Todesfall zu unterrichten, also zur Beerdigung zu bitten. Für diese Aufgabe wurden gerne solche Nachbarn ausgewählt, die persönlich nicht allzu intensiv betroffen waren. Gerade wegen ihrer Distanz zum Verstorbenen war ihnen dies zuzumuten. Aber diese Leichenbitter haben sich dann bemüßigt gefühlt, ein besonders trauriges Gesicht zu ziehen. Das dürfte die Geburtsstunde des aufgesetzt leidenden Habitus gewesen sein, der bis heute vielen Profis im Trauergewerbe anhaftet.

„O Redner! Dein Gesicht zieht jämmerliche Falten ...“, beklagt Lessing. Es stößt ihn ab, dass das Auftreten des Trauerredners etwas Maskenhaftes hat. Ein nachvollziehbares Unbehagen! Doch sehen Sie Alternativen zu diesem friedhofstypischen Habitus? Flapsige Alltagssprache wäre der Situation wohl kaum angemessen. Die Gefühle der Hinterbliebenen – und in gewisser Weise auch der Tod selbst – rufen danach, ernst genommen zu werden. Doch wie können diejenigen, die dem Verstorbenen nicht so nahe standen, Empathie zeigen, ohne ins Maskenhafte abzugleiten? Was für einen Stil, was für eine Sprache würden Sie sich von den Profis auf dem Friedhof denn wünschen?

Die dritte alte Regel bei Trauerreden ist, hervorzuheben, wie stark die Angehörigen mit dem Verstorbenen verbunden sind. Dabei wird manchmal kräftig übertrieben und geschönt. Von dem Enkel, der einen beruflichen Termin wichtiger fand als die Teilnahme an der Beerdigung, wird gesagt, dass „die Oma immer einen Platz in seinem Herzen haben wird“. Die Kinder, die den Vater nur einmal im Jahr kurz zu Weihnachten im Altersheim besucht haben, bekommen zu hören: „Besonders an den Jahreshöhepunkten war es ihnen stets ein Anliegen, füreinander da zu sein.“ Und wenn es um unsere zukünftige Verbundenheit mit dem Verstorbenen geht, wird von manchem Trauerredner sogar noch dicker aufgetragen: „Auf ewig unvergessen“ wird er angeblich bleiben. Auf ewig unvergessen? Nun gut – bei Goethe trifft das vielleicht zu, zumindest für ein paar Jahrhunderte. Aber wie lange wird man an den unverheirateten und kinderlosen Taxifahrer denken, den ich vor Kurzem beerdigt habe? Oder an mich selbst? „Wir werden immer an dich denken", ruft ein anderer Trauerredner dem Verstorbenen nach. Immer? Auch mitten im Arbeitsstress, beim Joggen oder wenn sich die Hinterbliebenen auf dem Balkon sonnen? Für mich wäre das eine gruselige Vorstellung! Wenn ich eines Tages sterben muss, wäre mir lieber, wenn die Menschen, die um mich trauern, irgendwann auch wieder an etwas anderes denken könnten.

Der Lebensrückblick auf den Verstorbenen wird oft dazu genutzt, nach dem Beziehungsgefüge zu fragen, in das er eingebunden war. Der Brauch, über Tote nur Gutes zu sagen, gilt dann auch mit Blick auf die Hinterbliebenen. Auch sie kommen im Rückblick immer auffallend gut weg: Die Traueransprache ist „die Konstruktion einer tragbaren und für viele akzeptablen Geschichte, die den Toten einen neuen und stabilen Platz im Weiterleben der Menschen, die sich an sie erinnern, gibt", fasst der englische Soziologe Tony Walter zusammen. Doch abermals stellt sich die Frage nach der Ehrlichkeit. Manchmal sind Angehörige auf dem Friedhof gar nicht so „tief erschüttert und von unendlichem Schmerz erfüllt", wie der Trauerredner es bedeutungsschwer behauptet. Manchmal wissen alle Trauergäste um Konflikte, die es mit dem Verstorbenen gab – auch wenn davon bei der Ansprache nicht das Geringste anklingt. Ein allzu beschönigend auftretender Trauerredner läuft dann in Gefahr, an der Situation vorbeizureden.

Trotzdem gelten die gerade genannten alten Regeln im Grundsatz bis heute. Zugleich sind wir dabei, uns von steifen Konventionen zu emanzipieren. Immer mehr Menschen reagieren allergisch auf Phrasen. Auch auf dem Friedhof wünschen wir uns heute mehr Authentizität und Natürlichkeit. Wie könnte das in angemessener Weise bei Traueransprachen berücksichtigt werden? Was würden Sie sich heute von dem Geistlichen oder Redner wünschen, der über einen Menschen spricht, der Ihnen lieb und vertraut war?

Ein letztes Dienstzeugnis?

„Werte Trauergemeinde, für das Bayerische Landesamt für Wasserwirtschaft beklage ich einen unfassbaren Verlust" – mit leidvollem Blick wendet sich der Behördenleiter an die Trauergesellschaft. Er fährt fort: „Wir wissen nicht, wie es ohne den Verstorbenen weitergehen soll, und wir werden sein Andenken stets in Ehren halten!" Ich höre dem Beamten zu und frage mich, ob ich nach der Beerdigung noch schnell Wasser in Kanister füllen sollte. Ist demnächst mit dem Zusammenbruch der Wasserversorgung in Bayern zu rechnen? Aber im weiteren Verlauf der Rede: Entwarnung! Der Verstorbene war 79 Jahre alt und schon seit 17 Jahre pensioniert. Bevor der Beamte, der jetzt am Rednerpult steht, seine Funktion übernahm, waren auf der Stelle bereits zwei andere Mitarbeiter tätig. Außerdem ist zu hören, dass es „nach dem Ausscheiden des Verstorbenen zu erheblichen hausinternen Umstrukturierung kam". Es scheint also irgendwie auch ohne ihn weitergegangen zu sein. Und die angeblich so intensive Betroffenheit des heutigen Behördenleiters relativiert sich: Er hat seinen Vorvorvorgänger gar nicht persönlich gekannt. Der wackere Wasserwirtschaftsfunktionär hat die Verdienste des Verstorbenen in grotesk überzeichneter Weise dargestellt. Seine Ansprache war eine reine Aneinanderreihung von pathetischen Phrasen. Ephraim Lessing wäre empört.

Bitte verzeihen Sie mir dieses harte Urteil! Ich weiß: Eigentlich verdient es Anerkennung, wenn jemand bei der Bestattung eines ehemaligen Kollegen eine wertschätzende Rede hält. Und die ursprüngliche Aufgabe des kritisierten Redners ist, dass Wasser sauber aus dem Hahn kommt, nicht, dass Tote gut unter die Erde kommen. Er ist kein professioneller Grabredner. Aber seine Rede war von einer Herangehensweise geprägt, die leider auch manchem Profi auf dem Friedhof nicht fremd ist: Überzeichnung, Beschönigung, Pathos.

Manche Trauerrede ist mit formelhaftem Lob gespickt. Es gibt ein paar Phrasen, die genauso fest auf den Friedhof zu gehören scheinen wie die Grabsteine: Männer waren zum Beispiel „ein stets liebevoller

Ehemann und treusorgender Vater", Frauen indessen „aufopferungsbereite Mütter, die immer für die Familie da waren". Mich erinnern solche Sätze an die Dienstzeugnissprache. Doch einen Menschen in seiner Individualität zu würdigen gelingt mit derartig allgemeinen Phrasen kaum. Die Aura, die solche Trauerreden durch ihre Sprache schaffen, ist formelhaft und unpersönlich. Wenn der Redner konsequent wäre, würde er mit folgenden Worten schließen: „Einer wohlwollenden Aufnahme in den Himmel steht von unserer Seite nichts im Weg. Wir wünschen ihm für seinen Ausgang und seine weitere Entwicklung alles Gute. Amen."

Die Erinnerungen an den Verstorbenen werden erst dann konkret und individuell, wenn seine Eigenheiten zur Sprache kommen. Erst wenn die Alltagsgewohnheiten und Marotten beschrieben werden, bekommt der Rückblick warmherzige und liebevolle Züge:

Dienstzeugnissprache:

„Er besuchte die Beamtenhochschule in Hof und schloss im Jahr 1964 als Jahrgangsbester ab. Von da an arbeitete er beim Amt für Wasserwirtschaft. Die ihm übertragenen Aufgaben erfüllte er stets mit höchstem Pflichtgefühl und vorbildlichem Arbeitseinsatz. Durch seine zahlreichen Überstunden erwarb er sich in der Belegschaft höchste Anerkennung. Wir haben einen verdienten Kollegen vor Augen, der sich in einer umfassenden Weise für jedes Detail verantwortlich fühlte und seine Arbeit als Lebensaufgabe betrachtete."

Liebenswertes Detail:

„Fast immer war er der Letzte, der das Büro verlassen hat. Und wenn es mal Kollegen gab, die länger geblieben sind, dann haben diese Folgendes beobachtet: Auf dem Weg zur Tür hat er immer noch in den Blumentöpfen nachgefühlt, ob die Blumen genug Wasser haben. Und bei Bedarf hat er sie dann noch gegossen. In diesem Momenten haben sie gemerkt, dass er seine Arbeit geliebt hat: Sein umfassendes Pflichtbewusstsein war verbunden mit einem geradezu zärtlichen Verhältnis zu seiner Behörde."

Zum Dienstzeugnis gehört der vollständige Überblick über alle beruflichen Stationen. Manche Angehörige vermuten, dass dies auch zu einer Traueransprache gehört. Sie bringen zum Beerdigungsgespräch einen Zettel mit, auf dem sie alle Berufsstationen inklusive des jeweiligen Firmennamens notiert haben. Soll ich bei der Grabrede dann wirklich all diese Berufsstationen und Firmennamen erwähnen? Beim Dienstzeugnis gilt: „Der Lebenslauf darf keine Lücken haben!" Aber ich glaube, bei der Trauerrede gilt dies nicht. Gott verlangt keinen lückenlosen Leistungsnachweis, da bin ich mir als Pfarrer sicher. Und auch falls Sie nicht an Gott glauben, bedarf es auf dem Friedhof trotzdem keiner lückenlosen Dokumentation aller beruflichen Erfolge des Verstorbenen. In den Kategorien des Dienstzeugnisses zu denken und in seiner Sprache zu formulieren fällt vielen Menschen zunächst offenbar am leichtesten. Der Trauerredner steht dann vor der Herausforderung, herauszufinden, aus welchen konkreten Erinnerungen diese abstrakten Pauschalformulierungen gespeist werden:

Abstrakte Dienstzeugnissprache:	**Konkreter Erfahrungshintergrund:**
„Sie war auf klassische Weise eine engagierte Hausfrau und gute Köchin."	„Ihr Sauerbraten war eine Legende. Und es war für sie Ehrensache, danach auch noch den Abwasch zu machen. Nicht einmal eine Geschirrspülmaschine hat sie in ihrer Küche geduldet."
„Er war ein liebevoller Großvater, der stets bemüht war, die Familie zu entlasten, und keinen Aufwand gescheut hat, für sein Enkelkind da zu sein."	„Vier Jahre lang, fünf Tage in der Woche, je 20 Kilometer hin und zurück: Die ganze Kindergartenzeit hindurch hat er seinen Enkelsohn nachmittags abgeholt. Die dabei zurückgelegte Entfernung entspricht ziemlich genau einer Weltreise. Aber seine Welt war eben der kleine Paul!"

Je bildlicher und konkreter die lobenden Worte über einen Verstorbenen sind, desto aussagekräftiger sind sie. Die Trauergemeinde blickt ja auf den Toten nicht wie ein Arbeitgeber zurück, der Resümee über eine erbrachte Leistung zieht. Sie hat vielmehr einen Menschen vor Augen, der Teil ihres Lebens war.

Wie ehrlich hätten Sie es denn gerne?

Er kannte sie. Und deshalb wollte er sie nicht beerdigen. Hartmut B., Pfarrer, erfuhr vom Tod einer Frau aus seiner Kirchengemeinde. Sie hatte viele Jahre in seiner Nachbarschaft gewohnt. Und was tat er? Er fragte, ob nicht ein anderer Kollege die Trauerfeier übernehmen könne. Nicht, dass er je einen schlimmen Streit mit der Verstorbenen gehabt hätte. Aber er hat sie oft gesehen und immer als einen unangenehmen Menschen erlebt: Stets fordernd und unzufrieden, immer auf der Suche nach einem Grund, sich zu beschweren, und über alle Menschen schlecht redend. Eben ein richtiges Ekelpaket! Am Ende blieb die Gestaltung der Trauerfeier doch an Hartmut B. hängen. Ich war damals noch in der Ausbildung und habe fairerweise zunächst nur die „einfachen Fälle" auf dem Friedhof anvertraut bekommen. Aber ich wollte wissen, wie ein berufserfahrener Kollege damit umgeht, einen offensichtlich unsympathischen Menschen bestatten zu müssen. Würde Hartmut B. trotzdem sagen, „sie war eine liebe und gute Frau"? Nein, das hat er nicht. Er sagte stattdessen: „Sie wurde mir beschrieben als ..." Und er hat gesagt: „Wie die Angehörigen berichten, war sie ..." Die lobenden Worte über die Verstorbene kamen nie von ihm. Er hat immer nur weitergegeben, was andere Gutes über sie berichtet hatten. „Also gab es Angehörige, die gut über sie gesprochen haben?", fragte ich Hartmut B. nach der Trauerfeier. Er zögerte. „Na ja, so richtig nicht", antwortete er, „aber es war ja ohnehin kaum ein Mensch bei der Trauerfeier. Und die, die da waren, wollten einfach nur, dass es ganz normal über die Bühne geht."

Ganz normal? Das heißt mit Wertschätzung für den Verstorbenen. Mit lobenden Worten für seine Lebensleistung. Mit der Behauptung, dass seine Beziehung zu den Hinterbliebenen von Liebe geprägt war. Mit der Beteuerung, dass er jetzt aufrichtig und schmerzhaft vermisst würde. All das wird „normalerweise" bei einer Beerdigung gesagt.

Aber was ist, wenn es in Wahrheit nicht so ist? Oder – der häufigere Fall! – wenn das nicht die ganze Wahrheit ist? Wenn zu den positiven Erinnerungen auch negative dazukommen? Wenn Menschen einander geliebt und doch auch enttäuscht haben? Wenn der Verstorbene sympathische Züge hatte – und zugleich auch problematische? Wenn es in der Familie Verantwortung füreinander und Zusammenhalt gab – aber auch Streit und Ärger? Was ich jetzt beschreibe, ist tatsächlich wohl eher der Normalfall. Normalerweise ist nicht alles Friede, Freude, Eierkuchen. Meist erinnern wir uns auch an Missverständnisse, Enttäuschungen, Konflikte und Spannungen, wenn wir auf einen Verstorbenen zurückblicken. Doch wie kommen diese dann in der Trauerrede zur Sprache? Abermals ist es bei den Trauerreden ein bisschen wie mit den Dienstzeugnissen: Negative Formulierungen und offene Kritik sind verboten. „Er setzte sich stets für das Betriebsklima ein", heißt es im Dienstzeugnis. Hinter diesen nett klingenden Worten verbirgt sich tatsächlich eine ganz andere Aussage: „Er erschien angetrunken am Arbeitsplatz." Beim Abfassen eines Dienstzeugnisses ist es verboten, Defizite direkt und unverhohlen anzusprechen. Deshalb verbirgt sich hinter Worten, die auf den ersten Eindruck lobend klingen, oft tatsächlich ein kritisches Urteil.

Doch wie ist das bei einer Grabrede? Wie soll ich mich als Pfarrer verhalten, wenn ich einen Mann beerdige, von dem die ganze Trauergemeinde weiß, dass er ein massives Alkoholproblem hatte? Im betrunkenen Zustand wurde er aggressiv und hat seine Frau geschlagen. Alle wissen das. Soll ich also sagen: „Sein Bedürfnis nach Geselligkeit hatte manchmal auch eine dynamische Note"? Oder soll ich lieber das Problem komplett übergehen und zur Witwe einfach nur sagen: „Es gab viele Momente, an die Sie jetzt gute Erinnerungen haben" – und verschweigen, dass es auch Momente gab, an die sie ganz schreckliche Erinnerungen hat?

Ich spüre eine Hemmschwelle, mich eindeutig negativ über einen Toten zu äußern. Mein Eindruck ist, dass dies auch fast immer die Angehörigen befremden würde. Doch zugleich wäre mir unwohl, wenn ich offenkundig am Verstorbenen vorbeireden würde. Wenn ich ein um jeden Preis zurechtgeschminktes und bis zur Unkenntlichkeit geschöntes Bild zeichnen würde. Wenn Konflikte und Krisen, um die alle Trauergäste wissen, komplett übergangen würden.

Als Pfarrer finde ich: Wenn ich in offensichtlich verlogener Weise über einen Verstorbenen spreche, dann wirkt auch alles andere, was ich sage, unehrlich und aufgesetzt. Wenn aus meiner Traueransprache nicht herauszuhören ist, wie der Verstorbene *in echt* war, klingt auch das nicht echt, was ich über Gott und die Auferstehungshoffnung sage. Die ganze Bestattung wird dann zu einer aufgesetzten, phrasenhaften Farce, in der niemand wirklich ernst genommen wird: Nicht der Verstorbene so, wie er wirklich war. Nicht die Angehörigen mit dem, was sie jetzt wirklich bewegt. Nicht der Gott, von dem ich sage, dass durch seine Liebe am Ende das Leben siegt.

Wie intensiv und unverblümt ich auf die Fehler und Schwächen eines Verstorbenen eingehe, mache ich vom Vorgespräch mit den Angehörigen abhängig: Wenn mir dort ausdrücklich von dessen Alkoholexzessen berichtet wird, spreche ich dies auch in der Ansprache an. Aber dann gibt es drei „Trauerredner-Kniffe“, um die schwierigen Seiten so zur Sprache zu bringen, dass es möglichst wenig abwertend klingt:

Erstens formuliere ich das Problem möglichst nicht als Vorwurf gegenüber dem Verstorbenen. Ich beschreibe stattdessen, wie die Angehörigen darunter zu leiden hatten. Dieser Perspektivenwechsel verändert sofort den Ton: Das Ziel ist dann nicht, dem Toten noch schnell die verdient schlechte Betragensnote ins Zeugnis zu schreiben. Nein, es geht vielmehr darum, die Belastungen, die seine Angehörigen zu schultern hatten, zu würdigen. Ehrlichkeit ist in diesem Fall ein Akt der Solidarität mit denen, die unter den Fehlern des Verstorbenen zu leiden hatten:

Über den Verstorbenen könnte man sagen:	**Stattdessen sage ich aber zur Ehefrau:**
„Er war ein Trinker. Und in den Phasen, in denen er besoffen war, wurde er oft aggressiv und hat er seine Frau geschlagen.“	„Es gab Phasen, wo Sie auf schmerzhafte Weise mitgelitten haben. Wenn Menschen einer Sucht verfallen, ist der Ehepartner immer auch mitbetroffen.“

Zweitens versuche ich, die Herkunft des anstößigen Verhaltens zu erklären. Wenn verständlich wird, wie es dazu kam, dass ein Mensch sich seltsam verhält, nimmt dies dem Vorwurf die Härte. Die meisten Menschen tun ja nicht seltsame Dinge, weil sie „böse" sind, sondern weil sie Böses erlitten haben und dies dann ihr weiteres Verhalten mit prägte:

Sachverhalt:	**Erklärung, wie es zu dem Verhalten kam:**
Sie war extrem geizig und sparsam, obwohl sie jetzt ein Millionenerbe hinterlässt. Die ganze Nachbarschaft schüttelte den Kopf, weil sie in den Mülltonnen der Supermärkte nach abgelaufenen Lebensmitteln suchte und zugleich drei wertvolle Immobilien besaß.	„Im Krieg hatte sie alles verloren. Und in den Nachkriegsjahren wäre sie fast verhungert. Daraus hat sich eine Existenzangst entwickelt, die zu einer Sparsamkeit führte, die wir im Wohlstand groß Gewordenen nie wirklich verstehen konnten."

Drittens respektiere ich, wenn Angehörige ein bislang geheim gehaltenes Problem weiterhin geheim halten wollen. Diesen Wunsch zu achten verspreche ich ihnen bereits ausdrücklich im Vorgespräch. Ich ermutige sie zwar, mir den Verstorbenen möglichst ehrlich zu beschreiben. Aber damit verbinde ich immer folgenden Hinweis: „Wenn Sie mir jetzt etwas erzählen, von dem Sie am Ende nicht wollen, dass es in der Ansprache gesagt wird, dann sage ich das natürlich auch nicht!"

Wenn man zu Lebzeiten beschlossen hatte, etwas für sich zu behalten, hat der Grabredner dies zu respektieren. Er ist ja kein Sensationsjournalist. Und Vorsicht: Die Lust auf den Kitzel des Skandals gibt es auch auf dem Friedhof! Manche Trauergäste würden sich durchaus daran ergötzen, etwas über den Verstorbenen zu erfahren, was dieser bislang vor ihnen verheimlichen konnte. Hinter der pietätvollen Maske wird manchmal böse getuschelt und hemmungslos getratscht. Gerade deswegen muss die Gestaltung der Trauerrede den Interessen der Hauptbetroffenen verpflichtet bleiben. Jeder Mensch hat ein Recht darauf, selbst zu entscheiden, wen und in welcher Weise er ihn an seinen Problemen teilhaben lässt.

Die Kunst, eine gute Grabrede zu halten, setzt ein Gespür voraus, wie viel Offenheit und Klarheit von der Trauergemeinde gewünscht wird. Sie setzt die Bereitschaft voraus, einen Menschen liebevoll und wertschätzend zu würdigen, auch wenn er schwierige Seiten hatte. Sie setzt den Mut voraus, ehrlich über einen Menschen zu sprechen, ohne ihn mit nichtssagenden Floskeln schönzureden.

In der Grabrede wird aber nicht nur mit Blick auf den Toten Bilanz gezogen. Es geht auch um das Verhalten der Angehörigen. Wie haben sie sich gekümmert? Waren sie den Verstorbenen oft besuchen? Waren sie gut zu ihm? Auch hierbei gilt üblicherweise: keine Kritik! So, wie die Trauergemeinde mit Blick auf die Persönlichkeit des Verstorbenen den Eindruck vermittelt bekommt, „dass alles gestimmt hat", so auch mit Blick auf die Hinterbliebenen und das Beziehungsgeflecht. In vielen Trauerreden wird gesagt, dass die Angehörigen den Verstorbenen „stets aufopferungsvoll gepflegt haben" und „in liebevoller Weise für ihn da waren". Das wird auch dann gesagt, wenn die Pflege fast ausschließlich von professionellen Pflegekräften geleistet wurde und das Engagement der Angehörigen sich darauf beschränkte, einmal im Monat ins Altenheim zu Besuch zu kommen.

Dieses Schönreden des Verhaltens der Hinterbliebenen bezeichnet der Trauerexperte George Bonanno als „selbstwertdienliche Verzerrungen". Er beobachtet, dass wir als Trauernde eine Neigung haben zur „übertriebenen und verzerrenden Wahrnehmung von Sachverhalten, um sie zu unseren Gunsten auslegen zu können. Wir rechnen uns etwas als Verdienst an, womit wir wenig zu tun hatten. Wir leugnen die Verantwortung für etwas, indem wir anderen oder den Umständen die Schuld zuschieben. Das sind übliche Mechanismen der selbstwertdienlichen Verzerrung."

In der Psychologie nennt man dies den *Better-than-average-Effekt*: Die meisten Menschen glauben, dass sie ein bisschen besser sind als der Durchschnitt. So halten sich zum Beispiel 68 Prozent der Männer und 72 Prozent der Frauen für überdurchschnittlich schön. Ähnlich optimistisch fällt die Selbsteinschätzung mit Blick auf die Intelligenz und Charakterstärke aus. Wundert es Sie also, dass die meisten Menschen auch ein etwas zu positives Bild von ihrem Engagement für einen Verstorbenen haben? Wäre es da nicht an der Zeit, dass ein klarsichtiger Trauerredner die Dinge mal geraderückt? Definitiv: Nein! Die „selbstwertdienliche Verzerrung" hat nämlich einen positiven Effekt: „Dieses leicht geschönte Selbstbild geht einher mit einer Reihe von gesundheitsförderlichen Eigenschaften wie Zufriedenheit, Selbstbewusstsein und der Fähigkeit, sich zu einem höheren Leistungsniveau zu motivieren", fasst Bonanno zusammen. Wer sich für schön hält, wird eher den Mut haben, einen anderen Menschen anzusprechen. Und wer glaubt, dass er gut zu einem Verstorbenen war, wird eher mit dem Verlust gut umgehen können.

Wenn persönliches Engagement für einen Verstorbenen in der Grabrede positiv dargestellt wird, kommt dies dem Trauerprozess zugute. Gelobt zu werden erleichtert es den Angehörigen, in Frieden loszulassen. Es bestärkt sie in ihrem Zutrauen zu ihren eigenen Kräften. Und gerade das werden sie brauchen, wenn sie einen geliebten Menschen verabschieden müssen. Es hat einen therapeutischen Effekt, wenn das Engagement der Hinterbliebenen wohlwollend dargestellt wird – vor allem auch deshalb, weil das, was sie falsch gemacht oder unterlassen haben, ja jetzt nicht wiedergutgemacht werden kann.

Sogar mit Blick auf den Tod bemühen sich die Trauerredner um positive Deutungen. Wenn jemand unerwartet schnell gestorben ist, sagt man: „Immerhin musste er nicht lange leiden." Aber wenn der zu Bestattende vor seinem Tod lange krank war, heißt es: „So sind wir dankbar, dass wir wenigstens die Möglichkeit hatten, intensiv Abschied zu nehmen." Was jetzt? Was ist besser? Der schnelle Tod ohne Leiden oder der langsame Tod mit der Möglichkeit, Abschied zu nehmen? Egal! Auch in einer leidvollen Situation hilft es weiter, ihr möglichst etwas Gutes abzugewinnen. Bei Trauerreden geschieht dies, indem betont wird, dass es eigentlich ja noch viel schlimmer hätte kommen können. Doch diese Form von Trost ist nicht ohne Risiko:

Wenn der Unfalltod einer 42-Jährigen die Familie völlig traumatisiert zurücklässt, wäre es extrem unsensibel, zu sagen: „Immerhin musste sie nicht lange leiden!" Die Hinterbliebenen in dem zu bestärken, was ihnen hilft, den Todesfall möglichst positiv zu deuten, dient dem Trauerprozess. Ihnen zwanghaft eine positive Deutung aufdrängen zu wollen, indessen nicht. Wenn Sie einmal an der Beerdigung einer 42-Jährigen teilnehmen müssen, die bei einem Unfall gestorben ist, und der Pfarrer betont, „dass ihr immerhin ein viele Monate währendes Siechtum auf der Pflegestation erspart blieb", dann schubsen Sie den Pfarrer ruhig ins offene Grab. Genau das hat er dann nämlich verdient!

Stellen Sie sich vor, Sie müssten als engster Angehöriger eines Verstorbenen das Trauergespräch führen: Welche problematischen Züge hatte er?

Was muss der Geistliche oder Trauerredner über Ihr Verhältnis zum Verstorbenen wissen, damit er nicht phrasenhaft an der Wahrheit vorbeiredet?

Wie sollen diese Konflikte bei der Bestattung zur Sprache kommen? Was soll ausdrücklich nicht gesagt werden?

Lachen erlaubt?

Es gibt Menschen, die haben zu Lebzeiten gerne gelacht und andere zum Lachen gebracht. Was tun wir, wenn so ein Mensch stirbt? Darf die Traueransprache dann entsprechend humorvoll sein? Darf auf dem Friedhof gelacht werden? „Er hat den Löffel abgegeben, hüpfte über den Zaun, biss ins Gras, kratzte ab. Jetzt ist er von uns gegangen, um den Meister der leichten Unterhaltung im Himmel zu treffen." Ein Zitat aus einer Traueransprache, die gehalten wurde, als Graham Chapman, ein Mitglied der englischen Komikergruppe „Monty Python", starb. Sein langjähriger Komikerkollege John Cleese hielt damals die Grabrede. Als er fertig war, wurde das Lied „Always Look on the Bright Side of Life" gesungen. So weit, so lustig.

Um die Hintergründe dieser Trauerfeier zu verstehen, müssen Sie Folgendes wissen: Die Worte und das Lied galten einem Menschen, der ein leidenschaftlicher Provokateur war. Die englischen Medien verliehen Chapman den Titel *the prince of bad taste*, König des schlechten Geschmacks. Und er verstand dies als Auszeichnung! Seine Komik zielte keineswegs auf ein oberflächliches Lachen ab, sondern sie wurde von einem tief sitzenden Aufbegehren gegen das Establishment befeuert. Chapman hatte sich bereits 1970 offen zu seiner Homosexualität bekannt. Er war Studienabbrecher und bekennender Trinker. Mit der etablierten englischen Gesellschaft stand er auf Kriegsfuß. Dies rief John Cleese in seiner Grabrede in Erinnerung: „Er würde es mir nie vergeben, wenn ich diese Gelegenheit auslassen würde, euch alle in seinem Namen zu schockieren." Cleese betonte, dass es ihn Überwindung koste, so einen provokativ-komischen Nachruf zu halten. Aber mit Blick auf die Person des Verstorbenen sei dies angemessen: „Er hat uns zur Lust befreiender Momente verholfen, in denen wir bemerkt haben, dass die sozialen Konventionen, die unser Leben so fürchterlich einschränken, nicht wirklich wichtig sind."

Provokativ-verwegene Menschen kann man nur mit einer provokativ-verwegenen Traueransprache angemessen verabschieden! Aber wer ist schon so verwegen, wie Graham Chapman es war? Der brave Facharbeiter, der im Kegelklug manchmal ein paar Witze gerissen hat, definitiv nicht. Ihn mit einer Aneinanderreihung von Flapsigkeiten und derben Witzen zu verabschieden würde in die Hose gehen.

Immer mehr Menschen wünschen sich, dass bei einer Beerdigung gelacht werden darf. Sie wollen weg von der aufgesetzten Leichenbittermine. Die ganze Palette der Emotionen soll auf dem Friedhof zur Sprache kommen. Eine zwanglose, natürliche Atmosphäre erleichtert ein ehrliches und inniges Abschiednehmen. Und wenn man zu Lebzeiten miteinander und übereinander gelacht hat, warum soll dann nicht auch in der Grabrede etwas vorkommen, was zum Schmunzeln anregt? „Das Leben hört nicht auf, komisch zu sein, wenn wir sterben.

Genauso wenig, wie es aufhört, ernst zu sein, wenn man lacht", sagte Georg Bernhard Shaw. Er traf damit ins Schwarze: Wenn ich als Grabredner einen humorvollen Menschen ernst nehme, dass muss es zwangsläufig unernste Momente in der Ansprache geben.

Ein 71-jähriger Mann erfuhr, dass er an Bauchspeicheldrüsenkrebs erkrankt war. Drei Monate nach dieser Diagnose und – wie sich später zeigen würde – elf Monate vor seine Tod erfüllte er sich einen Jugendtraum: Er flog nach Las Vegas. Dort ging er ins Casino. Seine 42-jährige Tochter begleitete ihn auf dieser Reise. Sie war auch diejenige, die die Flüge und das Hotel buchte. Als sie ihm die Bestätigung der Flugbuchung per Mail weiterleitete, antwortete er folgendermaßen:

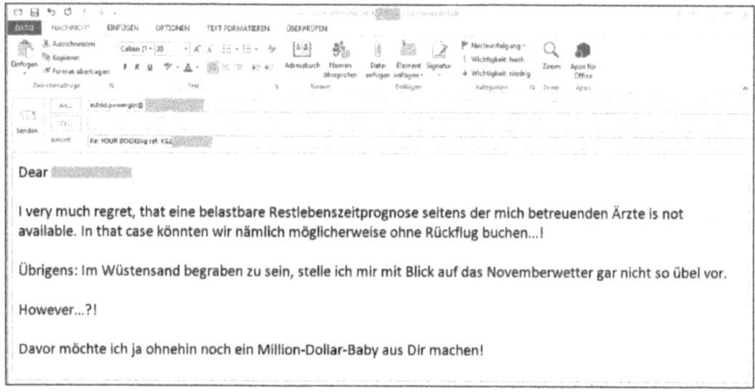

Dear

I very much regret, that eine belastbare Restlebenszeitprognose seitens der mich betreuenden Ärzte is not available. In that case könnten wir nämlich möglicherweise ohne Rückflug buchen...!

Übrigens: Im Wüstensand begraben zu sein, stelle ich mir mit Blick auf das Novemberwetter gar nicht so übel vor.

However...?!

Davor möchte ich ja ohnehin noch ein Million-Dollar-Baby aus Dir machen!

Diese Mail brachte die Tochter zum Beerdigungsgespräch mit. Die Tapferkeit, der Witz und die Liebe zu warmen Gegenden, die darin anklingen, fand sie typisch für ihren Vater. Wir haben den Text dann auf die Karte mit dem Sterbebildchen genommen. Und ich habe die Mail in der Ansprache vorgelesen. Wurde gelacht? Nun – es wurde zumindest geschmunzelt. Im weiteren Verlauf der Grabrede kam zur Sprache, dass der Verstorbene ursprünglich geplant hatte, genau 500 Dollar im Casino zu verspielen. Doch dann hat er zur Überraschung seiner Tochter lediglich für 487 Dollar Jetons gekauft. Warum das? Seine Begründung: „Der Wechselkurs hat sich seitdem zuungunsten des Euro verändert. Und wer so eine liebe Tochter hat, sollte ihr Erbe nicht über Gebühr schmälern." Auch das erzählte ich am Grab. Und jetzt wurde wirklich hörbar gelacht!

Hier haben wir auf einen Menschen zurückgeblickt, bei dem Humor ein Teil der Beziehungspflege war. Er hat selbst im Wissen um seinen nahen Tod das Lachen nicht verlernt und konnte bis zum Schluss andere zum Lachen bringen. Es wäre wirklich zum Heulen gewesen, wenn dies bei der Grabrede verschwiegen worden wäre. Wenn Sie jemanden zum Lachen bringen wollen und er lacht: Dann freuen Sie sich. Aber Sie freuen sich nicht unbedingt, wenn jemand über Sie lacht, wenn Sie das eigentlich gar nicht wollten. Ausgelacht zu werden kann eine unangenehme Erfahrung sein. Und doch lachen andere über Ihre Marotten und Unzulänglichkeiten. Und das hat manchmal sogar eine heilende Funktion für die Beziehung: Sich über die Seltsamkeiten eines anderen lustig zu machen kann dem Spannungsabbau dienen. Auch auf dem Friedhof? Darf man bei der Grabrede an etwas erinnern, womit sich der Verstorbene lächerlich gemacht hat? Im folgenden Fall habe ich das getan:

(Zur Ehefrau der Verstorbenen) „Er hat Ihnen getraut. Ganz und gar. Oder fast …!" *(Kurze Pause, gespannte Blicke aus der Trauergemeinde)* „Wenn Sie mit seinem geliebten Auto unterwegs waren, hatte er immer Angst, dass Sie eine Beule reinfahren könnten. Wenn Sie zurückgekommen sind, ist er deshalb immer runter auf die Straße gegangen. Und er hat nach dem Wagen gesehen. An Winterabenden hat er dazu sogar eine Taschenlampe mitgenommen. Er ist aber nie gleich nach Ihrer Rückkehr runtergegangen. Es wäre ihm nämlich peinlich gewesen, wenn Sie mitgekriegt hätten, dass er Sie kontrolliert. Aber Sie haben das trotzdem gemerkt. Gemerkt, wie sehr er auf Kohlen saß, um endlich nachsehen zu können, ob der Lack seines von ihm so zärtlich gepflegten Audis noch makellos ist."

(Zur Trauergemeinde) „Wissen Sie, was die Ehefrau eines Tages gemacht hat? An einem besonders kalten Winterabend hat sie den Wagen extra um die Ecke geparkt, obwohl vor dem Haus auch freie Parkplätze gewesen wären. Und dann war es wie immer: Sobald es einigermaßen unauffällig möglich war, ging er mit der Taschenlampe – und nur mit einer Hausjacke bekleidet – runter. Aber dieses Mal kam er erst nach zehn Minuten zurück. Ziemlich durchgefroren, aber spürbar erleichtert! Er musste zwar seinen Wagen eine Zeit lang suchen. Aber dann fand er ihn unversehrt vor. In all den Jahren hat die Ehefrau nie eine Schramme in das schöne Auto gefahren."

War es indiskret, von diesem Vorfall zu erzählen? Habe ich damit den Verstorbenen lächerlich gemacht? Oder die Witwe in einem negativen Licht erscheinen lassen? Ich denke nicht. Die Witwe hatte mir diese Geschichte im Vorgespräch erzählt. Sie hat sie mir davon berichtet, weil sie den Vorfall für typisch für den Umgang miteinander hielt: Ihr Mann war durchaus ein wenig zwanghaft – dabei aber ehrlich bemüht, seine Frau nicht zu verletzen. Und wenn sie dann trotzdem mal ansatzweise verletzt war, dann hat sie sich mit solchen Aktionen gewehrt. In der Aussegnungshalle wurde geschmunzelt, als ich von dieser Anekdote berichtete. Der Verstorbene wurde nicht ausgelacht. Es wurde wohlwollend darüber gelächelt, dass er nicht perfekt war und manche seiner Verhaltensweisen für die Angehörigen durchaus eine Herausforderung sein konnten. Wenn wir über die Fehler eines anderen schmunzeln können, können diese so ernsthaft verletzend nicht gewesen sein. Und genau so war es in dem geschilderten Fall.

Auf dem Friedhof wird natürlich sehr viel mehr geweint als gelacht. Gerade wenn Sie mit einem Menschen gerne gelacht haben, schmerzt es Sie, ihn loszulassen zu müssen. Die Trauer wird dann die dominante Gefühlslage sein. Aber wenn der Abschied in einer authentischen, natürlichen Weise erfolgen soll, dann darf dabei eben auch gelacht werden. Meine eigene Erfahrung ist: Bei den Bestattungen, wo liebevoll geschmunzelt und befreiend gelacht wird, gibt es zugleich immer auch ehrlich von Herzen kommende Tränen.

Dem Tod ein befreiendes Lachen entgegenzusetzen ist übrigens gute christliche Tradition. Im Spätmittelalter kam der Brauch des Osterlachens auf: Am Ostersonntag versuchten die Prediger, die Gemeinde zum Lachen zu bringen. Gerade dadurch haben sie die Osterbotschaft ernst genommen: Christus ist auferstanden, dem Teufel ist das Lachen vergangen. Die Gläubigen indessen dürfen sich schon jetzt auf einen Himmel freuen, über den Christus sagt: „Ihr werdet lachen!“ (Lukas 6,21)

Manche von der Kanzel erzählte Osterwitze hatten eine selbstironische und kirchenkritische Stoßrichtung. An diese Tradition knüpft der folgende moderne Osterwitz an:Gott will einen ausgeben und bestellt eine Runde Pizza für die Bewohner des Himmels. Mutter Theresa ist etwas verblüfft und fragt: „HERR, warum kochst du nichts Frisches?" Darauf Gott: „Glaubst du, wegen uns beiden mache ich den Herd an, das rentiert sich doch nicht!"

Im Osterlachen klingt die Hoffnung auf die Überwindung des Todes an. Und es klingt das Über-sich-selbst-schmunzeln-Können an: Beides kann auch auf dem Friedhof so falsch nicht sein.

Wem gebührt das letzte Wort?

Das letzte Wort am Grab hat meistens ein Pfarrer oder Trauerredner. Doch wer versorgt ihn davor mit den Informationen, auf deren Grundlage er seine Rede formuliert? Wessen Erinnerungen, Sichtweisen und Wertungen fließen in die Traueransprache ein? Vom Bestattungsinstitut wird mir *eine* Ansprechperson genannt. Meistens ist das der engste Familienangehörige, also der Ehepartner oder eine Tochter beziehungsweise ein Sohn. Dieser kommt alleine zum Beerdigungsgespräch. Oder er entscheidet selbst, wenn er zusätzlich noch mitbringt. Das Gespräch ist dann die einzige Grundlage, auf der ich meine Ansprache formuliere. Doch das kann eine problematische Grundlage sein. Dann hat nämlich *ein* Angehöriger sozusagen ein Monopol auf die Deutung des Verstorbenen. Es wäre aber zum Beispiel denkbar, dass zwei Töchter auf sehr verschiedene Weise auf den verstorbenen Vater zurückblicken. Wäre es dann nicht sinnvoll, beide zu hören? Oder es wäre vorstellbar, dass der Verstorbene aus der Perspektive der Familie eine Enttäuschung war. Zugleich hatte er aber Freunde, die sehr wertschätzend von ihm erzählen würden. Nur stoße ich im Vorfeld leider nicht auf sie.

An einige Situationen, in denen meine Ansprache offensichtlich auf eine einseitige Darstellung gegründet war, kann ich mich erinnern. Zum Beispiel habe ich einen Trauernden vor Augen, der bei der Trauerfeier für eine 90-Jährige in der ersten Reihe saß. Er war aber durch einen leeren Stuhl von den Angehörigen getrennt, die mir aus dem Vorgespräch bekannt waren. Er blickte mich zu Beginn der Trauerfeier offen und wohlwollend an. Im weiteren Verlauf nahm ich aber wahr, dass seine Stimmung sich veränderte: Zunächst wirkte er irritiert, dann sogar offen verärgert. Hatte ich etwas Falsches gesagt? Hätte ich die Verstorbene noch positiver oder ausführlicher beschreiben sollen? Ich war mir keiner Schuld bewusst. Aber ich spürte, dass etwas nicht stimmte, und verließ den Friedhof mit einem seltsamen Gefühl. Am frühen Abend klingelte mein Telefon. Der Mann hatte meine Telefonnummer herausgefunden. Jetzt beschwerte er sich, dass ich bei der Trauerfeier nichts über ihn gesagt habe: „Immerhin bin ich ihr Sohn gewesen! Das älteste Kind! Der Sohn aus dem Lebensabschnitt, bevor meine Mutter geheiratet hat und dann noch zwei weitere Kinder bekam ..."

Das hatte ich nicht gewusst. Nur die beiden ehelichen Kinder waren zum Vorgespräch bei mir gewesen. Aber sie hatten mir schlichtweg die Existenz eines älteren Halbbruders verschwiegen. Jetzt erfuhr ich: Dieser hatte zwar nie mit im Haushalt gewohnt, hatte aber regelmäßig Kontakt zu seiner Mutter. Selbst als sie im Altenheim war, hat er sie noch wöchentlich besucht. Der mir verschwiegene Sohn äußerte sich verbittert über die Behandlung durch die spätere Familie seiner Mutter. Er mutmaßte: „Die hatten am Ende Angst, dass ich als Erbe noch hineingrätschen könnte." Ich weiß nicht, was es für Konflikte in dieser Familie gegeben hat. Ich weiß nicht, wer in welcher Weise an diesen Konflikten mitschuldig war. Aber eines weiß ich: Es war falsch, dass der älteste Sohn bei der Trauerrede nicht zur Sprache kam.

Da ich die Verstorbenen und ihre Familiensituation oft nicht persönlich kenne, basieren meine Grabreden auf den Informationen aus dem Vorgespräch. Ich kann nur hoffen, dass die Angehörigen, mit denen ich spreche, mir von Erinnerungen berichten, die im Einklang mit denen der anderen Trauergäste sind. Aber leider ist das nicht immer so. In einem Fall wurde ich zufällig noch vor der Beerdigung darauf aufmerksam gemacht: Freitagabends hatte ich das Vorgespräch mit dem einzigen Sohn einer früh verwitweten Verstorbenen. Redegewandt und im italienischen Anzug berichtete er mir, wie liebevoll er sich um seine Mutter gekümmert habe: „Sie war mein ein und alles und stand für mich immer an erster Stelle!" Am Sonntag lud ich dann im Gottesdienst zu dieser Beerdigung ein. Doch nach der Kirche wurde ich von einer Nachbarin der Verstorbenen angesprochen. Sie schimpfte über den Sohn: „Das ist der totale Abzocker! Er hat sie in jeder Hinsicht ausgenutzt. Der kam nur, wenn er Geld brauchte, oder früher, wenn er die schmutzige Wäsche vorbeibringen wollte. Am Ende hat er sogar eigenmächtig den Pflegedienst wieder abbestellt. Das war ihm zu teuer. Er wollte nicht, dass sein Erbe geschmälert wird. Sie hat oft deswegen geweint. Aber er war halt das Einzige, was sie hatte."

Ich kenne die Frau, die mir dies erzählte. Ich halte sie nicht für einen Menschen, der böswillig über andere tratscht. Den Sohn der Verstorbenen kannte ich nicht. Im Rückblick spüre ich: Ein bisschen smart und egoistisch hatte er auf mich bei unserer einzigen Begegnung schon auch gewirkt. Es wird also wohl was dran gewesen sein an dem Vorwurf der Nachbarin.

Am Montag, 9 Uhr 45, sollte ich in der Aussegnungshalle stehen. Also setzte ich mich Sonntagnachmittag noch mal hin und überarbeitete meine Grabrede. Jetzt betonte ich noch stärker, was die Verstorbene für ihren Sohn gemacht hatte – und ein bisschen weniger, was der Sohn für sie gemacht hatte. Hätte ich mir die Mühe sparen können? Warum habe ich die Ansprache nicht einfach so gelassen, wie sie war? Wäre es ein Schaden gewesen, wenn der Sohn dann wohl zu gut wegkommen wäre? Finden Sie, dass eine Grabrede „objektiv" – oder zumindest „fair" – sein sollte? Dem Sohn hätte es doch sicher gefallen, am Grab zu hören, wie liebevoll er sich um seine Mutter gekümmert hat! Er hätte sich durch dieses Lob vielleicht sogar zu einer Spende für unsere Kirchengemeinde verleiten lassen.

In der Position des Schiedsrichters fühle ich mich nicht wohl. Wenn es konkurrierende oder einander widersprechende Erinnerungen unter den Hinterbliebenen gibt, sehe ich nicht meine Aufgabe darin, zu klären, wer näher an der Wahrheit ist. Aber dem Hauptansprechpartner einfach nach dem Mund zu reden fände ich ebenfalls falsch. Für mich als Pfarrer ist eine Beerdigung immer auch ein Gottesdienst. Und wenn ich etwas im Namen Gottes tue, steht der Anspruch auf Wahrhaftigkeit im Raum. Als gläubiger Mensch hätte ich das Gefühl, mit meinem Gott Ärger zu bekommen, würde ich aus Opportunismus an der Wahrheit vorbeireden. Insofern darf eine Grabrede allen Beteiligten gegenüber wohlwollend sein – aber nicht wider besseres Wissen verlogen.

Als Pfarrer bin ich in einer Machtposition: Ich bin derjenige, der am Ende sagt, wie ein Verstorbener war und wie die Hinterbliebenen zu ihm standen. Diese Deutungsmacht aus der Hand zu geben ist für die Angehörigen ein Risiko. Die meisten von ihnen sind ja Menschen, die seit vielen Jahren sonntags nicht scharf darauf waren, dass ihnen ein Geistlicher die Welt erklärt. Doch jetzt vertrauen sie mir als Pfarrer die Aufgabe an, die Lebensgeschichte eines geliebten Menschen auszulegen und etwas über ihren Umgang miteinander zu sagen. Das kann aus Sicht der Trauergemeinde auch in die Hose gehen. Stellen Sie sich vor, der Pfarrer oder Trauerredner, der die letzten Worte spricht, erweist sich als ziemlich seltsamer Vogel. Seine Deutungen und Sichtweisen passen nicht zum Verstorbenen. Der Nachruf ruft eigentlich nach empörten Zwischenrufen: „Nein! So war er nicht!" Aus dem Sarg sind knarzende Geräusche zu hören, weil der Tote sich im Grab umdreht aus Ärger über denjenigen, der das letzte Wort hat, aber an ihm vorbeiredet. Fragen wir grundsätzlich: Wer hat ein Recht darauf, die Lebensgeschichte eines Menschen auszulegen? Bei wem würden Sie am Ende die Auslegung Ihres eigenen Lebenswegs und Ihrer Persönlichkeit in guten Händen wissen?

Ich mache einfach mal einen kuriosen Vorschlag: Was würden Sie davon halten, *selbst* den eigenen Nachruf zu verfassen? Oder zumindest Gedanken aufzuschreiben, die dann in ihn einfließen? Viele Menschen wollen heute bis zum letzten Atemzug Regisseure der eigenen Lebensgeschichte blieben. Warum geben sie dann auf dem Friedhof die Deutungshoheit über ihr Leben ganz aus der Hand? Vielen ist zu Lebzeiten die Selbstdarstellung wichtig. Warum verzichten sie dann darauf, Einfluss auf den Rückblick auf ihr Leben zu nehmen?

Christiane von Salm hat als ehrenamtliche Hospizhelferin Sterbende begleitet. Einige lud sie ein, einen Nachruf auf das eigene Leben zu verfassen. Sie war dann sehr bewegt von dem, was Menschen im Wissen um die Begrenztheit ihres Lebens über sich schrieben. In dem Buch *Dieser Mensch war ich. Nachrufe auf das eigene Leben* sind diese Texte dokumentiert. In einem der Nachrufe stand folgendes:

„Bei den einschneidenden Erlebnissen, die im Leben so passieren, weiß man angeblich im Nachhinein, wofür es gut war. Dass alles, ganz gleich was, sich irgendwann für irgendetwas als gut erweist – das sagen doch immer alle.

Was an meinem Schicksal gut gewesen sein sollte, weiß ich aber bis heute nicht. Verschiedene Psychotherapeuten haben versucht, mir die verschiedensten Erklärungen zu geben für das, was passiert ist. Und sie haben versucht, mir das Positive daran aufzuzeigen – aber im Grunde ist das doch alles ein großer Schwindel.

Meine Frau hat nie Verständnis dafür aufbringen können, dass ich nach meinem Schlaganfall zur Flasche gegriffen habe. Stimmt ja auch, zu trinken ist unvernünftig. Aber was weiß sie denn schon, wie unerträglich es sonst gewesen wäre, das Leben in diesem einseitig gelähmten Körper."

Michael S., 54 Jahre, an Knochenkrebs erkrankt

Das ist keine leichte Kost. Ein Mensch, der durch einen Schlaganfall seine Lebensqualität eingebüßt hat, verbittet sich alle positiven Deutungen. Er reagiert allergisch darauf, dass alle ihn penetrant zu einem konstruktiven, positiven Umgang mit dem Schicksalsschlag drängen wollten. Nein, er wollte seine Situation nicht positiv sehen. Er wollte sich lieber mit Alkohol narkotisieren. Wenn sein Leid jetzt bei seiner Grabrede noch ein letztes Mal schöngeredet würde, wäre das ein Affront gegen den Toten. Doch würden die Angehörigen, die immer versucht haben, „es möglichst positiv" zu nehmen, mir das beim Vorgespräch auch so erzählen? Beim Formulieren einer Grabrede würde ich mich manchmal wohler fühlen, wenn ich wüsste, wie der Verstorbene sich selbst gesehen hat!

Früher hatten Sterbende oft einen bemerkenswerten Ehrgeiz: Sie wollten sich mit einem bedeutungsvollen letzten Satz verabschieden. Dieser letzte Satz war ein kunstvoll inszeniertes Resümee des eigenen Lebens, ein durchdachter Impuls, wie die Nachwelt sie in Erinnerung behalten sollte.

„Ich hätte nie von Scotch zu den Martinis wechseln sollen", waren angeblich die letzten Worte von Humphrey Bogart. „Fürwahr, wir sind Bettler", soll Martin Luther gesagt haben. In beiden Fällen waren das dann nicht wirklich die letzten Worte. Der Tod hielt sich nicht an das Drehbuch der geplanten Selbstinszenierung. Luther, von Gallen- und Nierensteinen schmerzgeplagt, schrieb seine geplanten letzten Worte deshalb vorsichtshalber schon mehrere Tage vor seinem Tod auf. Bogart hatte bereits Jahre vor seinem Tod angekündigt, dass er beabsichtige, auf dem Sterbebett den Umstieg vom Scotch zu den Martinis zu bedauern. Seine finale Reminiszenz an alkoholhaltige Genüsse hatte ein großes Vorbild: „Schade, schade, zu spät!", mit diesen letzten Worten auf den Lippen starb Ludwig van Beethoven. Er bedauerte, dass er die kurz vor seinem Tod eingetroffene Weinlieferung nicht mehr genießen konnte. Manche Sterbende thematisieren am Ende noch mal ihren Glauben. Edgar Allan Poes letzte Worte waren an Gott gerichtet: „Herr, hilf meiner armen Seele." Dwight D. Eisenhower schied mit dem Wunsch: „Ich will gehen. Gott, nimm mich!" Ein Glaubenszeugnis mit leicht ironischer Brechung findet sich bei Heinrich Heine, der am 17. Februar 1856 starb: „Gott wird mir vergeben, das ist sein Beruf."

Letzte Worte waren eine sorgsam geplante Selbstinszenierung, wie der folgende Rat von Mark Twain zeigt: „Ein Mann, der etwas auf sich hält, sollte seine letzten Worte beizeiten auf einen Zettel schreiben und dazu die Meinung seiner Freunde einholen. Er sollte sich damit keinesfalls erst in seiner letzten Stunde befassen und darauf vertrauen, dass eine geistvolle Eingebung ihn just dann in die Lage versetzt, etwas Brillantes von sich zu geben und mit Größe in die Ewigkeit einzugehen." Blöd nur, wenn man diesen Rat nicht befolgt hat! Als der mexikanische Freiheitskämpfer Pancho Villa auf offener Straße von einem Attentäter erschossen wurde, kam der Tod so überraschend, dass er spontan kein eindrucksvolles letztes Statement parat hatte. Ihm blieb nur, sich hilflos an die Umstehenden zu wenden: „Lassen Sie es nicht so enden! Sagen Sie einfach, dass ich noch was Bedeutungsvolles gesagt habe."

Heute sterben fast alle Menschen, ohne bewusst einen Gedanken für die Nachwelt zu hinterlassen. Ist das nicht eigentlich schade? Wäre es nicht eine spannende Herausforderung, wenn Sie sich mal überlegen würden, was von Ihnen bleiben soll? Wie Sie sich selbst verstanden haben? Was für ein Resümee Sie ganz persönlich ziehen? Ich hätte oft gerne gewusst, wie die Verstorbenen sich selbst gesehen haben.

Die Gedanken, die auf Sterbebildchen oder in Traueranzeigen abgedruckt werden, sind oft deprimierend belanglos. Welches Leitmotiv könnte in Ihrer Traueranzeige stehen?

Auf ewig unvergessen oder spurlos weg?

Woody Allen hat ein traumhaftes 400-Quadratmeter-Apartment in der Upper East Side Manhattans. Dort fühlt er sich so wohl, dass er den Blick auf den Central Park nur ungern gegen das himmlische Jerusalem eintauschen würde. Und erst recht nicht dagegen, einfach nur in der Erinnerung seiner Fans weiterzuleben. Er sagte: „Ich möchte nicht im Gedenken der Menschheit weiterleben, sondern viel lieber in meiner Wohnung." Leider ist dies nur begrenzt möglich. „Wir haben hier keine bleibende Stadt", stellt die Bibel zutreffend fest.

Wenn es uns eines Tages nicht mehr geben wird, ist es dann nicht ein Trost, dass wir danach in den Erinnerungen anderer Menschen weiterleben? In den meisten Grabreden wird dies behauptet. „Du wirst in unserer Erinnerung immer bei uns sein", rufen wir Verstorbenen nach. „Auf ewig unvergessen", meißeln wir in ihre Grabsteine.

Aber stimmt das? Leben Sie nach Ihrem Tod wirklich in den Erinnerungen anderer Menschen weiter? Wollen Sie das überhaupt? Fragen wir ganz konkret: Wie lange wird man sich an Sie erinnern? Wer wird sich noch an Sie erinnern? Wie oft wird dieser Mensch an Sie denken?

Ich mache mir da keine Illusionen. Wenn ich morgen sterben müsste, gäbe es tatsächlich Menschen, die sehr traurig wären und mich vermissen würden. Ein paar unter ihnen vielleicht sogar ihr ganzes Leben lang. Aber diejenigen, die mir nicht so nahestehen, würden schnell wieder zum Alltag übergehen. Und spätestens wenn auch meine engsten Angehörigen tot sind, werde ich ganz dem Vergessen preisgegeben sein. Daran würde nicht einmal der unwahrscheinliche Fall etwas ändern, dass ich vor meinem Tod noch so berühmt werde, dass man mir irgendwo ein Denkmal setzt.

Versuchsweise habe ich mich mal neben die Bronzebüsten eines Oberlandesgerichtspräsidenten und eines Insektenforschers gestellt. Zwei denkmalwürdige Verstorbene – aus deren Perspektive wollte ich beobachten, ob die beiden wirklich in den Erinnerungen anderer Menschen weiterleben. Beide Büsten wurden an Orten mit viel Publikumsverkehr aufgestellt. Doch wenn ich der tote Landesgerichtspräsident wäre, wäre ich enttäuscht: Nicht ein einziger der Vorübergehenden hat die geringsten Anzeichen von andächtiger Erinnerung gezeigt. Der einzige Trost ist: Dem toten Insektenforscher erging es auch nicht besser.

Aber selbst wenn Denkmäler tatsächlich erfolgreich dazu einladen würden, an einen Toten zu denken: Was würde es den Verstorbenen nützen? Was hat der tote Herr Goethe davon, wenn an seinem Todestag Poesiebegeisterte Kränze unter seinen Denkmälern abgelegen? Die Erinnerungen der Lebenden schaffen den Toten keinen Lebensraum. Woody Allen würde lieber in seiner Wohnung bleiben. Und ich käme gerne in den Himmel, zu Gott.

Die Behauptung, in Erinnerungen weiterzuleben, ist kaum ein Trost für diejenigen, die um ihre Sterblichkeit wissen. Aber vielleicht ist sie stattdessen ein Trost für die Angehörigen? Stellen Sie sich vor, ein Mensch, den Sie sehr lieben, stirbt: Tröstet Sie dann der Gedanken, dass der Tote immerhin in Ihren Erinnerungen weiterlebt? „Was man tief in seinem Herzen besitzt, kann man nicht durch den Tod verlieren", sagt Goethe. Stimmt das? Lindern die Erinnerungen den Verlustschmerz?

Der Trauerexperte George Bonanno betont, dass viele Angehörige aus der Erinnerung Kraft schöpfen: „Die Beziehung ist nicht vollständig abgebrochen. Sie können sich weiterhin positive gemeinsame Erfahrungen ins Gedächtnis rufen und sich daran erfreuen."

Das ist sicher richtig. Zugleich wurde aber schon beschrieben, dass eine wichtige Funktion der Bestattungskultur ist, dass Sie die Endgültigkeit eines Abschieds vor Augen geführt bekommen. Von Urzeiten her war es wichtig, zwischen den Toten und den Lebenden eine sichere Trennmauer zu errichten. Erst das hat den Hinterbliebenen ermöglicht, sich auf ein Weiterleben ohne den Verstorbenen einzulassen. Und jetzt drücken wir mit aller Kraft auf die Erinnerungsdrüse? Nehmen uns vor, immer und ewig an den Toten zu denken, ihn nie zu vergessen? Ist das nicht ein Widerspruch?

Ich halte für möglich, dass das Sich-erinnern-Müssen für die Hinterbliebenen auch zur Last werden kann. Denn ich kenne Menschen, die sich durch ihre Fixierung auf einen Verstorbenen das Leben schwer machen. Ich habe zum Beispiel ein Ehepaar vor Augen, das sein einziges Kind wenige Tage vor dem Geburtstermin verloren hat. Sie sind Mitte 40 und blicken auf eine Risikoschwangerschaft zurück. Die Ärzte raten eindringlich von einer weiteren Schwangerschaft ab. Die beiden werden wohl nie ein Kind haben. Aber sie haben trotzdem ein Kinderzimmer. In der kleinen Dreizimmerwohnung hatten sie der sehnsüchtig erwarteten Tochter einen Raum mit Kindermöbeln und Spielzeug schön eingerichtet. Und nach der Totgeburt haben sie es nicht übers Herz gebracht, dieses Kinderzimmer wieder auszuräumen. Inzwischen ist das bereits drei Jahre her, und das tote Kind hat ein Eigenleben entfaltet. Die Mutter besorgt ihrer verstorbenen Tochter zu jedem Geburtstag altersgemäße Geschenke und legt diese ins Kinderzimmer.

Ein extremes Beispiel, wie ein Erinnerungskult es erschwert, dass die Hinterbliebenen sich für eine Zukunft ohne die Verstorbenen öffnen. Sehr viel häufiger ist aber das andere Extrem: Nämlich dass Menschen spurlos abtreten und nach ihrem Tod keinerlei Erinnerungsort gepflegt wird.

Wie das abläuft, wäre im Morgennebel auf dem Münchner Waldfriedhof zu beobachten: Es ist fünf Uhr. Die Tore sind noch drei Stunden geschlossen. Doch an diesem Tag wird ausnahmsweise schon schwer gearbeitet: Vor Öffnung des Friedhofs müssen noch mehr als 250 Tote unter die Erde. Zu nachtschlafender Stunde werden wir Zeuge einer Sammelbeisetzung. Denn zwei Mal im Jahr kommen en bloc die Urnen all derer unter die Erde, die anonym bestattet werden.

Nein, wir wurden nicht wirklich Zeugen dieser Sammelbeisetzung. Und ob es an diesem Morgen nebelig war, weiß ich nicht. Denn auch ich war nicht dabei, das waren nur ein paar Friedhofsarbeiter. Kein Pfarrer. Kein einziger Angehöriger. Der Termin für diese Massenbeisetzungen blieb bewusst geheim. So haben es die Verstorbenen ausdrücklich verfügt.

Sie treten in diesem Fall nicht nur lautlos ab, sondern auch spurlos: Kein gekennzeichnetes Grab erinnert an sie. Nirgendwo findet sich eine Tafel mit den Namen der Beigesetzten. Ja, es gibt nicht mal einen Wegweiser zu der Wiese mit den anonymen Urnengräbern. Ein Spaziergang über den Münchner Waldfriedhof würde Sie höchstens zufällig an eine Wiese mit ein paar Birken und Tannen sowie zwei grünen Sitzbänken führen. Nichts deutet darauf hin, dass hier einige Tausend Menschen unter der Erde liegen. In den ewigen Jagdgründen wird der Datenschutz ernst genommen.

Bislang haben wir darüber nachgedacht, wie man auf Verstorbene so zurückblickt, dass es ihrer Persönlichkeit und den Gefühlen der Hinterbliebenen möglichst gut entspricht. Jetzt stoßen wir aber auf Menschen, die dies gar nicht wollen. Oder auf Menschen, bei denen es zum Zeitpunkt ihres Todes einfach niemanden (mehr) gibt, der auf sie zurückblicken würde. Sogenannte Sozialbestattungen, Bestattungen von Amts wegen und verschiedene Formen von anonymen Bestattungen haben in den letzten 30 Jahren zugenommen. Was sind das für Menschen, die am Ende laut- und spurlos abtreten? Was für Gründe für einen anonymen Abgang könnte es geben?

Die durchschnittliche Lebensdauer ist in den vergangenen 50 Jahren um 18 Jahre gestiegen. Wir werden heute nicht mehr „mitten aus dem Leben gerissen“, sondern sterben meistens hochbetagt, oft nach über 90 Lebensjahren. Gleichzeitig nehmen die Kinderlosigkeit und das Zusammenleben auf Zeit in Patchwork-Familien zu. Im Ergebnis führt dies dazu, dass immer mehr Verstorbene am Ende ihres Lebens ganz alleine waren. Es gibt dann keine Angehörigen, die von ihnen Abschied nehmen möchten. Als Großstadtpfarrer stehe ich bei jeder zehnten Bestattung in einer komplett leeren Aussegnungshalle. Diese Toten werden „von Amts wegen“ bestattet, das heißt, ihre Beerdigung wird durch eine städtische Behörde eingeleitet. Wenn diese dann auch noch die Kosten übernehmen muss, weil kein ausreichender Nachlass vorhanden ist, nennt man das „Sozialbestattung“.

Nirgendwo werden so viele Menschen anonym beigesetzt wie in den Städten auf dem Gebiet der ehemaligen DDR. Unter Bestattern gilt Halle als die Hauptstadt der „anonymen Abtreter“. Angeblich werden dort deutlich über die Hälfte der Verstorbenen anonym beigesetzt. In Berlin ist der Anteil der Anonymen nach der Wiedervereinigung von 21 Prozent (im Jahr 1987 in Westberlin) auf 42 Prozent (in Jahr 2007 in Gesamtberlin) gestiegen.

Darüber hinaus gibt es bei den anonymen Bestattungen ein deutliches Nord-Süd-Gefälle. In Flensburg und Bremen entscheiden sich im langjährigen Mittel 30 Prozent für einen namenlosen Abgang, während in Köln der Anteil anonymer Urnenbeisetzungen seit Jahren relativ konstant zwischen 10 und 12 Prozent schwankt. Im südlichen München indessen landeten in den letzten drei Jahrzehnten zwischen 5,1 und 8,2 Prozent der Toten in einem nicht gekennzeichneten Grab.

Wie ist dieses Gefälle zu erklären? Zur Ermittlung der regionalen

Häufigkeit von anonymen Bestattungen schlage ich kühn eine mathematische Formel vor: $\sqrt[AnyB]{rel\ (kath) + Dorf} < \sqrt[AnyB]{kf + Stadt}$. Diese Formel besagt, dass die Anzahl anonymer Bestattungen in religiös geprägten dörflichen Regionen klein ist. Dies gilt vor allem dann, wenn die Landeier auch noch katholisch sind. Doch je konfessionsloser und urbaner das Umfeld ist, desto größer ist die Zahl der anonymen Bestattungen.

Für dieses Gefälle finden sich nachvollziehbare Gründe. In den großen Städten wohnen deutlich mehr Singles, und die soziale Vernetzung ist unverbindlicher als auf dem Land. Wer zu Lebzeiten alleine und in einem anonymen Hochhaus gelebt hat, wird auch nach seinem Ableben eher zur anonymen Grabstätte neigen. Zusätzlich sind die Biografien vieler Städter weniger ortsgebunden. Während auf einem bayerischen Dorffriedhof die Namen auf den Gräbern mit denen der ortsansässigen Höfe identisch sind, bestatte ich in der Großstadt München überwiegend Menschen, die nicht in München geboren und im Lauf ihrer Lebensgeschichte mehrfach umgezogen sind. Die Globalisierung und die heute erwartete Flexibilität im Berufsleben führen dazu, dass viele Menschen keinen selbstverständlichen Begräbnisort mehr haben.

Auch die abnehmende Prägung durch Religion spielt eine Rolle. Wenn Menschen nur noch ganz am Rande religiös geprägt sind, führt dies oft dazu, dass sie mit dem Tod möglichst wenig konfrontiert werden wollen. Ihre Lebenseinstellung ist vorrangig dem Diesseits mit seinen materiellen Reizen verpflichtet. Deshalb bestatten sie ihre Toten oft ohne Feier und geben im Durchschnitt deutlich weniger Geld für die Beisetzung aus.

Dies erklärt zu einem Teil die Zunahme von anonymen Bestattungen. Zu einem Teil – aber nicht ganz. Dass Menschen keine Spuren in Form eines Grabes hinterlassen, heißt nämlich nicht automatisch, dass sie gedanken- und lieblos entsorgt werden. Eine anonyme Beisetzung auf einer Streuwiese oder in einem Massengrab lässt sich durchaus mit einer Trauerfeier verbinden. Es gibt Verstorbene, die im Rahmen einer liebevollen und aufwendigen Trauerfeier verabschiedet, dann aber ohne Angehörige und anonym beigesetzt werden. Sie treten dann nur spurlos ab, aber nicht lautlos.

Könnten Sie sich vorstellen, eines Tages anonym beigesetzt zu werden? Und wenn Sie über Ihre Verstorbenen nachdenken: Wie wichtig sind deren Gräber für Sie? Besuchen Sie ein Grab? Ist Ihnen dieses zur „Verortung" von Erinnerungen wichtig? Meine Kirche plädiert mit Nachdruck für das klassische Grab. Ich selber bin mir da aber nicht so sicher.

Brauche ich Gräber? Ich denke durchaus manchmal an meine Verstorbenen. Das bedeutet dann aber meistens, dass ich mir Fotos von ihnen ansehe. Wenn es im Internet eine Erinnerungsseite gäbe, auf der jeden Monat ein neues Foto oder ein neuer Gedanke des Verstorbenen veröffentlicht würde: Da würde ich mich sofort auf den Newsletter setzen lassen! Zugleich gehe ich ehrlich gesagt nie auf den Friedhof, um die Gräber meiner Angehörigen zu besuchen. Deshalb könnte ich mir auch vorstellen, dass eines Tages das Sich-an-mich-Erinnern nicht an einem Grab hängt. Mir wäre sehr wichtig, dass es eine liebevolle persönliche Trauerfeier gibt. Mir wäre wichtig, dass das, was von meinem Körper bleibt, auf eine würdige und liebevolle Weise entsorgt wird. Dann könnte ich als Toter aber auch gut damit leben, dass meine Asche auf einer Almwiese verstreut wird.

Das ist meine Meinung. Wenn diejenigen, die um mich trauern, andere Wünsche haben, steht es ihnen frei, anders zu verfahren. Ich möchte am Ende den Menschen die Entscheidung überlassen, die mit meinem Tod leben müssen. Ob ihnen dabei ein Grab hilft oder nicht, dürfen sie dann selbst entscheiden. Ich würde aber nicht pauschal unterstellen, dass anonyme Beisetzungen immer Ausdruck von mangelnder Wertschätzung sein müssen. Ich kann mich an Trauerfeiern erinnern, wo der Verstorbene spürbar liebevoll betrauert, aber dann trotzdem anonym beigesetzt wurde. Andererseits kenne ich Gräber, die nie besucht werden.

Würden Sie nach Ihrem Tod in einem mit Grabstein gekennzeichneten Erdgrab beigesetzt werden wollen?

Wie würden Sie Ihre Entscheidung für oder gegen ein klassisches Grab gegenüber Ihren engsten Angehörigen begründen?

Online mit den Verstorbenen?

„Denkbar wäre künftig folgendes, der postindustriell-mobilen Gesellschaft als angemessen erscheinendes Szenario: eine kostengünstige Rasenbestattung ohne Grabmal auf einem städtischen Friedhof, gleichzeitig eine aufwändig gestaltete Gedenkseite im Internet, die von allen Orten zugänglich ist." So stellt sich der Kulturanthropologe Norbert Fischer die Zukunft der Bestattungskultur vor. Das Internet wird immer mehr das Erdgrab ersetzen. So bleibt zum Beispiel Frau B. mit ihrer verstorbenen Tochter Chantal schon heute online verbunden. Nachdem diese im Alter von 30 Jahren an einem Gehirntumor starb, hatte Frau B. ihr eine Erinnerungsseite auf einem Online-Friedhof eingerichtet. Diese Seite gibt es jetzt seit 19 Monaten. In diesem Zeitraum hat die trauernde Mutter 114 Blogeinträge verfasst. Außerdem wurden 6777 virtuelle Trauerkerzen für Chantal angezündet. Insgesamt 7637 Menschen haben ihr Grab im Internet besucht.

Trauer findet heute zunehmend auch im Internet statt. Der größte deutsche Online-Friedhof – „strassederbesten.de" – beherbergt derzeit 23.500 Gedenkstätten. Bereits 65.000 Menschen haben sich auf diesem Friedhof umgesehen. Im Vergleich zu manchen „echten" Friedhöfen ist das noch nicht wirklich viel. Der größte Friedhof Deutschlands, in Hamburg-Ohlsdorf, übertrumpft mit 235.000 Gräbern die virtuelle Konkurrenz um ein Zehnfaches. Aber wird das in Zukunft so bleiben? Vielleicht erleben wir ja gerade, wie das Internet die Trauerkultur verändert? Vielleicht ist die Zukunft des Friedhofs digital?

Es gibt eine Reihe von virtuellen Friedhöfen. Beim Googeln finden wir „burify.com“, „cemeon.de“, „Gedenkseiten.de“, „InFriede.de“, „Kerze-anzuenden.de“, „MyMemorial24.de“, „Stayalive.de“, „strassederbesten.de“, „Viternity.org“ und „zuspruch.de“, insgesamt gibt es dort etwa 50.000 Online-Gräber. Auf den Startseiten können Sie den Namen eines Toten eingeben. Dann wird gesucht, ob es ein entsprechendes virtuelles Grab gibt. An diesem können Sie per Mausklick eine Kerze anzünden oder Einträge in ein Kondolenzbuch lesen und verfassen. Manchmal führen die Gedenkseiten auch zu Fotos aus dem Leben des Verstorbenen. Oder es erklingt Musik, die ihm wichtig war. Nur die wenigsten Gedenkseiten sind passwortgeschützt. In diesem Fall ist der Zugang zu den Informationen über den Verstorbenen denen vorbehalten, die vom Errichter des virtuellen Grabs dafür freigeschaltet werden.

Einige Seiten warten sogar mit richtigen Friedhofslandschaften auf. Ihre grafische Gestaltung erinnert an ein Computerspiel. Sie können dann mit der Maus auf Wanderschaft gehen: Die Gräber sind auf dem „Berg der Ruhe“, entlang des „Sees der Stille“ oder auf der „Straße der Besten“ platziert. Wenn Sie einzelne Grabsteine anklicken, erfahren Sie mehr über den jeweiligen Verstorbenen. Auf der Startseite finden Sie manchmal Hitlisten: Welche Grabstätten wurden am öftesten besucht? Für wen wurden die meisten Kerzen angezündet? Oder es laufen die Namen derer, die gerade ihren Todestag haben, durchs Bild. Dass Sie zufällig einen Verstorbenen finden, den Sie persönlich kannten, ist derzeit noch unwahrscheinlich. Mancher der oben genannten Online-Friedhöfe beherbergt weniger Tote als ein kleiner Dorffriedhof. Dieses Manko wollen die Betreiber offensichtlich kaschieren. Deshalb werden diese Seiten mit Promigräbern aufgepeppt. Ein Grab für Michael Jackson habe ich zum Beispiel auf sieben Online-Friedhöfen gefunden. Manchmal gibt es sogar mehr Promigräber als Gedenkseiten, die wirklich von betroffenen Angehörigen eingestellt wurden. Zum Beispiel auf dem „Friedhof am Dom“ von „MyMemorial24.de“ wäre noch viel Platz. Zwischen Thomas Mann und Alfred Hitchcock hat bislang nur Jörg Halke aus Cottbus seinen Hund Prinz begraben. Doch wäre das wirklich ein attraktives Umfeld, um einem Menschen, den Sie persönlich kennen, einen Gedächtnisort einzurichten?

Um an mehr „echte" Verstorbene heranzukommen, gehen die Betreiber einiger Online-Friedhöfe Kooperationen ein. So arbeitet zum Beispiel „Viternity.org" mit Bestattungsinstituten zusammen. Das hat zur Folge, dass aufgrund der Meldungen der Bestattungsinstitute jede Woche circa zehn neue virtuelle Grabstätten dazukommen. Doch sobald Sie diese Gedenkseiten besuchen, stellen Sie fest, dass sich fast immer nur ein Foto der Traueranzeige dahinter verbirgt. Nur in Ausnahmefällen gelingt es, die Angehörigen zu einer persönlichen „Pflege" dieser Gräber zu bewegen. Andere Online-Friedhöfe setzen auf die Zusammenarbeit mit Zeitungen. Sie verlinken einfach deren Traueranzeigen mit ihrer Webseite. Auch dies führt zu einer respektablen Zahl von Gedenkseiten, aber nur selten zu virtuellen Gräbern, die den Eindruck erwecken, den Angehörigen wirklich ein persönliches Anliegen zu sein.

Einer der Gründe für das verhaltene Interesse dürften die Kosten sein. Umsonst ist der Tod nämlich im Internet in der Regel nicht. „Jetzt kostenlos eine Gedenkseite einrichten!", lockt ein Button. Aber wenn Sie ihn anklicken, führt dies fast immer zu erheblichen Kosten. Bei „stayalive.de" sind nur die ersten 14 Tage umsonst. Danach ist für die Gedenkseite eine Rechnung von bis zu 499 Euro zu berappen. Bei „MyMemorial24.de" fallen für sechs „Schnuppermonate" keine Kosten an, dann aber 89 Euro für ein weiteres Jahr beziehungsweise 159 Euro für eine zweijährige Verlängerung. Die meisten Betreiber von Internet-Friedhöfen sehen in diesen eine vielversprechende Geschäftsidee. Das kann skurrile Folgen haben. Wenn Sie zum Beispiel als Besucher von „Kerze-anzuenden.de" für einen Verstorbenen eine „goldene Kerze" anzünden wollen, werden dafür happige 6,99 Euro fällig. Wohlgemerkt: Es handelt sich um eine rein virtuelle Kerze! Diese ist aber ausnahmsweise „komplett werbefrei", „brennt dauerhaft" und „hebt sich optisch hervor". Andere Betreiber fordern Sie auf, an den Grabstätten virtuelle „Geschenke" zu hinterlegen. Typisch dafür ist das Angebot von „gedenkseiten.de“, wo Sie für 2,99 Euro einen der folgenden Ikons verschenken können:

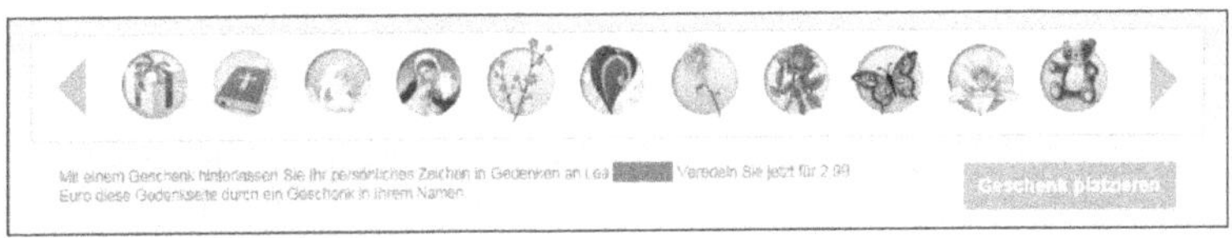

Quelle: www.gedenkseite.de

Die kommerzielle Motivation der Betreiber zeigt sich unverhohlen. Vielleicht ist das der Grund, warum die meisten dieser Seiten nur wenige Menschen ansprechen?

Deutschlands größter Online-Friedhof ist indessen völlig umsonst. Auf „strassederbesten.de“ können Sie ganz ohne Kreditkarte online über den Friedhof wandern. Das Einrichten einer Gedenkseite kostet nichts, das Anzünden von virtuellen Kerzen auch nicht. Stattdessen wird neben den Gräbern munter Werbung platziert. Doch ausgerechnet für Viagra? Muss neben einem Grab wirklich Werbung für ein Potenzmittel erscheinen? Zumindest die Witwe eines Verstorbenen war deswegen empört: „Ich finde das geschmacklos, dass Gäste auf meinen Mann sein Grab rauf gehen können und Viagra-Werbung drauf machen. Das tut mir sehr weh. Das hat er nicht verdient. Er war ein ganz lieber Mensch!“ So lautet ein Forumeintrag auf „strassederbesten.de“.

Als ich diesen Online-Friedhof besucht habe, wurde neben den Gräbern zunächst für Kaffeevollautomaten, Anlageprodukte, Autos und Computerspiele geworben. Doch dann bin auch auf eine gut aussehende Frau gestoßen, die mich im Bikini in ein Fitnessstudio locken wollte. Diese Werbung ermöglicht, dass „strassederbesten.de“ für Nutzer kostenlos bleibt. Die fitte Bikiniträgerin versuchte übrigens, meine Aufmerksamkeit durch rhythmische Gymnastik zu erlangen. Und das Computerspiel wurde dadurch beworben, dass ein Panzer in Flammen aufging. An Action und Bewegung herrscht auf „strassederbesten.de“ demnach kein Mangel. Im Vergleich zum klassischen

Friedhof ist dies zumindest gewöhnungsbedürftig. Eigentlich fühlte ich mich auf diesem Online-Friedhof eher wie in einem Computerspiel. Dieser Eindruck verstärkte sich noch, als ich mir einzelne Gräber ansah, denn viele Grabstätten sind mit animierten Bildern versehen: pulsierende Herzen, flatternde Schmetterlinge, hopsende Teddybären, blinkende Sterne, über das Grab fliegende Luftballons, winkende Feen, nickende Babys, flackernde Regenbögen, mit Ausnahme von kopulierenden Eichhörnchen (die ich allerdings schon auf echten Friedhöfen gesehen habe) ist alles im Angebot!

Wenn Sie Bildungsbürger oder Ästhet sind, werden Sie jetzt vielleicht die Nase rümpfen. Doch auf dem Online-Friedhof sind keine Wächter unterwegs, die auf Pietät und guten Geschmack achten. Erlaubt ist, was gefällt. Emotionen sind willkommen, gerne auch ungebremste und ungefilterte. Gestalterische oder inhaltliche Grenzen gibt es so gut wie nicht. Der Unterschied zu einem „echten" Friedhof springt ins Auge. Im echten Leben gibt es Friedhofsordnungen voller Regeln, Verbote und Tabus. Auf den Münchner Friedhöfen ist zum Beispiel „je Grabstätte nur eine frei stehende Laterne mit einer Gesamthöhe von 35 cm einschließlich Sockel zugelassen, wobei batteriebetriebene Laternen grundsätzlich verboten sind". Demgegenüber ist Deutschlands größter Online-Friedhof ein nahezu grenzloser Gestaltungs- und Erlebnisraum.

Kenner der Friedhofsgeschichte wissen, dass es diese Art von Friedhof schon mal gegeben hat: in den Städten des Mittelalters. Da waren die Friedhöfe in ähnlicher Weise ein Frei- und Erlebnisraum. Der Historiker Philippe Arriès beschreibt den mittelalterlichen Friedhof als „Brennpunkt des sozialen Lebens". In der dicht bebauten Stadt war der Ort der Toten ein einzigartiger Freiraum für die Lebenden: „Der Friedhof diente als Forum, Handels- und Spielplatz. Alle Einwohner konnten sich dort treffen, sich versammeln und spazieren gehen. Sie konnten ihre geistlichen und weltlichen Geschäfte erledigen und ihre Liebschaften und Belustigungen betreiben." Zwischen den Gräbern war Raum für Handel, Flirt, Gaukler, Gebet, Prostitution, Müßiggang, Faustkämpfe, Modepräsentationen, Nachrichtenaustausch, tobende Kinder, politische Diskussionen, zwielichtige Gestalten, gramgebeugte Trauernde und sensationslüsterne Gaffer. Wer etwas erleben wollte, ist damals auf den Friedhof gegangen. Pietätvolle Langweile zwischen den Gräbern wurde erst üblich, als in der Neuzeit die Friedhöfe in die Vorstadt verlagert wurden.

Wenn das vorliegende Buch einen wissenschaftlichen Anspruch hätte, würde ich den mittelalterlichen Friedhof als „vitalen Sozialraum" bezeichnen. So sage ich lieber: Nirgendwo sonst konnten sich damals die Menschen so austoben wie zwischen den Gräbern. Nirgendwo sonst war Raum für so viel ungebremste Emotionalität und hemmungslose Kommunikation.

Auf dem Online-Friedhof „strassederbesten.de" ist diese Freiheit zurückgekehrt. Das Internetangebot hat unbewusst an die alte Bedürfnislage angeknüpft. Und der Erfolg zeigt, dass die Menschen heute gar nicht so anders sind. Sie finden es gut, sich auf dem Friedhof ungehemmt bewegen zu dürfen. Auf der „Straße der Besten" ist Raum für das Bedürfnis nach Individualität und ungehemmter Emotionalität. Sie finden dort echte Trauer und unverhohlenen Voyeurismus. Es gibt oberflächlich-gedankenlose und innig-rührselige Erinnerungsseiten. Sie wandern zwischen Gräbern mit blinkenden Engeln und animierten Tieren. Alles ist knallbunt und flimmert. Und dazwischen wird für Fitnessclubs und Potenzmittel geworben: *Welcome back to the Middle Ages!*

„Da möchte ich nicht begraben sein!", wird jetzt manch Leser aufseufzen. Kein Frage: Das ist wirklich Geschmackssache! Meinem eigenen Geschmack entspräche es nicht, hier ein Grab einzurichten. Aber dessen ungeachtet ist „strassederbesten.de" ein Gewinn für die Trauerkultur. Ganz offensichtlich tut es vielen Menschen gut, hier in aller Freiheit Erinnerungsseiten gestalten zu können. Auch die Anteilnahme und der Austausch in der Netzgemeinde tun ihnen gut. Egal, ob tiefschürfend-ehrlich oder oberflächlich-voyeuristisch: Der Friedhof wird wieder zum Forum der Gefühle! Seine Wiederentdeckung als vitaler Sozialraum allein aus Gründen des guten Geschmacks abzulehnen wäre arrogant.

Manches Befremdliche, was auf dem Online-Friedhof ganz offen passiert, können Sie übrigens auch auf den echten Friedhöfen beobachten. Nur geschieht es dort auf verschämtere Weise: Ich denke zum Beispiel an die Witwen-Wettkämpfe. Es gibt ältere Frauen, die das Grab des verstorbenen Ehemanns pedantisch pflegen. Und wenn sie damit fertig sind, sehen sie nach den Gräbern, die von konkurrierenden Witwen gepflegt werden: Hat Frau XY heute schon geharkt? Wie frisch sind die Blumen am Grab von XY? Eine 74-Jährige in unserer Kirchengemeinde berichtet mir regelmäßig, was ihr Benchmarking auf dem Friedhof ergeben hat. Wenn andere Angehörige ihre Gräber vernachlässigen, erfüllt sie das mit wohligem Schauer. Seit sie eine Digitalkamera hat, dokumentiert sie die entdeckten Missstände sogar. Die Fotos von vergammelten Gestecken und nicht entferntem Laub bekomme ich dann unter die Nase gehalten. Das Konkurrenzdenken macht also nicht mal vor dem Tod halt. Wundert es Sie da, dass es auf Online-Freihöfen Hitlisten mit den meistbesuchten Gräbern und der Anzahl der angezündeten Gedächtniskerzen gibt? Wie viele Klicks hat das von dir angelegte Grab? Wie frisch sind die Blumen darauf? In dem Moment, in dem der Friedhof wirklich ein vitaler Sozialraum ist, sind solche Vergleiche wohl unvermeidlich.

„strassederbesten.de" erinnert an ein Computerspiel. Dazu passt dann auch, dass manche Gedenkseite von einem „spielerischen" Umgang mit dem Tod zeugt. Ein Online-Friedhof ist viel niedrigschwelliger als ein echter. In wenigen Klicks haben Sie ein Grab angelegt. Niemand fragt nach Ihrer Berechtigung. So hat zum Beispiel eine Nutzerin ein Grab für ihre vor 31 Jahren verstorbene Großmutter angelegt. Mit folgendem Nachruf blickt sie zurück: „Leider kann ich dich an deinem Grab nicht mehr besuchen, es ist vor sechs Jahren aufgelöst worden. OMA, ICH VERMISSE DICH SEHR!" Ich google den Namen der Einrichterin dieses Grabs: Sie ist Schülerin in der Oberstufe eines Gymnasiums. Aufgrund ihres Alters kann sie die verstorbene Großmutter also gar nicht persönlich gekannt haben. Ist es deshalb verlogen, ein Grab für die Oma einzurichten? Eher seltsam – und eben Ausdruck eines spielerischen Umgangs mit dem Tod.

Online-Friedhöfe sind dabei, Teil unserer Bestattungskultur zu werden. Ihre Bedeutung wird in Zukunft sicher weiter zunehmen. Noch haben die Hinterbliebenen nur die Wahl zwischen durchsichtig-geschäftstüchtigen und abenteuerlich-chaotischen Angeboten. Aber muss das so bleiben? Wären nicht auch seriöse motivierte Betreiber denkbar? Zum Beispiel Hospizvereine? Oder Kommunen und Kirchen? Wenn Letztere schon die echten Friedhöfe betreiben, warum sollten sie ihr Angebot nicht auch durch entsprechende Webseiten ergänzen? Zwischen echten Friedhöfen und virtuellen lassen sich Verbindungen herstellen. So gibt es zum Beispiel schon jetzt die Möglichkeit, einen Grabstein mit einem QR-Code zu versehen. Wenn Sie diesen mit Ihrem Smartphone fotografieren, führt Sie das zu einer virtuellen Grabstätte im Internet. Dort finden Sie dann Fotos vom Verstorben und lesen Text über ihn und von ihm. Meine Prognose ist, dass die neuen Medien sich als Chance für die Sepulkralkultur erweisen werden. Und wenn die Kirche, für die ich arbeite, dabei ein ansprechendes Angebot auf den Weg brächte, wäre ich stolz auf sie!

Haben Sie sich schon mal auf Online-Friedhöfen umgesehen? Könnten Sie sich vorstellen, dort für einen Ihrer Verstorbenen ein virtuelles Grab einzurichten?

5. DEN LETZTEN GANG SELBSTBESTIMMT GEHEN

Namra Saleem hat einen klapprigen alten Fiat 500. Auf den orange lackierten Kleinwagen hat sie einen Sarg geschnallt. Und jetzt fährt die junge Frau los. Sie will Prominente interviewen: „Stellen Sie sich vor, das ist Ihr Sarg! Wenn Sie darin beerdigt würden, wie würden Sie sich Ihre Beerdigung wünschen?" Ihre Interviewpartner erzählen, was ihnen auf ihrem letzten Gang entspräche. Was für Musik gespielt werden soll. Welcher Text auf die Traueranzeige käme. Wie der Blumenschmuck und das Grab aussehen sollen. Ob der Sarg bemalt werden soll, und wenn ja, mit welchen Motiven. In der norwegischen Fernsehserie *Kisten* wurden Prominente nach ihrer Wunschbeerdigung gefragt. Doch wenn Namra Saleem mit ihrem orangen Fiat vor Ihrem Haus vorfahren würde: Was würden Sie sagen?

„Wir müssen den Tod persönlich nehmen", rät der Bestatter Fritz Roth. Damit meint er, dass Bestattungen so gestaltet werden sollten, dass sie den Verstorbenen wirklich entsprechen. Die letzte Feier soll noch einmal von unserer Einzigartigkeit erzählen: „Unser ganzes Leben lang streben wir nach Selbstbestimmtheit und Autonomie. Doch als Trauernde lassen wir uns unsere Toten stehlen. Wie ist es um den Wert der Individualität bestellt, wenn wir sie im entscheidenden Moment verschenken? Nicht der Arzt kann entscheiden, wie wir sterben wollen; nicht der Bestatter oder Pfarrer kann vorgeben, wie wir trauern dürfen." Leider sieht die Wirklichkeit in der Regel anders aus. Die meisten Hinterbliebenen lassen die Profis einfach machen. Und die machen dann meist das, was für sie am einfachsten ist: eine 08/15-Bestattung.

Stellen Sie sich vor, ein enger Angehörige stirbt, und Sie müssen die Beisetzung in die Wege leiten: Wie läuft das normalerweise ab? Zunächst werden Sie einen Termin bei einem Bestattungsinstitut vereinbaren. Doch bei welchem? Haben Sie sich schon mal Gedanken darüber gemacht, ob es Unterschiede zwischen den verschiedenen Bestattungsunternehmen gibt und welches Ihren Vorstellungen am ehesten gerecht werden könnte? Die allermeisten Hinterbliebenen haben das nicht. Und jetzt, wo der Todesfall eingetreten ist, haben sie dafür nicht den Kopf frei. Also gehen sie zum nächstbesten. Doch leider: Das Nächste ist nicht immer das Beste, tatsächlich gibt es erhebliche Unterschiede.

Der Bestatter legt Ihnen einen Katalog mit Särgen vor. Sie dürfen aussuchen. Messingbeschläge kosten Aufpreis. Die Innenauskleidung ist in verschiedenen Farben erhältlich. Wenn Sie schon mal im Internet einen Neuwagen-Konfigurator benutzt haben, wissen Sie, wie das abläuft. Im Anschluss haben Sie dann einen Termin beim Pfarrer oder Trauerredner. Dieser wurde Ihnen vom Bestattungsinstitut vermittelt. Falls Sie Pech haben, fragt der einfach nur ein paar Daten ab, um damit die Lücken in seiner Standardansprache zu füllen. Schließlich gehen Sie zur Friedhofsverwaltung. Dort zeigt man Ihnen auf einem Übersichtplan fünf verfügbare Grabstellen in zwei Preiskategorien. Nachdem Sie Ihre Wahl getroffen haben, drückt man Ihnen ein Merkblatt zur Grabgestaltung in die Hand.

In den Tagen zwischen dem Todesfall und der Bestattung werden Sie von den Profis an die Hand genommen. Man wird Ihnen erklären, was üblich ist und wie es normalerweise läuft. Viele Hinterbliebene empfinden das als entlastend. Ist es nicht gut, dass es erfahrene Experten gibt, die Sie in so einer schwierigen Situation begleiten? Ja, das ist es. Aber es besteht auch immer das Risiko, dass man Ihnen das Geschehen aus der Hand nimmt. Dass die Profis die Entscheidungen für Sie treffen. Dass dann deren Interesse an standardisierten Abläufen die Bestattung dominiert. Dass am Ende Möglichkeiten, den Abschied spürbar individuell und bis ins Detail liebevoll zu gestalten, ungenutzt bleiben.

Der Bestatter Fritz Roth hat in unzähligen Kundengesprächen folgende Beobachtung gemacht: „Wenn der Tod uns begegnet, sind wir mit so starken Gefühlen konfrontiert, dass wir unsere Handlungsspielräume kaum wahrnehmen können, und weil wir uns nicht frühzeitig darauf vorbereitet haben, haben wir nicht den Mut, uns über vorgebliche Zwänge und Konventionen hinwegzusetzen." Roth rät deshalb, sich schon Jahre vor dem Tod zu überlegen, was einem bei der eigenen Beerdigung wichtig ist. Warten Sie nicht, bis Namra Saleem mit ihrem orangen Sarg-Fiat vorbeikommt. Suchen Sie vielmehr selbst das Gespräch mit den Menschen, die eines Tages wahrscheinlich mal Ihre Bestattung organisieren werden. Oder fragen Sie diejenigen, deren Beisetzung Sie möglicherweise beauftragen müssen, nach ihren Wünschen und Vorstellungen. Die meisten Menschen, die die Hemmschwelle zu so einem Gespräch überwunden haben, machen eine gute und intensive Erfahrung.

Sobald Sie sich bewusst mit dem letzten Gang auseinandersetzen, werden Sie entdecken: Sie haben viele Wahl- und Gestaltungsmöglichkeiten! Und oft sind es einfach die alten Möglichkeiten des Sich-Beteiligens und Anteilnehmens, die von den Angehörigen wiederentdeckt werden.

In alten Zeiten wurde das Grab von den Nachbarn ausgehoben. Heute schickt normalerweise der Bestatter zwei Arbeiter mit einem kleinen Schaufelbagger. Unfallversicherte Angestellte graben dann ein genormtes Grab. Nur so ließen es bis vor Kurzem die Friedhofsordnungen zu: „Das Ausheben und Verfüllen der Gräber wird vom jeweiligen Bestatter vorgenommen." Muss das so sein? Die Gemeinde Vierlinden in Brandenburg war die erste, die ihre Friedhofssatzung an diesem Punkt geändert hat. Das Wort „Bestatter" wurde einfach durch „Bestattenden" ersetzt. Die Folge war, dass fortan auch Privatpersonen ein Grab schaufeln durften.

Früher wurde der Verstorbene von Angehörigen gewaschen und

angekleidet. In einem von Profis dominierten Bestattungswesen wurde dies mit der Zeit unüblich. Doch heute gibt es Angehörige, die diese Aufgabe wieder selbst übernehmen wollen. Und es gibt keinen Grund, ihnen das zu verwehren. Die Angst vor dem Leichengift ist nämlich völlig unbegründet. Fritz Roth stellt fest: „Es gibt kein Leichengift. Ein gesunder Verstorbener ist so giftig wie ein gesundes totes Huhn." Es gibt ein paar einfache Hygieneregeln für den Umgang mit Toten. Und wenn Sie diese einhalten, spricht nichts dagegen, einen gesunden Verstorbenen noch bis zu zwei Tage nach seinem Tod zu berühren.

Noch an einer anderen Stelle können Sie als Hinterbliebener ganz einfach Hand anlegen: am Sarg. Es ist Ihnen ein Bedürfnis, den Sarg eines verstorbenen Angehörigen mit zu tragen? Dann spricht nichts dagegen, dies zu tun. Um einen reibungslosen, eng getakteten Friedhofsbetrieb zu ermöglichen, kommen heute meistens angestellte Sargträger zum Einsatz. Doch manchmal wollen Hinterbliebene diese Aufgabe ganz bewusst nicht aus der Hand geben. Ein gutes Bestattungsunternehmen wird dafür Verständnis haben und das Tragen des Sargs den Angehörigen überlassen.

Eine Bestattung ist viel authentischer und persönlicher, wenn die Betroffenen nicht alles in professionelle Hände delegieren. Ein guter Bestatter wird Ihnen aufzeigen, an welchen Stellen Eigenbeteiligung durch die Angehörigen möglich ist. Diese macht das Begräbnis aber nicht zwangsläufig billiger. Das Bestattungsunternehmen bleibt ja auch in diesem Fall in der Pflicht. Es muss dem Gesetzgeber und dem Friedhofsbetreiber gegenüber sicherstellen, dass alle Vorschriften eingehalten werden. Der Bestatter sollte auch die Kompetenz haben, Ihnen zu erklären, wo derzeit noch Gesetze und Friedhofsordnungen der Umsetzung Ihrer individuellen Wünsche im Weg stehen.

Warum nicht den Sarg bis zur Bestattung in einem Zeltpavillon im Garten aufbahren? Inmitten der Beete, die die Verstorbene zu Lebzeiten mit so viel Liebe angelegt hat? Warum nicht in die Nacht hinein beerdigen? Mit einem fulminanten Feuerwerk, wenn das Grab geschlossen wird? Warum nicht in der Aussegnungshalle um den Sarg herum Wein trinken? Wann, wenn nicht jetzt, bietet es sich an, die besten Flaschen aus dem Keller des Verstorbenen zu entkorken?

Geht nicht. Geht nicht. Geht nicht.

Hygienevorschriften, Öffnungszeiten und Friedhofsordnungen engen die Spielräume derzeit leider vielerorts noch sehr ein. Die gut geölte Friedhofsmaschinerie lässt sich nur ungern in die Speichen greifen. Noch wird das Bestattungswesen stark von Vorschriften und Konventionen dominiert. Dabei gibt es für viele dieser Einschränkungen keine zwingenden Gründe. In ihrer abstrusen Regelungswut erinnern manche Friedhöfe an Kleingartensiedlungen. Blöd nur, wenn dann jemand stirbt, der gar kein Kleingärtner war. Der Kabarettist Dieter Hildebrandt zum Beispiel. Die Friedhofsverwaltung reklamierte, dass die Rückseite seines Grabsteins nicht glatt geschliffen, sondern naturbelassen war. „Da war ich erst mal baff", berichtete Hildebrandts Witwe der Münchner *tz*: „Lange hat die Familie nach einem geeigneten Stein gesucht. Da standen wir plötzlich vor diesem wunderschönen Marmorstein aus Portugal und haben gesagt: Das ist Dieter! Mit diesen Ecken und Kanten. Nicht glatt poliert. Wunderbar!" Doch die Familie hatte sich nicht hinreichend über die alle Kanten abhobelnde Normierungswut der Münchner Friedhofsverwaltung informiert. Sonst hätte sie entdeckt, dass in der Kategorie „repräsentatives Anlagegrab" besondere Gestaltungsvorschriften gelten: Wenn der Grabstein aus Naturstein ist und an einem Weg liegt, sodass die Rückseite sichtbar ist, muss er von allen Seiten bearbeitet sein. Hildebrandts Grabstein musste also entsprechend der Friedhofsverordnung nachgearbeitet werden. Sich seine Individualität auch nach dem letzten Atemzug zu bewahren, ist derzeit mancherorts gar nicht so einfach.

Aber es bewegt sich was im Bestattungswesen! Der Staat, die Kirchen und manche Bestatter rücken immer mehr davon ab, sich dem Bedürfnis nach Vielfalt und Individualität in den Weg zu stellen: Paragrafen werden gestrichen, Vorschriften gelockert, individuelle Wünsche erfragt und Alternativen zu den konventionellen Angeboten zugelassen. Sogar am Friedhofszwang wird inzwischen mancherorts gerüttelt. Im Jahr 2000 sind Annette und Bernd Bruns noch vor Gericht gescheitert. Das Ehepaar wollte sich dem Friedhofszwang entziehen und das Recht erstreiten, nach dem Tod des Partners dessen Urne mit nach Hause zu nehmen. Ihre juristische Argumentation war sehr fantasievoll: Sie haben einander ihre Asche vererbt, um dann nach dem Tod des Ehepartners ein Eigentumsrecht an dessen Urne geltend machen zu können. Deutschen Gerichten ist ja normalerweise das Eigentum heilig. Deswegen hatten die Bruns gehofft, dass das Eigentumsrecht über das Bestattungsrecht triumphieren würde. Das Ehepaar hat den Prozess nicht gewonnen. Aber vielleicht haben sie einen Prozess des Umdenkens beim Gesetzgeber mitbefördert?

In Bremen wurde der Friedhofszwang inzwischen aufgehoben. Als erstes deutsches Bundesland bekommen Sie dort die Urne eines Verstorbenen auf Wunsch auch ausgehändigt. Die Asche dürfen Sie seit Januar 2015 dann auf einem privaten Grundstück verstreuen. Aber nur, wenn der Verstorbene und der Grundstückseigentümer dazu ausdrücklich eine Einwilligung erteilt haben. Außerdem muss „der Totenfürsorger eidesstattlich versichern, auf das Ausstreuen bei starken Windströmungen zu verzichten" und „hinreichenden Abstand zur direkten Nachbarsgrenze halten". Auf diese Weise soll vermieden werden, dass ein Teil von Oma im Gurkenbeet des Nachbarn landet. Das ist sicher eine sinnvolle Vorschrift. Doch sinnvoll ist auch, dass die Regelungen insgesamt weniger werden. Man kann den Menschen ruhig zutrauen, selbst zu entscheiden, wie sie ihre Lieben verabschieden. In Holland, der Schweiz oder Dänemark wurde das Bestattungsrecht schon vor vielen Jahren liberalisiert. Bislang mussten Deutsche, die im Rahmen unseres überreglementierten Bestattungsrechts keine ihnen zusagende Lösung fanden, die Urne dorthin exportieren.

Im Zuge der Liberalisierung kommen jetzt auch bei uns zunehmend Alternativen zum klassischen Friedhof auf. Privatfriedhöfe mit mehr individuellen Gestaltungsmöglichkeiten sowie Friedwälder und Ruheforste ergänzen die konventionellen Angebote. Laut einer Umfrage können 25 Prozent der Deutschen sich eine Bestattung außerhalb der klassischen Friedhofsmauern vorstellen. Die neue Wahlfreiheit setzt die konventionellen Anbieter unter Druck: Der klassische Ortsfriedhof ist dabei, sein Monopol einzubüßen. Deshalb können seine Betreiber es sich immer weniger leisten, die Bedürfnisse ihrer „Kunden“ zu ignorieren. Die Bereitschaft, auf die individuellen Wünsche der Trauergemeinden einzugehen, wächst. Aufgrund neu entstehender Wahlmöglichkeiten sind die Chancen besser denn je, den letzten Gang selbstbestimmt zu gehen. Noch vor wenigen Jahren war alles Grau in Grau. Doch heute stellt Fritz Roth erfreut fest: „Das letzte Hemd ist bunt!“

Unter dem Titel „die bunte Bestatterin“ firmiert in Berlin die Beerdigungsunternehmerin Claudia Marschner. Sie hat sich darauf spezialisiert, unkonventionelle individuelle Wünsche ernst zu nehmen: „Wenn ein Heavy-Metal-Fan stirbt, der gerne mal gekifft hat, finde ich es in Ordnung, ihm einen Joint in den Sarg mitzugeben.“

Haben Sie eine Patientenverfügung? Wenn ja, haben Sie auch Verfügungen getroffen, wie man nach Ihrem Tod von Ihnen Abschied nehmen soll?

Nach dem Tod tun sich ganz neue Möglichkeiten auf!

Rauchen verboten? Zumindest der Joint, den Frau Marschner einem Toten in den Sarg gelegt hat, war lange Zeit illegal. Und fast genauso lange durfte sich auch ein Toter nicht in Rauch auflösen. Über Jahrhunderte hinweg stand außer Frage, was nach dem Tod zu passieren hatte: eine Bestattung in geweihter Erde. Das war in unserem Kulturkreis die einzig mögliche Art, abzutreten. Konventionen und Kirche setzten einen Rahmen, der von niemandem hinterfragt wurde. Dies hat sich erst gegen Ende des 19. Jahrhunderts geändert. Mit dem Aufkommen der Feuerbestattung kam eine erste Wahlmöglichkeit in die Bestattungskultur.

Krematorium anstatt althergebrachter Erdbestattung? Wer damals diese Entscheidung traf, entschied sich keineswegs nur für eine alternative „Entsorgungstechnik". Er brachte vielmehr seine weltanschauliche Überzeugung zum Ausdruck: Ich bin eher rational als religiös, eher technikaffin als traditionsverwurzelt – so lautete die Botschaft der Verbrannten. Die ersten Feuerbestattungsvereine wurden demgemäß von Freidenkern und Sozialdemokraten gegründet. Die neue Bestattungsform zielte eben auch darauf ab, das Deutungsmonopol der Kirche zu brechen und eine alternative weltliche Bestattungskultur auf den Weg zu bringen.

Für welche Bestattungsform ein Mensch sich am Ende entscheidet, erzählt immer auch etwas über seine *Lebens*einstellung. Dies gilt gerade auch mit Blick auf die finale Entsorgungstechnik. Würmer oder Feuer? Wie hätten Sie es gerne? In dem Moment, in dem Sie anfangen, Ihre Präferenz zu begründen, werden Sie entdecken: Es ist Ihre *Lebens*einstellung, die darüber bestimmt, was Sie nach dem Tod für Ihnen gemäß halten. Was ist Ihnen wichtig? Wie sehen Sie sich selbst? Woran glauben Sie? Was zählt für Sie im Leben? Solche Fragen sind der Hintergrund, vor dem Sie dann entscheiden, welche Bestattungsform zu Ihnen passt.

Würmer oder Feuer? Bevor Sie sich entscheiden, sollten Sie zur Kenntnis nehmen, dass in den letzten Jahren noch eine Reihe von weiteren Alternativen hinzugekommen ist. Der technische Fortschritt macht auch vor den Toten nicht halt. Und hinter jeder neu angebotenen Bestattungsvariante steht erkennbar eine bestimmte Lebenseinstellung. Versuchen Sie sich einfach mal bei den folgenden Verfahren vorzustellen, was das für Menschen sein könnten, die sich jeweils dafür entscheiden.

Eine Laborlösung im wahrsten Sinne des Wortes ist die Alkalische Hydrolyse. Der Leichnam wird hierbei in einem Labor fast vollständig aufgelöst. Dazu ist ein Edelstahltank mit Kalilauge notwendig. Diese wird auf 170 °C erhitzt. Wer posthum darin gebadet wird, von dem bleibt nichts als ein zähflüssiges, völlig geruchsfreies Sekret. Dieses findet problemlos Platz in einem Marmeladenglas und kann hygienisch bedenkenlos im Abwasser entsorgt werden. Es enthält keine Spuren der DNA mehr. Für diese finale Lösung kann man sich in Großbritannien, Australien, Kanada und einigen US-Bundesstaaten entscheiden. Inzwischen haben dies bereits mehrere Tausend Menschen getan – plus eine nicht bekannte Zahl von Menschen, die gegen ihren Willen von der Mafia in Kalilauge entsorgt wurden. Die Kosten für die Alkalische Hydrolyse liegen bei 700 Euro. Preislich handelt es sich also durchaus um eine Alternative zur klassischen Verbrennung, die rund das Dreifache kostet.

Sie wollen lieber ökologisch mustergültig abtreten? Dann wäre vielleicht die Promession was für Sie? Dieses Verfahren wurde erst vor wenigen Jahren in Schweden entwickelte. Die Promession ist technisch betrachtet eine Mischung aus Schockfrosten und Rüttelsieben. Der Leichnam kommt zunächst in ein Kältebad aus flüssigem Stickstoff. Dadurch wird ihm alles Wasser entzogen. Da der Mensch zu 80 Prozent aus Wasser besteht, schrumpfen seine Überreste dadurch auf ein sehr kompaktes Maß zusammen. Das Ergebnis dürfte optisch an Dörrobst erinnern, ist aber von der Substanz her viel poröser. Diese menschlichen Reste werden auf ein vibrierendes Sieb gelegt und von einem darunter stehenden Minisarg aufgefangen. Der Minisarg – 50 cm Kantenlänge reichen, um das Granulat aufzunehmen – besteht aus Mais- oder Kartoffelstärke. Sarg und Inhalt sind somit vollständig kompostierbar. Deshalb schlägt die Erfinderin dieses Verfahrens, die schwedische Biologin Susanne Wiigh-Mäsak, eine Beisetzung in einer Tiefe von nur 30 cm vor. So kommt der Tote zügig der oberen Humusschicht zugute. Auf Wunsch kann dem Leichnam das Saatgut für einen Baum oder für Blumen beigefügt werden. Susanne Wiigh-Mäsak hat sich die Promession in 32 Staaten patentieren lassen. Sie bewirbt sie als besonders natürlich: „Ich wollte eine Alternative schaffen, die den Tod mit einem positiven Gedanken verbindet. Wenn man sagen kann, dass aus Großvater eine Blume geworden ist, dass er wieder neues Leben gegeben hat, kann man das leichter verstehen und sogar einem Kind erklären. Das ist der Gedanke des natürlichen Kreislaufs, das ist das ewige Leben."

Manche mögen's kalt? Für diejenigen, die das von sich behaupten, könnte auch das Verfahren der Kryonik von Interesse sein. Hierbei wird der Verstorbene auf Eis gelegt, um seinen Körper möglichst dauerhaft zu konservieren. Denn wer weiß, vielleicht ist ja in der Zukunft eine Wiederbelebung möglich? Oder vielleicht erweisen sich unsere medizinischen Kriterien, mit denen wir derzeit einen Menschen für tot erklären, irgendwann als überholt? Knapp 500 Tote harren inzwischen in Eiseskälte einer Zeit entgegen, in der die Krankheiten, an denen sie gestorben sind, sich als heilbar erweisen. Wer sich für die Kryonik entscheidet, braucht allerdings nicht nur Optimismus, sondern auch viel Geld. Der amerikanische Marktführer stellt derzeit circa 150.000 Euro in Rechnung. Doch seit Kurzem macht ihm ein russischer Kryonik-Discounter namens Kryrus Konkurrenz. Dort können Sie sich bereits für 50.000 Euro im ewigen – oder, wenn die Rechnung aufgeht, vorübergehenden – Eis einlagern lassen. Kluge Köpfe vertrauen aber darauf, dass eine Konservierung ihres Gehirns als Informationsträger ausreichend ist. Eine Nur-der-Kopf-Kryonik ist bereits zu Preisen ab 7000 Euro möglich.

Ebenfalls nur einem Teil der sterblichen Überreste gilt die sogenannte Diamantbestattung. Bei ihr wird der Verbrennungsvorgang im Krematorium unterbrochen, um einen kleinen Teil der Asche zu entnehmen. Dies geschieht zu einem Zeitpunkt, wenn in der Asche noch amorphe Kohlestoffe vorhanden sind. Unter hohem Druck wird daraus dann ein synthetischer Diamant gepresst. Im Ergebnis entsteht ein Glitzerstein, der ungefähr die Größe eines Stecknadelkopfes hat und aus der Asche des Verstorbenen besteht. Das kostet insgesamt etwa 12.000 Euro.

Die billigere Alternative zum Diamanten ist die Edelsteinbestattung, die auch unter dem Markennamen FriedJuwel angeboten wird. Man nimmt dazu einen Edelstein. Diesen bringt der Anbieter dann „in einem aus Esoterik und Homöopathie bekannten Verfahren" zwei Wochen lang in ständigen Kontakt mit der Asche. Dadurch wird „der

Edelstein durch die Asche energetisiert und mit ideeller Wirkung aufgeladen und beseelt". Das verspricht zumindest der Anbieter: „Nach erfolgter Energetisierung wird Ihnen der FriedJuwel zusammen mit dem entsprechenden Energetisierungszertifikat ausgehändigt." Die Asche des Verstorbenen muss dann ganz normal beigesetzt werden. Streng genommen handelt es sich bei der sogenannten Edelsteinbestattung also nicht wirklich um eine Bestattung, sondern eher um die Anfertigung eines Erinnerungssymbols.

Man kann also heute zur „Energetisierung" über einen Edelstein gekippt werden, in eine Kette gefasst am Hals der Tochter fortexistieren oder als Humus für einen Baum enden. Erstaunlich, was es nicht alles so gibt, oder? Alternativ können Sie aber auch zwischen verschiedenen Ganz-weit-weg-Varianten wählen.

Hoch oben in der Stratosphäre landet die Asche derer, die sich für eine Himmelsbestattung in der Schweiz entscheiden. Mithilfe eines Wetterballons wird der Inhalt der Urne in 35 Kilometer Höhe verbracht und dort freigesetzt. Die Angehörigen können am Ufer des Thunersees den Kopf in den Nacken legen und zusehen, wie der Ballon nach oben entschwindet.

Noch viel weiter weg bringt Sie auf Wunsch die US-amerikanische Firma Celestis, denn sie hat sich auf Weltraumbestattungen spezialisiert. Mit ihrer Hilfe landet Asche in der Erdumlaufbahn, auf dem Mond oder in den unendlichen Weiten des Alls. Dabei kommt eine in der kommerziellen Raumfahrt verwendete Trägerrakete namens Taurus zum Einsatz. Von deren 1450 Kilo Nutzlast mietet Celestis weniger als ein Kilo, kann damit aber den Inhalt von bis zu 40 Miniurnen in den Himmel schießen. Diese Zahlen zeigen, dass am Ende nur ein homöopathisch kleiner Anteil der Gesamtasche eines Verstorbenen unseren Planeten verlässt. Das hat durchaus auch Vorteile. Nach Fehlstarts von Taurus-Raketen erwies es sich als praktisch, dass hier auf Erden noch Reserveasche verfügbar war. Außerdem sind aufgrund der geringen Aschemengen die Kosten für eine Weltraumbestattung nicht allzu exorbitant. Mit einen Gebühr von 11.000 (in die Erdumlaufbahn) bis 25.000 Euro (auf den Mond) sind Sie dabei.

Sollten Sie mit einer Himmelsbestattung liebäugeln, rate ich Ihnen aber, die entsprechenden Angebote sehr genau zu studieren. Unter dem Begriff „Himmelsbestattung" firmieren nämlich nicht nur Verfahren, die ins All führen. Man kann als Toter stattdessen auch in den Mägen eines Geierschwarms landen. Ein entsprechender tibetanischer Beisetzungsritus wird ebenfalls als „Himmelsbestattung" bezeichnet. Ich ziehe es vor, deren Verlauf durch den ARD-Moderator Jürgen Domian beschreiben zu lassen: „Der Verstorbene wird noch vor Sonnenaufgang zu einem bestimmten Platz in freier Natur gebracht. Dort erwarten ihn bereits die so genannten Leichenzerstückler, die ihn von den Totentüchern befreien und ihn nackt auf die Erde legen. Mit Sonnenaufgang beginnen sie dann damit, den Toten zu zerteilen und ihn an die zuvor angelockten Geier zu verfüttern. Geier gelten in großen Teilen Asiens als heilige Tiere, da sie niemals töten, um sich zu ernähren." Domian war nicht angeekelt, sondern beeindruckt. Nach seiner Wahrnehmung zeugt so eine Himmelsbestattung von Demut und von einem entspannten Verhältnis zur Vergänglichkeit: „Je länger ich darüber nachdachte, desto sympathischer wurde mir diese Bestattungsform. Denn so kann ich sofort nach meinem Tod einem anderen Lebewesen etwas Gutes tun, indem ich ihm meinen Körper als Nahrung zur Verfügung stelle."

Was es nicht alles so an Bestattungsbräuchen gibt! Seit 1879 in Gotha das erste deutsche Krematorium in Betrieb genommen wurde, haben wir die Wahl: Was soll nach dem Tod mit unseren Körpern passieren? In den letzten Jahren sind eine Reihe weiterer Bestattungsformen dazugekommen. Am Ende ist es ganz offensichtlich unsere Lebenseinstellung, die den Ausschlag für die Entscheidung gibt, was nach dem Leben mit uns passieren soll.

Folgender Witz wurde mir übrigens von einem aus der Kirche ausgetretenen Installateur erzählt. Ein Gespräch unter Pfarrern: „Oh Mann, hatte ich heute einen anstrengenden Tag – drei Beerdigungen, zwei Einäscherungen und eine Kompostierung!" „Wieso Kompostierung?" „Na ja, die Grünen leben auch nicht ewig!" Die Pointe hat einen wahren Kern: Menschen nehmen sich zunehmend die Freiheit, selbst zu entscheiden, wie sie bestattet werden wollen. Das Angebot wird bunter, die Wünsche individueller. Dies entspannt zuzulassen und wohlwollend zu begleiten wird die Zukunftsaufgabe für Pfarrer sein. Und ebenso für Bestatter und Friedhofsbetreiber.

Wer entscheidet? Was darf es kosten?

Wer entscheidet, wie eine Bestattung gestaltet wird? Zu welchen Ausgaben sind die Angehörigen bereit? Was beeinflusst ihre Entscheidung? Der Managementberater Roman Schneider hat versucht, dies herauszufinden. Nach seiner Analyse lassen sich Menschen, die eine Beerdigung in Auftrag geben, in vier Gruppen einteilen. Schneider spricht von „Selbstbestimmern“, „Rationalisten“, „Kompensierern“ und „Getriebenen“. Für jede dieser Gruppen seien bestimmte Motive charakteristisch.

Den „Selbstbestimmern“ ist eine hochwertige und individuell gestaltete Bestattung wichtig. Sie erwarten vom Bestatter, dass sie bis ins Detail an der Planung beteiligt werden, und sie treten als Kunden anspruchsvoll und selbstbewusst auf. Dafür sind sie dann auch bereit, überdurchschnittlich viel Geld auszugeben.

Die „Rationalisten“ sind weniger ausgabefreudig. Es ist nicht so, dass sie kein Geld hätten, aber ihr Herz schlägt ganz und gar für das Diesseits. Ihr Geld geben sie deshalb nicht für die Würdigung eines Toten, sondern lieber für Lebensgenuss aus. „Sie gehen mit dem Taschenrechner ins Beerdigungsinstitut“, stellt Schneider fest. Er sieht bei dieser Gruppe „eine gewisse Geiz-ist-geil-Mentalität gepaart mit geringer emotionaler Verbindung zu dem Verstorbenen“. Pietätvolles Gehabe ist ihnen fremd. Der Bestatter wird sich die Zähne daran ausbeißen, ihnen einen Sarg mit teuren Messinggriffen zu verkaufen.

Nach so einem rationalen Kunden freut sich der Bestatter, wenn als Nächstes ein „Kompensierer“ sein Geschäft betritt. Dieser kommt nämlich mit einem schlechten Gewissen, von dem er sich loskaufen möchte. „Kompensierer“ haben das Gefühl, sich um den Verstorbenen nicht genug gekümmert zu haben. Das Versäumte kann man jetzt nicht mehr wiedergutmachen. Oder doch? Jetzt kommt der Sarg mit den teuren Messinggriffen zum Einsatz! Denn „Kompensierer" geben bereitwillig Geld für eine aufwendige Bestattung aus. Sie wollen damit ihr Gewissen beruhigen und zumindest posthum als engagierte Angehörige wahrgenommen werden. Dabei lassen sie sich dann im Beratungsgespräch gerne vom Bestatter an die Hand nehmen und folgen seinen Vorschlägen.

Die „Getriebenen" indessen entscheiden sich unter Druck für ein Minimalprogramm. Sie haben kein Geld – und somit keine Wahlmöglichkeiten. Oder sie stehen unter starkem psychischem Druck. Stress in der Familie (zum Beispiel durch Zerwürfnisse, Krankheit oder Überforderung in einer Pflegesituation) oder Angst um den Arbeitsplatz macht sie zu „Getriebenen". In dieser Situation wollen sie die Bestattung einfach nur so schnell wie möglich hinter sich bringen.

In der Fachzeitschrift *BestattungsWelt* stellte Roman Schneider seine Bestattungskunden-Typologie in einem Schaubild dar:

Bereitschaft, Geld für die Bestattung auszugeben	Freiheitsgrad der Entscheidung: Gering	Freiheitsgrad der Entscheidung: Hoch
Gering	**Kompensierer**	**Selbstbestimmer**
Hoch	**Getriebene**	**Rationalisten**

Der Durchschnittsdeutsche gibt für eine Bestattung circa 5200 Euro aus. Für viele Menschen ist sie neben der Immobilie, dem Auto und der Hochzeit einer der vier teuersten Einzelkäufe ihres Lebens. Doch wir treten nur selten über die Schwelle eines Bestattungsinstituts. Zwei Drittel der geschäftsfähigen Deutschen haben noch nie eine Bestattungsdienstleistung gekauft. Was passiert, wenn dieser Fall dann aber doch eintritt? Wer eine Beerdigung beauftragt, muss in kurzer Zeit und unter psychischem Druck viele Entscheidungen treffen: Welcher Friedhof? Welches Grab? Welcher Sarg? Welche Musik? Welche Inschrift auf dem Grabstein? Wo eine Anzeige schalten? Was für ein Text auf die Anzeige? Sterbebildchen? Wenn ja, mit welchem Motiv? Wie viele Sterbeurkunden brauchen Sie? Nach Einschätzung eines erfahrenen Bestatters müssen die Hinterbliebenen 120 bis 140 Fragen beantworten. Der größte Teil dieser Fragelawine bricht über sie in einem Beratungsgespräch ein, das im Durchschnitt weniger als zwei Stunden dauert. Die meisten Menschen, die unvorbereitet in ein solches Gespräch gehen, fühlen sich überfordert. Kein Wunder, dass sie die vorhandenen Wahlmöglichkeiten nicht wahrnehmen. Sie treffen Entscheidungen spontan, ohne groß darüber nachzudenken. Sie lassen sich vom Bestatter an die Hand nehmen und erkennen erst im Nachhinein, was ihnen eigentlich entsprochen und gutgetan hätte.

Auch die Kostenentscheidungen lassen sich viele Angehörige abnehmen. Am Ende geben sie dann mehr Geld aus, als sie sich ursprünglich vorgenommen hatten. Im Gespräch mit dem Bestatter den Preis zu thematisieren empfinden viele Hinterbliebene als einen Tabubruch. Wer einen lieben Menschen wertschätzend verabschieden will, neigt nicht zum Feilschen. Das wissen die Bestatter natürlich. Für sie ist das Bestattungsgespräch ja nicht eine Ausnahmesituation, sondern das tägliche Geschäft. Und zwar ein Geschäft im wahrsten Sinne des Wortes: Der Enthüllungsjournalist Michael Schomers beschreibt, mit welchen Tricks manche Bestatter versuchen, das Auftragsvolumen zu erhöhen. Ein großes Bestattungshaus sargt zum Beispiel die Toten zunächst in einem besonders teuren Modell ein: „Wenn Sie wollen, können wir Ihre Mutter natürlich in einen Billigsarg umbetten“, wird dann den Angehörigen angeboten. Will man das? Wären Sie in diesem Moment wirklich so herzlos, diese Umbettung ins Billige zu verlangen? Am Ende verkauft das Bestattungshaus oft einen Sarg, der für den Kunden mehrere Hundert Euro teurer ist, im Einkauf aber nur wenige Euro mehr kostet.

Doch so einfach läuft das Geschäft des Bestatters heute nicht mehr in jedem Fall. Denn immer mehr „Selbstbestimmer“ wollen immer mehr selbst bestimmen. Und dabei treffen sie nicht nur die Entscheidung, *wie viel* Geld sie ausgeben, sondern auch *wofür*: Sie nehmen sich die Freiheit, einen schlichten Sarg mit aufwendigem Blumenschmuck zu kombinieren. Sie geben viel Geld für das anschließende Essen aus, wählen aber einen ganz einfachen Grabstein. Sie sorgen selbst für die Musik und suchen in Eigenleistung einen Trauerredner. Diese Selbstständigkeit erschwert es den Bestattern, ihre üblichen Gewinnerzielungsstrategien zu verfolgen: „Früher ist man zum Beerdigungsunternehmer gegangen und hat einfach das getan, was einem vom Pfarrer oder Bestatter gesagt wurde. Heute will man das selbst gestalten und dem Ganzen eine persönliche Note geben“, beklagt ein Bestatter im Interview mit Dominic Akyel in dessen Forschungsbericht *Die Ökonomisierung der Pietät*. Ein anderer Bestatter sieht die Veränderungen bei der Erwartungshaltung positiv: „Angehörige zahlen heute lieber einen angemessenen Preis für eine einfühlsame Begleitung und die Wahrnehmung entsprechender Abschiedsmöglichkeiten als für einen teuren Sarg, der dann ohnehin in der Erde verschwindet.“

Für Bestatter wenig lukrative Kunden sind die „Rationalisten“ und die „Getriebenen“. Sie wollen beziehungsweise müssen zu einem besonders preisgünstigen Angebot greifen. Seit im Jahr 2004 das Sterbegeld weggefallen ist, nehmen die sogenannten Discountbestattungen kontinuierlich zu. Ihr Anteil liegt derzeit bei ungefähr 20 Prozent, wobei dieser Wert davon abhängt, wie das Marktsegment Discountbestattung definiert wird. Im April 2011 hat „bestatter.de“ die Kunden von Billigbeisetzungen nach ihren Motiven befragt. Die Untersuchung ergab, dass die Ursache für die Annahme preisgünstiger Angebote nicht alleine im (leeren) Geldbeutel zu finden ist. Ein weiterer wichtiger Grund ist die Vereinzelung. Immer mehr Menschen sterben, ohne davor in engem Kontakt mit Angehörigen gewesen zu sein. 58 Prozent der Kunden von Discountbestattungshäusern geben an, dass sie nur eine geringe familiäre Bindung zum Verstorbenen hatten. 47 Prozent fühlen sich durch räumliche Trennung vom Verstorbenen entfremdet. Wie die Bestattung gestaltet werde, sei ihnen deshalb weitestgehend gleichgültig. Wenn jedoch ein Mensch sterben würde, mit dem sie intensiver verbunden sind, würden sie nicht so stark auf den Preis achten. Nur 41 Prozent nennen die Kosten als Hauptgrund für ihre Entscheidung. 73 Prozent derer, die eine Discountbestattung in Auftrag geben, sind Männer.

Beim Wochenendeinkauf haben Lidl & Co. ihre soziale Stigmatisierung längst abgeschüttelt, auch die Mittelschicht geht unbefangen zum Discounter. Dieses marktoptimierte Konsumverhalten verstehen manche Gutverdiener sogar als Ausdruck von Cleverness. Zunehmend öfter kommt diese Einstellung inzwischen auch beim Bestattungskauf zum Tragen. Insbesondere „Rationalisten" mit geringer emotionaler Bindung zum Verstorbenen entscheiden sich auch dann für einen sparsamen Abschied, wenn sie sich eigentlich mehr leisten könnten.

Bei Sozialbestattungen ist die Billigvariante verpflichtend vorgeschrieben. Wenn die Kommune die Bestattungskosten übernehmen muss, greift sie zum einfachsten Sarg und verzichtet auf Blumenschmuck. Allerdings wird kein Sozialbestatteter gegen seinen Willen verbrannt. Insgesamt gibt es in Deutschland etwa 45.000 Sozialbestattungen im Jahr. In Großstädten geht nach jeder zehnten Beisetzung die Rechnung an die öffentliche Hand. Doch wann muss die öffentliche Hand in die Tasche greifen? Wenn der Verstorbene kein ausreichendes Erbe hatte und von Sozialleistungen lebte? Nein, das reicht nicht. Zunächst sind die Angehörigen bestattungspflichtig, und zwar in folgender Reihenfolge: Ehepartner, Kinder, Eltern und Geschwister des Verstorbenen. Solange es in der Familie jemanden gibt, der die Kosten übernehmen kann, muss er ran – selbst dann, wenn kein Erbe vorhanden ist. Ein Erbe können Sie ausschlagen, Ihre Bestattungspflicht aber nicht. Nur wenn es keine Bestattungspflichtigen gibt beziehungsweise auch diese nicht in der Lage sind, die Kosten zu übernehmen, springt die Kommune ein.

Jeder zehnte Verstorbene hat noch zu Lebzeiten selbst geregelt, wie er bestattet werden möchte. Fast immer wurde dabei auch die Rechnung bereits beglichen. Dies geschieht im Rahmen eines Vorsorgevertrags oder einer Sterbegeldversicherung. Einen Vorsorgevertrag schließen Sie mit einem Bestattungshaus. Sie zahlen dann nicht nur im Voraus, sondern Sie können auf Wunsch auch bis ins Detail festlegen, wie Ihre Bestattung aussehen soll. Die Entscheidungen werden dann nicht später von Ihren Angehörigen unter Zeitdruck getroffen. Sie können vielmehr selbst in Ruhe vergleichen, sich informieren, nachfragen und sich mit Vertrauenspersonen besprechen.

„Die Vorausplanung der Bestattung ist deshalb oft deutlich billiger als der postmortale Erwerb", mutmaßt der Wirtschaftssoziologe Dominic Akyel. Ich würde mich wundern, wenn das wirklich so wäre. Mein Eindruck ist vielmehr, dass diejenigen, die ihre Bestattung bereits zu Lebzeiten selbst planen, oft zu den „Selbstbestimmern" gehören: Sie legen Wert darauf, individuell verabschiedet zu werden. Das wollen sie rechtzeitig in die Wege leiten. Und sie sind bereit, dafür dann auch einen angemessenen Preis zu bezahlen. Ihre Absicht ist nicht, Geld zu sparen. Sie wollen es vielmehr sinnvoll einsetzen.

Wie die Queer Community uns aus der Friedhofsruhe geweckt hat

Über lange Zeit hat sich im Bestattungsgewerbe nicht viel getan. Die Betroffenen haben einfach fraglos das getan, was üblich war. Die Schaufenster der Bestattungshäuser sahen alle gleich aus. Die Dekoration war so, dass Sie täglich daran vorbeilaufen konnten, ohne je in Versuchung geführt zu werden, näher hinzusehen. Der Bestatter hatte einen gediegenen Mercedes als Leichenwagen. Dies reichte als Ausweis seiner Seriosität und Kompetenz. Er war vor Ort und wusste, was man bei einem Todesfall zu machen hat. Und genau das haben die Angehörigen dann auch brav mit sich machen lassen. Unter diesen Bedingungen hat sich das Bestattungsgewerbe zu einem „weitgehend innovationsresistenten Handlungsraum" entwickelt. So fasst Dominic Akyel die Situation bis Ende der Achtzigerjahre zusammen.

In den Neunzigerjahren kam dann Bewegung in den Markt. Einzelne Bestattungsunternehmer haben Farbtupfer ins gediegene Anthrazitgrau der Branche gesetzt. Diese neuen Impulse kamen zunächst von Nischenanbietern. Muslimische Trauerhäuser wurden gegründet. Sie haben sich auf die Erwartungen und Bräuche von Migranten islamischen Glaubens spezialisiert. Andernorts warb der erste Anbieter mit dem provokativen Wort „Discount-Bestattung" um besonders preisbewusste Kunden. Er wurde deswegen von der Bestatter-Innung verklagt. Der Begriff Discount verletze die Totenehre. Wollten die etablierten Bestatter wirklich die Totenehre verteidigen? Oder doch eher ihre Geschäftsinteressen? Auf jeden Fall konnten sie nicht verhindern, dass neue und unkonventionelle Anbieter sich etablierten. Und dies geschah mit Vorliebe jenseits des Establishments! Besonders erfolgreich war dabei die Schwulenszene.

Aids hat unseren Umgang mit dem Tod verändert. Mitte der Neunzigerjahre starben jährlich über 2000 Menschen an der Immunschwächekrankheit. Die meisten von ihnen waren homosexuell, noch lange nicht im Seniorenalter, und sie lebten in Großstädten. In diesem Milieu wollten viele Menschen keine traditionelle Bestattung. Diejenigen, die von einer bunten Gesellschaft geträumt haben, ganz bieder in Schwarz beizusetzen wäre von ihren Freunden als unpassend empfunden worden. Die Schwulenszene war deshalb dafür prädestiniert, die Konventionen und Tabus auf dem Friedhof zu hinterfragen. Und genau das tat sie.

„Wenn ein Trauerfall eintritt, fällt man normalerweise in eine Spießigkeit wie um 1900 zurück. Doch die Homosexuellen tun dies nicht. Viele wollen bei der Bestattung ihre andere, ausgeflippte Kultur leben", sagte Björn Schulz, Gründer von „Gaybestattungen". „Wir haben um das Grab getanzt und Rosenblätter gestreut." Viele

Homosexuelle wünschen sich für ihre Beerdigung „mehr Ausdrucksmöglichkeiten für Gefühle, mehr Farbe und mehr Lebensbejahung". Dabei geht es gar nicht in erster Linie um irgendwelche exaltierten Aktionen. Mit rosa Plüsch ausgekleidete Särge? Halb nackte Sargträger mit Waschbrettbauch? Beisetzungen im Lederharnisch? Schulz berichtete, dass dergleichen nur selten gewünscht werde. Typisch für Bestattungen in der Schwulenszene seien weniger die provokativen Aktionen als vielmehr der Wunsch, möglichst unverkrampft, ehrlich und mit Raum für die persönliche Anteilnahme Abschied zu nehmen.

Corny Littmann, Theater-Chef, Expräsident des FC St. Pauli und Schwulen-Aktivist, erinnerte sich an einen typischen Abschied: „Die Trauerfeier fand in einem 100 Quadratmeter großen hellen Raum statt, der nicht an eine Kirche erinnerte. Der Sarg unseres Freundes, der ein schwuler Gastronom war, stand in der Mitte, und drum herum saßen 40 Menschen, die ihn mehr oder weniger gekannt haben. In der Trauerfeier hatte jeder die Möglichkeit aufzustehen und eine Anekdote zu erzählen, irgendetwas, was man mit dem Verstorbenen erlebt hatte. Das waren sehr unterschiedliche Geschichten, die alle Facetten abgedeckt haben – Trauriges, Humorvolles. Es war kein Trauerredner dabei, aber viele sagten danach, jeder habe auf seine Art, aber ehrlich Abschied genommen."

Zum Glück ist die Zahl der an Aids Verstorbenen deutlich zurückgegangen. Die Fortschritte bei der medizinischen Behandlung haben dazu geführt, dass inzwischen weniger als 500 Deutsche jährlich in Folge einer HIV-Erkrankung sterben. Das auf Homosexuelle spezialisierte Trauerhaus „Gaybestattungen" gibt es nicht mehr. Aber die Impulse aus der Zeit der vielen Aids-Toten wirken weiter: Der Wunsch, möglichst authentisch und lebensbejahend zu trauern, sowie die Freiheit, sich über Konventionen hinwegzusetzen – das stößt zunehmend auch in der Mehrheitsgesellschaft auf Zustimmung. Gerade wenn ein Mensch in der Lebensmitte gestorben ist, nimmt sich die Trauergemeinde oft die Freiheit, ihn unkonventionell zu verabschieden.

Solche unkonventionellen Begräbnisse sind heute nicht mehr auf die Schwulenszene beschränkt. Ein Bestatter berichtete zum Beispiel, dass er einen Bierwagen für eine Beerdigung organisieren sollte. Der Verstorbene war ein trinkfreudiger Junggeselle, der es regelmäßig mit Freunden in Mallorca krachen ließ. Eben diese Freunde haben an seinem Gab noch mal kräftig angestoßen – und dann statt Blumen die leeren Biergläser hineingeworfen. Als der Vorsitzende eines Dobermann-Vereins gestorben ist, haben seine Vereinskameraden durchgesetzt, dass das Hundeverbot auf dem Friedhof aufgehoben wurde. Hinter dem Sarg gingen nicht nur seine Freunde her, sondern auch angeleinte Dobermänner.

Kommt durch solche Aktionen die Bestattungskultur auf den Hund? Manches ist sicher Geschmackssache. Aber dass Hinterbliebene sich nicht mehr von außen vorschreiben lassen, wie sie Abschied zu nehmen haben, ist ein Gewinn. Die Vorreiter dieser Freiheitsbewegung auf dem Friedhof waren die Homosexuellen, die in der Auseinandersetzung mit Aids die Bestattungskultur bunter gemacht haben.

Kinder: Mitnehmen oder nicht?

„Urplötzlich erklangen dumpfe Töne einer Blaskapelle, die reflexartig einen geordneten Menschenzug in Bewegung setzten. Vorneweg wurde eine Art Holzkiste getragen. Ihr Transport geschah durch vier Männer, die dem rhythmischen Klang der Bläser folgten." Walter Kauntz beschreibt, wie er im Alter von fünf Jahren das erste Mal bei einer Beerdigung war: „Einige weinten leise, andere wiederum heulten laut vor Schmerz! Mein Vater, der vor mir noch nie Gefühle gezeigt hatte, war sogar einer der lautesten. Meine ältesten Geschwister stimmten diesem Chor bei. Nur Helmi – mein jüngster Bruder – und ich konnten mit dem ganzen Trubel nichts anfangen. Was war hier eigentlich geschehen?" Es war die Beerdigung der eigenen Mutter. Sie war bei der Entbindung eines weiteren Kindes gestorben, im Krankenhaus der nächsten Kreisstadt. Aber dem fünfjährigen Walter wurde dies zunächst nicht mitgeteilt. Trotzdem war er gemäß dem öffentlichen Protokoll als einer der engsten Angehörigen bei der Beerdigung dabei. Dass es sich bei der Verstorbenen tatsächlich um seine Mutter handelte, hat sich dem Kind erst nach der Beerdigung erschlossen.

Dieser autobiografische Bericht gibt eine Kindheitserinnerung aus den späten Fünfzigerjahren wieder. Ort des Geschehens war ein Dorf in Rumänien, besiedelt von deutschstämmigen Siebenbürger Sachsen. Der Bericht wirft ein Schlaglicht darauf, wie hilflos die Erwachsenen sich damals geweigert haben, mit Kindern über den Tod zu sprechen. Dies hatte für den fünfjährigen Walter schlimme Folgen: „Der frühe Tod meiner Mutter hat tiefe Wunden hinterlassen, deren Heilungsprozess praktisch nie beendet wurde. Trost suchte ich bei dem stummen Fluss hinter dem Garten, bei den Haustieren, den Spielkameraden – aber nur indirekt bei den Erwachsenen." Die Erfahrung, von der Erwachsenenwelt um eine wichtige Wahrheit betrogen worden zu sein, führt bei Kindern dazu, dass sie das Vertrauen in die Erwachsenen verlieren.

Deshalb ist es heute unüblich, Kindern etwas zu erzählen, vom dem wir wissen, dass es nicht stimmt. Nebel entsteht nicht dadurch, dass Hasen Kaffee kochen, sondern durch Kondensationsprozesse. Diese kindgerecht zu erklären ist vielleicht nicht ganz einfach, aber die Anstrengung lohnt sich. Denn wenn Kinder merken, dass sie Antworten bekommen, die nicht stichhaltig sind, hören sie irgendwann auf zu fragen. Und sie hören auf, Erwachsenen zuzutrauen, dass man von ihnen etwas über das Leben lernen kann. Würden Sie heute noch einem Kind gegenüber behaupten, dass der Storch die Kinder bringt? Oder würden Sie sich stattdessen lieber Mühe geben, den Akt, der zur Zeugung von Kindern führt, kindgerecht zu beschreiben? Neben Sex dürfte der Tod das zweite große Tabuthema im Gespräch mit Kindern sein. Ich erinnere mich an Eltern, die ihrer Tochter, einer Zweitklässlerin, erzählten, Oma sei auf eine lange schöne Reise gegangen. Sie sei jetzt in einem Land, in dem immer ganz herrlich die Sonne scheint. Das klang zunächst plausibel, da die Verstorbene tatsächlich noch bis kurz vor ihrem Tod regelmäßig an die Algarve geflogen war. Doch von den sonnigen Stränden Portugals ist sie dann immer wieder zurückgekehrt. Vom Münchner Nordfriedhof würde sie nicht braun gebrannt wiederkommen.

Im Folgenden ist dann prompt eine Situation entstanden, die auch für die Eltern unangenehm wurde: Es hat sie belastet, mit dieser Unwahrheit leben zu müssen. Sie durften ja selbst nicht sichtbar um die Verstorbene trauern – angeblich war sie ja nur im Urlaub. Ihre Tochter hat aber trotzdem gespürt, dass etwas nicht stimmt. Sie fragte auffällig oft nach der Oma. Aus dieser verfahrenen Situation wollten die Eltern wieder herauskommen und hatten sich deshalb vorgenommen: „Wir müssen es ihr jetzt wohl doch sagen" – hilfloser Blick zu mir – „aber erst nach Weihnachten, damit wir ihr das Fest nicht vermiesen!" Im schlimmsten Fall beziehen Kinder die Traurigkeit, die sie bei ihren trauernden Eltern spüren – für die sie aber keine Erklärung haben –, auf sich selbst. Sie denken dann, dass sie etwas falsch gemacht haben. Sie entwickeln Schuldgefühle. Zugleich fühlen sich auch die Erwachsenen schuldig, weil sie sich darum gedrückt haben, ihren Kindern die Wahrheit zu sagen. Es liegt auf der Hand, dass so eine Situation unter allen Umständen vermieden werden sollte.

Zum Glück können Kinder meistens recht gut mit dem Tod umgehen. Eine Bestatterin berichtete, dass Kinder angesichts eines aufgebahrten Toten oft weniger befangen reagieren als Erwachsene. Viele Kinder laufen schnell zum offenen Sarg, sehen sich den Verstorbenen neugierig an, streicheln seine Hand. Sie wollen den Tod im wahrsten Sinne des Wortes „begreifen". Sie haben weniger Berührungsängste als die meisten Erwachsenen. Mit Kindern über den Tod zu reden kann sich für die trauernden Erwachsenen deshalb sogar als Chance erweisen. Es kann ihnen helfen, natürlicher und unverkrampfter mit dem Tod umzugehen. Wir neigen ja ansonsten dazu, auf einen Todesfall mit Phrasen und steifen Konventionen zu reagieren. Kinder leben uns vor, den Tod sinnlich zu begreifen. Und sie nötigen uns, in verständlichen und klaren Worten über ihn zu sprechen. Das kann auch Erwachsene in ihrer Trauer weiterbringen.

Bei einer meiner ersten Beerdigungen als Vikar stand ich vor einer Trauergesellschaft, zu der unerwartet auch fünf Kinder im Grundschulalter gehörten. Deshalb habe ich spontan versucht, einige meiner liturgischen Texte kindgerecht umzuformulieren. Ich hatte den Eindruck, dass das, was ich dann gesagt habe, warmherziger, elementarer und natürlicher klang als die ursprünglich geplanten Worte. Also habe ich danach meine Liturgie entsprechend überarbeitet. Wenn ich heute phrasenärmer und natürlicher auf dem Friedhof auftrete, verdanke ich diesen Lernerfolg den Kindern.

Kindern die Wahrheit über einen Todesfall im Familienkreis zu sagen ist also sinnvoll. Sich einer schmerzhaften Wahrheit gemeinsam zu stellen stärkt das Vertrauen ineinander. Die sich daraus ergebenden Gespräche helfen oft allen Beteiligten, mit dem Tod zwangloser und ehrlicher umzugehen.

Heißt das also, dass Kinder in jedem Fall zur Bestattung mitgehen sollten? Sinnvollerweise fragen Sie das betroffene Kind. Dann kann es auch passieren, dass ein Kind deutlich äußert, dass es nicht mit auf den Friedhof gehen will. In diesem Fall sollten Sie nichts erzwingen. Aber Sie sollten im Vorfeld die Beerdigung nicht als etwas Beängstigendes, Gruseliges beschreiben. Kinder müssen zwar vorbereitet werden auf das, was sie auf dem Friedhof erwartet. Aber dies sollte in einer zur Teilnahme ermutigenden Weise geschehen. Beschreiben Sie einfach auf der Sachebene, was bei einer Bestattung passiert: „Da ist eine Kiste aus Holz. In der liegt der Uropa. Ein Mann erzählt uns Geschichten aus dem Leben vom Uropa. Wir erinnern uns dann, wie der Uropa so war. Dann wird diese Kiste mit dem Uropa von vier Männern auf den Friedhof getragen. An einer Stelle haben sie davor ein tiefes Loch gegraben. Da lassen sie den Uropa in der Kiste mit Seilen herunter. Alle, die den Uropa kannten, werfen dann ein bisschen Erde in das Loch. Dadurch schließt sich das Loch langsam ein bisschen. Wenn du magst, darfst du auch Erde hineinwerfen."

Seien Sie zugleich zurückhaltend mit Reglementierungen und Wertungen. „Du musst ganz leise und brav sein und dich benehmen!" – so ein Satz lädt ein Kind nicht ein, unbefangen auf eine Beerdigung mitzugehen. Auch die Warnung „Das ist ganz, ganz schlimm, und alle müssen ganz fürchterlich weinen" ist als Vorbereitung auf den Friedhofsgang nicht sinnvoll. Trauen Sie dem Kind ruhig zu, selbst zu spüren, welches Verhalten angemessen ist. Trauen Sie ihm zu, auf eigene Weise emotionale Erfahrungen zu machen. Sie werden dann sehen: Kinder sind dem Tod nicht weniger gewachsen als Erwachsene!

Wenn wir einem Achtjährigen nicht zutrauen, der Verabschiedung eines verstorbenen Angehörigen gewachsen zu sein, warum dann einer pubertierenden 14-Jährigen? Es gibt immer irgendwelche Gründe, die Auseinandersetzung mit dem Tod hinauszuschieben. Doch was wir dann uns selbst als „Schonung der Kinder" verkaufen, ist in Wahrheit oft eine Selbstschonung der Erwachsenen. Sie sehen sich einfach nicht in der Lage, über den Tod zu reden. Diese Hilflosigkeit könnte dadurch entstanden sein, dass auf ihrem eigenen Lebensweg früher die Erwachsenen es immer verschoben haben, über den Tod zu reden. Am Ende sind sie erwachsen geworden, ohne sich je mit Tod auseinandergesetzt zu haben. Kein Wunder, dass deshalb eine große Scheu und Sprachlosigkeit besteht. Bitte trauen Sie sich, diese Spirale zu durchbrechen! Die eigene Trauer mit mitbetroffenen Kindern zu teilen wird Sie weiterbringen – und auch die Kinder.

Gleichwohl bleibt die Frage, ob es sinnvoll ist, Kinder *in jedem Alter* auf Beerdigungen mitzunehmen. Fritz Roth, Bestattungsunternehmer, behauptet: „Es gibt keine Altersbegrenzung für den Umgang mit dem Tod." Aus seiner langjährigen Erfahrung beschreibt er, wie Kinder sich bei Begräbnissen verhalten: „Eltern müssen damit rechnen, dass Kinder anders mit der Situation umgehen, als sie erwarten. Ein zweijähriges Kind krabbelt womöglich durch den Saal oder fährt mit seinem Dreirädchen um den Sarg herum. Ein vier- oder fünfjähriges Kind versucht vielleicht, dem Opa Wärme einzustreicheln, und erkennt erst dabei, dass er wirklich tot ist. Es versteht dann, was Tod ist. Ein siebenjähriges Kind weint und schreit, zeigt seine Gefühle und dreht sich im nächsten Moment möglicherweise um, wischt sich die Tränen aus dem Gesicht und will ein Eis haben." Aus dieser Beschreibung entnehmen Sie, dass das Verhalten von Kindern auch Konfliktpotenzial bergen kann. Ein auf dem Dreirädchen um den Sarg fahrender Zweijähriger ist nicht jedermanns Sache. Die anderen Trauergäste wollen ja möglichst ungestört Abschied nehmen. Sie wollen den Verstorbenen in den Mittelpunkt ihrer Wahrnehmungen stellen. Dabei kann ein lebhaftes Kind auch als störend empfunden werden. Dies führt die Eltern in einen Konflikt: Einerseits besteht eine verständliche Hemmung, ein Kind auf dem Friedhof disziplinarisch zu deckeln. Andererseits kann das eigene Trauern dadurch beeinträchtigt werden, dass ein Kind nicht versteht, dass Mama und Papa dafür jetzt ganz den Kopf frei haben wollen – vom verständnislosen Schnauben empörter Tanten mal ganz abgesehen.

Ab welchem Alter Kinder sinnvoll mitgenommen werden, sollte vom Gemüt des Kindes – und auch von Ihrer eigenen Toleranz und Erwartungshaltung – abhängig gemacht werden. Bei Kindern unter fünf Jahren ist es legitim, dass Eltern *um ihrer selbst willen* diese lieber nicht mitnehmen. Sie haben ja ein Anrecht darauf, sich ganz auf die Abschiedsfeier einlassen zu können. In diesem Fall wäre es aber sinnvoll, zu einem späteren Zeitpunkt mit dem Kind auf den Friedhof zu gehen und ihm einen kindgerechten Abschied zu ermöglichen. So kommt jeder zu seinem Recht.

Dass Celina (7 Jahre) und Kevin (13 Jahre) zur Trauerfeier für ihren Uropa mitgehen würden, war klar. Im Haus der Familie haben bis zu Schluss vier Generationen unter einem Dach gewohnt. Der Uropa war Teil des Alltags der Kinder und ihr ganzes Leben lang immer für sie da. Selbst ganz am Ende, in der kurzen Sterbephase, haben sie ihn täglich besucht und an seinem Bett gesessen. Kevin muss bei der Trauerfeier weinen. Trotzdem zweifelt niemand daran, dass es richtig war, ihn mitzunehmen. Schließlich haben auch einige der erwachsenen Angehörigen Tränen in den Augen. So ist das halt, wenn ein durch und durch vertrauter und geliebter Mensch verabschiedet werden muss. Fünf Wochen später ist die Urnenbeisetzung. Kevin wird gefragt, ob er die Urne zum Grab tragen will. Er will. Als ihm der Friedhofsangestellte die Urne aushändigt, ist sein Blick konzentriert. Kevin kennt den Weg zum Grab und geht voran. Er gibt das Tempo des kleinen Trauerzugs vor. Als er merkt, dass die Uroma nicht hinterherkommt, wird er langsamer. Am Grab angekommen, lässt er die Urne sehr sorgfältig, fast zärtlich hinab. Es ist zu spüren: Kevin hat etwas fürs Leben gelernt. Das ist eine Familie, in der man sich gegenseitig vertraut. Und kein Mensch könnte die Urne jetzt so liebevoll und würdig in das Grab hinablassen wie Kevin.

Kinder in Trauerwege miteinzubeziehen ist sinnvoll. Wenn ein Kind Teil des Beziehungsgefüges des Hinterbliebenen ist, hat es ein Recht auf Beteiligung. Und grundsätzlich haben Kinder vor allem auch ein Recht darauf, dass Erwachsene sich nicht davor drücken, mit ihnen über den Tod zu sprechen. Erwachsene, die sich dieser Herausforderung stellen, lernen dabei oft selbst noch etwas über den Umgang mit elementaren Erfahrungen. Wozu ist denn eine Familie da, wenn nicht, um über die Dinge zu reden, die im Leben wirklich wichtig sind?

Demente Ehepartner: Mitnehmen oder nicht?

„Herr Pastor, schön war's! Aber jetzt muss ich pissen!" Der Mann, der im Rollstuhl an mir vorbeigeschoben wurde, verabschiedete sich mit ungewöhnlichen Worten. So geschehen nach dem Gottesdienst auf der Pflegestation eines großen Altersheims. Der Zitierte war – wie fast alle in diesem Gottesdienst – an Demenz erkrankt. Ein paar Minuten früher hatte ich mit der Abendmahlshostie vor einer anderen dementen Teilnehmerin gestanden: „Christi Leib für dich gegeben!" Doch die 93-Jährige wies die dargebotene Stärkung für das Seelenheil zurück: „Naaa! I brauch des ned! I bin fei mit 90 no Fahrrad g'fahrn!" Eine dritte Patientin trommelte während des ganzen Gottesdienstes mit ihrem Ringfinger an die Seitenlehne ihres Rollstuhls. Beim Vaterunser fing sie an, laut zu schreien.

Menschen, die an Demenz erkrankt sind, leben eben in ihrer eigenen Wirklichkeit und folgen ihren eigenen Verhaltensmustern. Zugleich erlebe ich in diesen Gottesdiensten aber auch unglaublich viel Freude am Mitmachen. Wenn ich lächle, strahlt mir Lächeln entgegen. Wenn ich meine Worte mit freundlicher Gestik untermale, nicken viele Gottesdiensteilnehmer. Beim Beten falten sie die Hände. Sie sprechen und singen vertraute Texte laut mit.

Demenzerkrankte Menschen sind keine depressiv vor sich hinsiechende Hochbetagten. Durch die Krankheit verlieren sie keineswegs ihre Persönlichkeit. Sie bleiben fähig, Emotionen zu zeigen und mit anderen zu teilen. Sie kommunizieren auf ihre Weise. Sie verstehen es, ihre Meinung kundzutun und ihre Bedürfnisse einzufordern. „Die nachlassenden kognitiven Fähigkeiten unterbinden nicht das Gefühls(er)leben dementer Menschen. Freude, Scham, Trauer, Angst – zu all diesen und anderen Empfindungen sind die Erkrankten fähig", schreibt Dr. Hartmut Niefer, Facharzt und Demenzexperte. In dem Moment, in dem ich mich von dem Wunsch verabschiede, dass alles „nach Plan" laufen muss, wird die oben geschilderte Art von Gottesdienst zu einem intensiven geistlichen Erlebnis.

Doch wie wäre das bei einer Bestattung? Ich kann mich an keine einzige Situation erinnern, in der sich ein demenzerkrankter Angehöriger auffällig verhalten hätte. Und da in einem fortgeschrittenen Krankheitsstadium ihr Verhalten selten frei von Auffälligkeiten ist, schließe ich: Demente Hinterbliebene werden höchstens in einen Frühstadium der Krankheit mit auf den Friedhof genommen. Bei voll ausgebildeter Demenz dann aber offensichtlich nicht mehr – nicht einmal dann, wenn es sich beim Verstorbenen um ihren Ehepartner handelt. Doch hat nicht jeder Mensch ein Recht darauf, seine Lieben zu verabschieden?

Wie man gut mit Kindern trauert, wird in vielen Büchern beschrieben. Doch wie vermittelt man Dementen einen Todesfall? Wie ermöglicht man ihnen unter Berücksichtigung ihres Krankheitsbildes einen guten Abschied? Das wird noch kaum diskutiert. Dabei rufen bereits die puren Zahlen nach einer Antwort: Derzeit gibt es in Deutschland 1,3 Millionen Demenzerkrankte. Diese sind fast ausschließlich hochbetragt, also in einem Alter, das es oft mit sich bringt, den Tod eines Ehepartners zu verarbeiten. Im Jahr 2050 wird es voraussichtlich zwei Millionen Demenzpatienten geben. Es könnte sein, dass es in der zweiten Hälfte des Jahrhunderts irgendwann mehr Demente gibt als

Kindergartenkinder. Es wird also höchste Zeit, dass wir uns überlegen, wie man mit dementen Hinterbliebenen bei einer Bestattung gut umgeht.

Während es sich bei Kindern zunehmend durchsetzt, sie zu Bestattungen mitzunehmen, geschieht dies bei Demenzerkranken derzeit noch selten. Grund dafür sind wohl ihre Verhaltensauffälligkeiten. Zu den Symptomen ihrer Erkrankung gehört, was in der Fachsprache als „herausforderndes Verhalten" bezeichnet wird: innere Unruhe mit unkontrollierbarem Bewegungsdrang, frustrierte Zwischenrufe und manchmal sogar aggressive Verweigerung. Dies kann gerade für eine Trauergemeinde tatsächlich zur Herausforderung werden. Beerdigungen sind die letzten hochgradig formalisierten Rituale unseres Alltags. Ihr festgefügter Ablauf ist ein Korsett von Regeln. Diese Regeln verhelfen uns in einer außergewöhnlichen Situation zu Verhaltenssicherheit. „Aus dem Rahmen zu fallen" gilt auf dem Friedhof als unschicklich. Diese Erwartungshaltung schließt aber demente Angehörige quasi von der Teilnahme aus.

Stellen wir uns einfach mal eine konkrete Situation vor: Würden Sie zur Beerdigung Ihres Vaters Ihre Mutter mitnehmen, auch wenn sie in fortgeschrittenem Stadium an Demenz leidet? Würden Sie sie selbst dann mitnehmen, wenn zu befürchten ist, dass Ihre Cousinen bei ersten Anzeichen von „herausforderndem Verhalten" pikiert reagieren? Die Mutter als eine der Hauptbetroffenen zu Hause zu lassen wäre natürlich herzlos. Aber stellen Sie sich vor, Sie müssten damit rechnen, dass Ihre demente Mutter dauernd auf die Lehne ihres Rollstuhls einschlägt und laut ruft, dass sie nach Hause will. Inwieweit würde Sie dieses Verhalten in Ihrer eigenen Trauer beeinträchtigen? Könnten Sie sich trotzdem ganz und gar auf die Bestattung einlassen? Jeder Mensch hat ein Recht auf seine eigene Trauer. Das gilt für die demenzerkrankte Ehefrau des Verstorbenen. Aber es gilt auch für deren Kinder, die bei der Beerdigung ganz bei der Sache sein wollen.

Es gibt bestimmte Regeln, was Sie tun können, um mit Dementen einfühlsam zu kommunizieren. Leider steht das, was üblicherweise auf dem Friedhof geschieht, im krassen Widerspruch zu diesen Regeln. Sich an einem ungewohnten Ort unter den Bedingungen von Reizüberflutung – zum Beispiel dröhnende Orgelmusik und weinende Bezugspersonen – in eine von extrem normierten Erwartungen geprägte Gemeinschaft einfügen zu müssen: Da sind für demenzerkrankte Menschen frustrierende Erlebnisse zwangsläufig vorprogrammiert! Demenzpatienten brauchen ein Setting, das auf die Symptome ihrer Erkrankung Rücksicht nimmt. Die Kommunikation mit ihnen muss individuell in Kenntnis der Persönlichkeit und Verhaltensmuster des Betroffenen gestaltet werden. Genau dies geschieht bei einer „normalen" Bestattung eben nicht.

Im Rahmen meiner Tätigkeit als Altenheimseelsorger habe ich ein eigenes Ritual entwickelt, um demenzerkrankten Hinterbliebenen einen Abschied zu ermöglichen. Wie ich dabei vorgehe, beschreibe ich am Beispiel einer 80-jährigen Frau, die wenige Tage davor ihren Mann verloren hatte: Ich setze mich zu ihr an den Tisch. Ich decke den Tisch mit einer grünen Decke. In die Mitte lege ich ein gerahmtes Foto des Verstorbenen. Ich erzähle in einfachen Worten, was ich über den Verstorbenen weiß: „Dein Willy – ihr habt zusammen den Schrebergarten gepflegt. Dein Willy – er mochte es, wenn du Schweinebraten gekocht hast. Dein Willy – ihr wart oft zusammen in Südtirol." Die Frau fängt an, ihren Willy auf dem Foto zu streicheln. Nach einiger Zeit greife ich in einen mit Erde gefüllten Eimer, der unter mir steht. Ich träufle eine Handvoll Erde auf das Foto. Dazu sage ich: „Willy muss jetzt gehen – aber ihr habt euch sehr gemocht." Eine weitere Hand voll Erde: „Willy muss jetzt gehen – aber was war, war gut." Eine weitere Hand voll Erde: „Willy muss jetzt gehen – aber er wird immer dein Willy bleiben." Mit jedem Erdwurf wird ein bisschen weniger vom Foto des Verstorbenen sichtbar. Als das Foto fast vollständig verdeckt ist, versucht die Witwe, die Erde mit den Fingern möglichst gleichmäßig zu verteilen. Ich warte geduldig. Als sie das symbolische Grab wieder freigibt, stelle ich ein Teelicht in die Mitte des erdbedeckten Fotos und zünde den Docht an. Ich lade zum gemeinsamen Vaterunser ein, und die Witwe betet mit. Am Ende lege ich zum Segen ihre Hand zwischen meine beiden Hände: „Der Gott, der alles Leben geschaffen hat, der lasse dich spüren, dass dein Willy bei ihm in guten Händen ist!"

Dieses Abschiedsritual hat in der gerade geschilderten Situation wunderbar funktioniert. Die Witwe hat verstanden, was ich ihr mitteilen wollte. Es gab aber auch andere Situationen. Ich erinnere mich an eine ähnlich gestaltete Andacht, in der ich den Witwer ganz offensichtlich nicht erreicht habe. Obwohl seine Frau erst ein paar Tage zuvor gestorben war, hatte er keine Erinnerungen an sie. Er reagierte auf jeden meiner Impulse verständnislos. Irgendwann hat er sich an seinem Rollator hochgezogen und ist unwillig vor sich hin brummend einfach gegangen. Bei einer dritten Andacht griff die Witwe nach meinem ersten Erdwurf sehr bestimmt nach dem Foto ihres Mannes. Energisch schüttelte sie die Erde wieder runter. Dann drückte sie das Foto fest an sich. Was jetzt? War das ein echter Abschied? Ein Schritt in Richtung Akzeptanz des Todesfalls?

Bei Bestattungen werden wir mit der Unerbittlichkeit der Wirklichkeit konfrontiert. Doch demenzerkrankte Menschen auf „die Wirklichkeit" festlegen zu wollen ist fast immer sinnlos. Es ist ja nicht so, dass sie das, was wir für wirklich halten, nicht wahrhaben *wollen* – sie *können* es einfach nicht. Unser Insistieren wird dann zunächst mit Verständnislosigkeit, im weiteren Verlauf mit Frustration und schlimmstenfalls sogar Aggressivität quittiert. Die Bedürfnisse von dementen Hinterbliebenen sind deshalb anders als die der übrigen Angehörigen. Aus diesem Grund dürfte eine Teilnahme an der öffentlichen Beerdigung nicht immer sinnvoll sein. Hilfreicher sind individuell gestaltete Abschiedsrituale.

6. DER TOD ALS GESCHÄFT: EIN BLICK HINTER DIE KULISSEN

„Kommen Sie doch näher!", lockte das Werbeplakat jenseits der U-Bahn-Gleise. Es sollte Menschen in ein Bestattungsinstitut locken. Darüber beschwerte sich das Bundespolizeiamt beim Werberat: Der Slogan könne den Betrachter zu einem gefährlich nahen Herantreten an die Bahnsteigkante veranlassen. Er spiele in unverantwortlicher Weise mit der Andeutung von Selbstmordhandlungen. Der Werberat sprach eine Rüge aus. Das Plakat musste entfernt werden.

Auch Bestattungsunternehmen, Friedhofsbetreiber und Trauerredner wollen Kunden gewinnen und Gewinn machen. Dies wird dadurch erschwert, dass sich die Gesamtzahl der verkauften Dienstleistungen an den Kunden nicht erhöhen lässt, jeder Mensch stirbt schließlich nur einmal. In den vor uns liegenden Jahrzehnten wird allerdings die Alterszusammensetzung der Bevölkerung zu einem Anstieg der Sterbefälle führen. Mitte der Siebzigerjahre hatte die Zahl der jährlichen Todesfälle in Deutschland bereits fast die Millionengrenze erreicht. Danach gab es einen vorrübergehenden Rückgang. Daran war der Krieg schuld. Die im Krieg Verstorbenen hatten das Alter, in dem mit ihrem natürlichen Tod zu rechnen gewesen wäre, eben gar nicht erst erreicht. Im Jahr 2004 wurde der untere Scheitelpunkt der Sterbekurve erreicht. Damals gab es in Deutschland 818.000 Todesfälle. Doch seitdem steigt die Zahl der Begräbnisse wieder und wird dies bis zum Jahr 2050 kontinuierlich weiter tun. Ungefähr im

Jahr 2025 werden wir die Millionenmarke überschreiten. Wenn die Babyboomer-Generation alt wird, wird dies zu einem richtigen Bestattungsboom führen.

Die Durchschnittsausgaben für ein Leichenbegräbnis sind in den vergangenen 30 Jahren inflationsbereinigt annähernd gleich geblieben. Zugleich hat sich aber das Entscheidungsverhalten der Kunden geändert: Die Nachfrage nach Standardbestattungen – das sind Erdbestattungen der mittleren Preiskategorie (3000 bis 6500 Euro) – ist innerhalb der letzten 20 Jahre von 70 auf 50 Prozent gesunken. Die Hinterbliebenen verlangen immer seltener einfach nur das Übliche. Stattdessen wollen sie bewusst mehr oder spürbar weniger: Entweder erwarten sie bei der Gestaltung des Abschieds mehr Individualität und mehr persönliche Begleitung, oder sie wollen weniger zahlen.

Das Bestattungsgewerbe ist keineswegs vom Ausstreben bedroht. Im Gegenteil: In den vergangenen 30 Jahren hat sich die Anzahl der Bestattungsunternehmen in Deutschland fast verdoppelt. Große Ketten mit vielen Filialen konnten sich jedoch nicht etablieren: Der ehrgeizigste Versuch, die Ahorn AG, hat letztendlich nur einen Marktanteil von etwa vier Prozent erreicht. Deshalb wurde der ursprüngliche Plan, an die Börse zu gehen, erst einmal fallen gelassen. Ebenfalls erfolglos waren die Versuche von großen ausländischen Konzernen, hier Fuß zu fassen. Das Gewerbe bleibt überwiegend durch ortsansässige Familienbetriebe und Mittelständler geprägt.

Hinter der Ladenfassade des Bestatters sieht es allerdings anders aus. In den für Kunden nicht unmittelbar sichtbaren Bereichen haben international operierende Zulieferer stark an Bedeutung gewonnen. Zum Beispiel bei den Sargherstellern: Heute werden 80 Prozent der Särge importiert. Aus Polen, Tschechien und Rumänien kommen Billigsärge, die für weniger als 50 Euro zu haben sind. Wer einen ausgesucht schicken Designersarg haben will, greift oft auf italienische Produkte zurück. Echte deutsche Eiche verarbeitet in echten deutschen Sargtischlereien ist unter den Bedingungen des internationalen Wettbewerbs zum Nischenprodukt geworden. Ganz ähnlich sieht es bei den Grabsteinen aus: Über 80 Prozent sind vorgefertigte Katalogware aus Indien. Der heimische Steinmetz meißelt nur noch eine individuelle Inschrift ein. Viele dieser Importgrabsteine stehen unter Verdacht, mithilfe von Kinderarbeit hergestellt worden zu sein. „Es ist eine Bestattungsindustrie mit internationalen Zulieferernetzen entstanden", resümiert Akyel. Vordergründig prägen zwar weiterhin ortsansässige Kleinunternehmen das Gewerbe. Sie greifen aber auf ein europaweites Netz von Krematorien sowie die Produkte einer globalen Sarg- und Grabsteinindustrie zurück.

Der Bestatter vor Ort ist oft nur noch für das Kontaktmanagement sowie die Kundengewinnung und -beratung zuständig. Immer mehr Bestattungsunternehmen haben nicht einmal mehr eigene Kühlräume. Auch beim Transport der Leichen und beim Ausheben der Gräber greifen manche auf Fremdfirmen zurück. Rund um die Bestatter ist ein Netz von Subunternehmen und Spezialanbietern entstanden. Nur 15 Prozent der Gesamtkosten einer Bestattung bleiben laut Akyel wirklich beim Bestatter hängen. Neben Sarg und Grabstein wollen schließlich auch der Friedhof, die Friedhofsgärtnerei, der Trauerredner, die Todesanzeige und der Leichenschmaus bezahlt werden.

Den Profis auf dem Friedhof haftet von jeher etwas Anrüchiges an. Leichenwäscher und Totengräber sind nicht unbedingt Berufe, mit denen Sie auf dem Heiratsmarkt punkten können. Die fachlichen Ansprüche an die auf dem Friedhof Tätigen waren lange Zeit gering. Der Wert ihrer Arbeit bestand vor allem darin, dass sie bereit waren, etwas Unappetitliches und sozial Stigmatisiertes zu tun. Das hat sich inzwischen geändert. Unsere Gesellschaft hat wahrgenommen, dass das Verabschieden der Toten eine komplexe und wichtige Aufgabe ist. „Bestattungsfachkraft" wurde zum Ausbildungsberuf.

Besonders ambitionierte Titel bleiben den Bestattern allerding weiterhin versagt. Sie dürfen ihr Unternehmen nicht offiziell als „Bestattungsinstitut" bezeichnen. Ein „Institut" müsste nämlich als Forschungs- oder Lehreinrichtung erkennbar sein. Auch darf sich der Chef selbst nach erfolgreicher Ausbildung nicht „Bestattermeister" nennen. Gegen diese Berufsbezeichnung haben die Handwerker-Innungen ihr Veto eingelegt.

Manche Berufsgruppen haben einen ganz eigenen Ruf: Was assoziieren Sie mit „Apotheker"? Was mit „Autoverkäufer"? Und würden Sie den „Bestatter" eher beim Apotheker oder beim Autohändler ansiedeln? Ich vermute, dass es unter Apothekern und Autohändlern am Ende gleich viele gute Menschen gibt. Sie üben ihren Beruf einfach nur unter verschiedenen Rahmenbedingungen aus. Die Arbeitssituation des Bestatters hat von beiden etwas: Wie der Apotheker ist er in einem Bereich tätig, wo hemmungsloses Gewinnstreben als anrüchig gilt. Seine Kunden wünschen sich eine vertrauenswürdige Betreuung, in der ihre Notlage nicht ausgenutzt wird. Dabei muss der Bestatter aber genau wie der Autohändler unter Wettbewerbsdruck seine Brötchen verdienen. Es gibt keine Festpreise und keinen Gebietsschutz.

Mehr Markt: Wie der Wettbewerb das Bestattungswesen belebt

Interessanterweise waren es in jüngster Vergangenheit die Krematorien, die Bewegung in das Bestattungswesen gebracht haben. Zu Beginn der Neunzigerjahre wurden in Deutschland einige kommunale Dienstleistungen privatisiert beziehungsweise Konkurrenz durch Privatunternehmen zugelassen. Dies betraf auch die leichenverbrennende Branche: „Im Friedhofswesen wurden städtische Krematorien an private Betreiber verkauft und private Verbrennungsstätten errichtet", stellt Akyel fest. Er sieht darin einen ersten Schritt zur Ökonomisierung des Bestattungswesens.

Es mag Sie vielleicht überraschen, aber von der neuen Markttransparenz dürften vor allem positive Impulse für unsere Trauerkultur ausgehen. Mehr Wettbewerb hat Vorteile. Das sehen Sie am Beispiel der Krematorien. Von der öffentlichen Hand betriebene Krematorien brauchten früher sechs Wochen, um einen Verstorbenen einzuäschern. Die private Konkurrenz erledigt das heute innerhalb von drei Tagen. Die Beisetzung kann jetzt – trauerpsychologisch sinnvoll – zeitnah zum Todesfall durchgeführt werden. Bei vielen privaten Krematorien können die Angehörigen auf Wunsch sogar bei der Verbrennung dabei sein. Die latente Sorge, die Asche eines anderen Verstorbenen zu erhalten, wird dadurch entkräftet. Darüber hinaus sind die privaten Krematorien meistens auch noch deutlich billiger und entsprechen den neuesten Emissionsschutzrichtlinien.

Wettbewerb fördert Transparenz. Dies geht so weit, dass manches private Krematorium sich heute sogar als Ziel von Kaffeefahrten anbietet. Man will zeigen, dass man nichts zu verbergen hat. Der Journalist Michael Schomers hat sich zu so einem Tagesausflug in ein privates Krematorium angemeldet. Er war mit einer Busladung von Rentnern unterwegs. Und was er sah, hat ihn beeindruckt: „Eine helle, freundliche Atmosphäre, die mehr an ein Café als an ein Krematorium erinnert. Die Bänke und Stühle sind aus hellem Holz, mit weichem Polster und dunkelroten Leder bezogen. Durch das indirekte Licht auf den gelblichen Wänden wird der ganze Raum in ein gemütliches Orange getaucht." Ganz selbstverständlich wurde die Besuchergruppe auch zu den Verbrennungsöfen geführt: „Dann geht es noch eine halbe Treppe tiefer zum eigentlichen Höhepunkt der Führung. Alle drängeln sich um die klobigen Hightech-Öfen, viele haben ihre Fotoapparate gezückt. Jeder will mal durch das kleine Guckloch schauen. Staunend blicken sie durch das Bullauge auf die im Innersten des Ofens lodernde Flamme." Im Privatkrematorium betont die Führerin der Besuchergruppe: „Wir wollen hier alles würdevoll, aber auch nett und freundlich machen." Und sie hat nichts dagegen, dass die Besucher sich überall umsehen. Diese Transparenz schafft Vertrauen und erleichtert es uns, unverkrampft mit dem Tod umzugehen.

„Der Bestatter war lange Zeit einfach nur da und hat gewartet. Doch das funktioniert seit Mitte der Neunzigerjahre nicht mehr", resümiert ein Bestattungsunternehmer im Interview mit Akyel. Er berichtet, dass einige in der Branche auf die neu entstandene Marktsituation unwillig reagieren: „Man kann keine normale Bestattung mehr durchführen. Die Leute fragen nach einem Kostenvoranschlag. Die sind verrückt geworden!"

Kosten, Qualität und Kundenzufriedenheit werden unter Marktbedingungen ausdrücklich zum Thema. Dadurch verändert sich das Geschäftsmodell der Bestatter: Man ist sensibler geworden für die Wünsche der Kunden. Immer mehr Bestattungsunternehmen treten nicht mehr als reine Sargverkäufer auf, sondern als trauerpsychologisch geschulte Begleiter. Es entwickelt sich eine Dienstleistungskultur, die von Transparenz, Empathie und Kreativität geprägt ist. Bestatter versuchen, durch öffentliche Aktionen ein besonderes Profil zu gewinnen. Ihre Geschäftsräume sind nicht mehr uniform schwarz gestaltet, sondern weinrot oder moosgrün. Die Schaufenster werden mancherorts regelmäßig neu dekoriert und als Themenfenster gestaltet. Schulklassen, Konfirmandengruppen und Seniorenkreise werden zu Betriebsbesichtigungen eingeladen.

Mit dem Slogan „Schwarzer Kaffee & Bunte Särge" ist das Bestattungsinstitut von Claudia Marschner bekannt geworden. In ihrem Berliner Kiez gab es Bedarf an unkonventionellen Bestattungen. Also hat Marschner für eine Alternative gesorgt, mit einem mutig-frischen Konzept und neuen Ideen. Sie bot unter anderem an, Särge bemalen zu können. Das hat ihr den Titel „die bunte Bestatterin" eingebracht. Sie betreibt einen eigenen Radioblog, in dem sie von ihren Erfahrungen und Überzeugungen im Umgang mit dem Tod berichtet. Wenn Sie sich Beiträge aus Marschners Radioblog im Internet anhören, spüren Sie: Da steckt Empathie für den Zeitgeist und eine unkonventionelle Lebenseinstellung dahinter. Wenn Marschner Menschen auf dem letzten Gang begleitet, trottet man nicht einfach nur gedankenlos der Tradition hinterher. Sie ist damit typisch für eine neue Art von Bestattern. Diese erbringen nicht nur eine Handwerkerleistung, sondern bieten eine viel umfassendere persönliche Begleitung.

Es gibt inzwischen Trauerhäuser, in denen Koch- und Malkurse für Hinterbliebene angeboten werden. Einige Bestatter öffnen ihre Räume für Lesungen, Konzerte und Vernissagen. Eine Krimilesung im Sarglager? Deutschlands größtes Bestattungsunternehmen, die Ahorn AG, hat dafür die Tore geöffnet. Auf den Krimis wurde dafür dann eine passende Werbebotschaft abgedruckt: „Auch Tote brauchen Hilfe. Ein Fall für Ahorn-Grieneisen."

Peter Wilhelm leitete ein eher konventionelles Bestattungshaus. Ihm war auch im Privatleben aufgefallen, dass seine Arbeit auf großes Interesse stieß: „Kaum habe ich gesagt, was ich von Beruf bin, stehen die Leute oft in dichten Trauben um mich herum und löchern mich mit Fragen." Also hat Wilhelm ein Buch mit humorvollen Anekdoten geschrieben. Darin klingt an, dass auch im Bestattungsgewerbe ausgesprochen lebendige Menschen arbeiten. Menschen, die lachen, staunen, mitfühlen sowie patent, engagiert und manchmal auch hilflos sein können. Ein Bestattungsinstitut muss kein lebensfeindlicher Sonderraum von zwanghaft steifer Pietät sein. Das macht Wilhelms bunter Bericht aus dem Innenleben der schwarzen Branche deutlich.

In Deutschland arbeiten derzeit knapp 20.000 Menschen im Bestattungsgewerbe. 3150 Bestattungsunternehmen teilen sich einen 1,1-Milliarden-Euro-Markt. Und sie lassen sich immer mehr einfallen, um sich auf diesem Markt zu behaupten. Seit es spürbar Wettbewerb gibt, versuchen immer mehr Anbieter, wahrnehmbar eigene Akzente zu setzen. Dadurch wird die Angebotspalette immer bunter.

Man kann sich heute zum Beispiel in einem „Landhotel der Seele" bestatten lassen. So bezeichnet zumindest der Bestatter Fritz Roth den von ihm gegründeten Privatfriedhof. Roth, ein ehemaliger Unternehmensberater, gründete 2006 in Bergisch Gladbach den ersten Privatfriedhof Deutschlands. Dort werden die Trauergemeinden nicht in ein Korsett von Regeln und Auflagen gezwängt. Sie bekommen Raum, ihre Abschiede ganz individuell und persönlich zu gestalten: „Hier ist viel Platz für Kommunikation, Kreativität und Selbstbestimmung", sagt Roth. Auf seinem Privatfriedhof haben die Hinterbliebenen für ihre Trauerfeiern so viel Zeit, wie sie wollen, und Bestattungen sind auch bei Mondschein möglich.

Es gibt immer mehr Alternativen zu den kommunalen und kirchlichen Friedhöfen: In Deutschland entsteht derzeit ein flächendeckendes Netz von Waldgebieten, die für Baumbestattungen ausgewiesen sind. Auch hierbei sind die Privatunternehmer die treibende Kraft: Unter den Markennamen „FriedWald", „Ruheforst" und „Gedenkwald" haben sie Waldparzellen erschlossen, in denen die Asche von Verstorbenen unter Bäumen beigesetzt werden kann. Auf Wunsch können Namensplaketten an den Baum angebracht werden.

In der Nähe von Passau betreibt die Firma Vivenda ein privates Krematorium. Dieses wurde kürzlich durch einen Abschiedsraum und einen angrenzenden Feng-Shui-Naturfriedhof ergänzt. So ist ein von der chinesischen Harmonielehre inspirierter Landschaftspark entstanden, in dem Tote unter Steinen, an Bäumen oder zwischen Rosenstöcken beigesetzt werden können. Laut privatem Betreiber „ein beeindruckender, energetischer Ort, in Harmonie mit der Natur, der Stimmungen schafft sowie Kräfte lenkt und hält". Ommm!

Statt Klangschalen hören Sie lieber Kuhglocken? Dann haben möglicherweise die Eidgenossen was Passendes im Angebot. In der Schweiz hat der Verein „Komitee Alp Spielmannda" auf einer Bergwiese eine Bestattungsfläche eingerichtet. Zwischen Alpenrosenbüschen wird dort die Asche der Verstorbenen beigesetzt. Die urbaner Gesinnten unter den Sterblichen ziehen aber vielleicht ein privates Kolumbarium in Hochhausform vor? Kein Problem: In Holland finden Sie ein entsprechendes Angebot.

In Holland und in der Schweiz ist das Bestattungsrecht schon vor vielen Jahren liberalisiert worden. Dies hat unter anderem den Freiraum für unternehmerisches Handeln eröffnet. Inzwischen gibt es dort zahlreiche Firmen, die mit überzeugenden, innovativen, billigen oder auch kuriosen Angeboten Erfolg haben. Manche von ihnen versuchen jetzt, ihre Konzepte auch in Deutschland anzubieten, wo die Bestattungsbranche sich gerade schrittweise dem Markt öffnet.

Dazu kommen Branchenfremde, die als Quereinsteiger die Friedhofsszene beleben. Angeblich war der erste deutsche Anbieter von Discountbestattungen zuvor als Autohändler tätig. Als ihm bei der Beerdigung seiner Mutter eröffnet wurde, dass das Gewähren von Rabatten nicht üblich sei, habe er sich zum Branchenwechsel entschieden. Würden Sie einen ehemaligen Autohändler damit beauftragen, eine Beisetzung zu organisieren? Legen Sie Wert darauf, dass auch noch nach dem letzten Atemzug alles Feng Shui ist? Würden Sie auf einem Privatfriedhof Aufpreis für eine Bestattung in einer Vollmondnacht bezahlen? Wenn Sie jetzt dreimal mit den Kopf geschüttelt haben: Kein Problem! Das Schöne ist, all dies *könnten* Sie, ohne es zu müssen. Sie können heute zwischen immer mehr Angeboten auswählen. Und seit der Bestattungsmarkt sich spürbar unter Bedingungen des Wettbewerbs organisiert, geben sich auch viele der etablierten Anbieter mehr Mühe.

Friedhöfe: Eine Goldgrube?

Ganz heimlich haben vier Mitarbeiter des städtischen Krematoriums in Nürnberg ihr eigenes Geschäftsmodell umgesetzt: Sie haben den Toten die Zähne aus dem Mund gebrochen und das Zahngold an einen Juwelier verkauft. Dies hatte eine Anklage wegen Bandendiebstahl und Störung der Totenruhe zur Folge. Mehrere Hunderttausend Euro war das Zahngold wert, das sie bei Feuerbestattungen, Umbettungen und Grabauflösungen an sich genommen hatten. Doch am Ende sind sie vor Gericht erstaunlich billig davongekommen. Nachdem der Rechtsstreit durch mehrere Instanzen ging, wurden sie lediglich wegen Vertragsbruchs zu Geldstrafen zwischen 5000 und 10.000 Euro verurteilt. Juristisch betrachtet ist eine Leiche ein „herrenloser Gegenstand"; ein Toter kann also nicht mehr bestohlen werden. Und da sie nur das Gold an sich genommen haben, aber nicht die Asche, galt auch die Totenruhe als ungestört.

Ältere Menschen haben angeblich im Durchschnitt circa 20 Gramm Gold im Mund. Diesen Goldschatz posthum zu heben ist ganz legal das Spezialgebiet der holländischen Firma OrthoMetals. Sie hat sich auf die Verwertung der in Krematorien anfallenden Metalle spezialisiert. Sargscharniere, künstliche Hüftgelenke und Zahngold sollten schließlich schon aus ökologischen Gründen nicht gemeinsam mit der Asche beigesetzt werden. Vielen Krematoriumsbetreibern ist es unangenehm, an der Ausschlachtung der Toten zu verdienen. Manche spenden deshalb die dadurch erzielten Beträge.

Kann man mit einem Friedhof Geld verdienen? Der Bund der

Steuerzahler behauptet es. Er verdächtigt einige Kommunen, ihre Finanzlöcher durch überteuerte Friedhofsgebühren zu stopfen. Diesen Vorwurf erhebt auch der Enthüllungsjournalist Michael Schomers: „Nicht nur Bestatter wollen an den Toten Geld verdienen, auch die Kommunen sind schnell dabei, wenn es darum geht, den Bürgern das Geld aus der Tasche zu ziehen. Viele Kommunen haben in den vergangenen Jahren auch bei den Friedhofsgebühren kräftig an der Gebührenschraube gedreht." Schomers ist auf gewaltige Preisunterschiede gestoßen. Friedhöfe, die nur eine Viertelstunde Autofahrt entfernt sind und in ähnlich großen Orten liegen, können sich bei den Gebühren um das Fünffache unterscheiden!

Bei Friedhofsgebühren gibt ein ausgeprägtes Ost-West-Gefälle. In der Erde der alten Bundesländer begraben zu werden ist im Durchschnitt 50 Prozent teurer. Besonders teuer ist es in den Städten Bochum, Aachen und Köln. Zugleich klagen viele Kommunen, dass es immer schwieriger wird, Friedhöfe kostendeckend zu betreiben. Grund dafür ist der Rückgang der Erdbestattungen. Immer mehr Verstorbene werden verbrannt und anschließend in Sammelgräbern beigesetzt. Dies hat einen „Leerstand" bei den klassischen Grabflächen zur Folge. Viele Friedhöfe sind inzwischen „unterbelegt". Das führt zu höheren Erhaltungs- und Betriebskosten: Die Flächen mit unverkäuflichen Grabstellen müssen jetzt vom Friedhofsbetreiber selbst gepflegt werden. Pauschal von einer „Abzocke bei den Friedhofsgebühren" zu reden wäre deshalb nicht fair. Die Gebühren sind aber für die Hinterbliebenen bei einer klassischen Erdbestattung ohnehin nicht der entscheidende Faktor. Auf längere Sicht ist die Grabpflege das Teurere. Wenn Sie damit eine Gärtnerei beauftragen, zahlen Sie über eine Laufzeit von 15 Jahren betrachtet dafür ungefähr das Doppelte der Friedhofsgebühren.

Ein gepflegtes Grab, um der Erinnerung einen Ort zu geben – das ist auch heute noch vielen Hinterbliebenen wichtig. Und diese Form von Erinnerungspflege sollten wir uns bei gestiegenem Wohlstand eigentlich auch leisten können. Aber wollen wir dann noch zusätzliches Geld ausgeben, um dieses Grab zu versichern? Für etwa 45 Euro jährliche Prämie können Sie einen Grabstätten-Schutzbrief erwerben. Dann ist das Grab gegen Sturm, Hagel, Überschwemmung und Erdbeben geschützt. Verbraucherschutzorganisationen halten das für eine so überteuerte wie überflüssige Ausgabe.

An Geschäftsideen rund um den Tod herrscht kein Mangel. Ein Erfinder aus Osnabrück bietet zum Beispiel ein Handy an, mit dem Sie in Kontakt mit Ihren Verstorbenen bleiben können. Dieses hat eine Batterie mit besonderer Ladekapazität und Empfang auch unter der Erde. Sie können es also mit dem Toten beisetzen und ihn danach noch lange unter seiner neuen Adresse anrufen. Der Erfinder vermarktet sein Produkt als „Telefonengel“ und wirbt: „Angehörige, die krank sind, keine Zeit haben oder zu weit entfernt wohnen, um ihre Verstorbenen am Grab zu besuchen, können jetzt anrufen.“ Er hat nach eigenen Angaben bislang drei dieser Handys verkauft, jeweils zu 1500 Euro.

Dass man mit Toten noch reden kann, scheint übrigens auch der eine oder andere Arzt zu glauben. Eine „Beratungspauschale“ berechnet nämlich mancher Weißkittel noch nach dem letzten Atemzug. „Offenbar nutzen viele Ärzte die Unwissenheit und die emotional schwierige Situation aus, um für die Ausstellung des Totenscheins überhöhte Rechnungen zu stellen“, attestiert Michael Schomers. Als „erste Abzocker am Totenbett“ bezeichnet er die Ärzte deshalb. Denn diese würden für die Durchführung der Leichenschau in der Regel 100 bis 200 Euro verlangen, obwohl sie nach Gebührenordnung höchstens 76,56 Euro kosten dürfte. Aber sind 150 Euro für einen ärztlichen Hausbesuch – unter Umständen am Wochenende oder nachts – wirklich Abzocke? Der Klempner, der danach mit ein paar Handgriffen den Wasseranschluss sperrt, wird höchstwahrscheinlich mehr verlangen.

Und was ist mit den Schwarzkitteln? Also dem Kirchenpersonal im Talar? Hält auch mein Berufsstand am Ende noch mal die Hand auf? Grundsätzlich sollte die Bestattung eines Kirchenmitglieds ein kostenloser Dienst der Kirche sein. Die Verstorbenen haben ihr ja – oft inklusive Kirchensteuer – die Treue gehalten und somit eine Beisetzung ohne Rechnung verdient. Nicht selten fallen dann aber doch Gebühren an: Bis zu 50 Euro verlangen manche Gemeinden für die Kirchenbenutzung, das Glockenläuten und die öffentlichen Aushänge. In München wird den Hinterbliebenen eine Pauschale „für kirchliche Begleitung“ in Höhe von 50 Euro in Rechnung gestellt. Davon gehen 15 Euro an den Kreuzträger und 35 Euro als Wegegeld an die Kirchengemeinde. Andernorts gibt es ein „Taxigeld“ zwischen 30 und 50 Euro.

„Das letzte Hemd hat keine Taschen“, behauptet der Volksmund. Doch mancher Hinterbliebene hat das Gefühl, dass man dafür ihm den letzten Cent aus der Tasche locken will. Besteht dieser Verdacht zu Recht? Bereichern sich manche Profis schamlos am Tod? Natürlich gibt es skandalöse Einzelfälle wie die Nürnberger Zahngoldmafia. Aber normalerweise werden Sie von Ärzten, Geistlichen und Friedhofsbetreibern nicht betrogen. Die Wahrscheinlichkeit, dass Sie bei der Reparatur einer Waschmaschine ungebührlich übervorteilt werden, ist größer. Kritisch hinzusehen und bei Unklarheiten nachzufragen ist trotzdem sinnvoll.

Kritisch hinzusehen, wo andere keinen Einblick haben – das ist die Aufgabe eines Enthüllungsjournalisten. Michael Schomers ist ein solcher und hat sich für uns hinter den Kulissen der Bestattungsunternehmen umgesehen. Als er dort Undercover als Hilfskraft anheuerte, wurde er mancherorts Augenzeuge unschöner Praktiken. Er war zum Beispiel dabei, als bei einem Discountbestatter die Leiche einer alten Dame für die Beisetzung präpariert wurde. Die Mitarbeiter des Bestattungshauses entsorgten die alte Kleidung und den Verpackungsmüll zusammen mit der Verstorbenen im Sarg: „Sie ziehen ihr das Nachthemd aus, knüllen es zusammen und stopfen es zwischen die Beine der Frau. Dann nimmt Bernd ein Totenhemd aus dem Schrank und packt es aus. Wie bei einem neuen Hemd ist es mit Klammern, Papierstreifen und Plastikeinband versehen, die alle ebenfalls im Sarg zu Füßen der Toten landen.“ Schomers ist schockiert von diesem lieb- und würdelosen Verhalten: „Deckel drauf, zack und weg. Den Verpackungsmüll zu Füßen der Toten sieht man dann nicht mehr.“

Bei anderen Bestattungsunternehmen hat Schomers eine anderen Umgang mit den Toten erlebt: Die Körper der Verstorbenen wurden respektvoll behandelt. Die Professionalität – zum Beispiel der Einsatz eines Krans – ging nicht auf Kosten der Pietät. Die meisten Toten wurden sogar in eigener Kleidung beigesetzt: „Wir rücken seine Kleidung nochmals zurecht, und dann decken wir ihn bis zur Taille zu. Mit einer Bürste kämmen wir sein Haar, dann betrachten wir unser Werk. Ich stelle fest, wie friedlich das wirkt, und kann plötzlich das Wort von der ‚ewigen Ruhe' verstehen."

Es scheint also Unterschiede zwischen den Bestattungsunternehmen zu geben! Überrascht Sie das angesichts der Spannweite bei den Preisen? Die Palette reicht von windigen Geschäftemachern bis zu hochengagierten „Bestattern aus Berufung".

Mit den Toten ein Geschäft zu machen wurde erst zu Beginn des 19. Jahrhunderts attraktiv. Damals kam es zu einer Reform des Friedhofswesens, die das Entstehen von Bestattungsunternehmen schlagartig begünstigte: Die innerstädtischen Friedhöfe wurden aufgelöst und durch große neue Begräbnisstätten vor den Toren der Stadt ersetzt. Außerdem wurden strenge Hygienevorschriften erlassen. Die bisherige Praxis, die Toten in Tücher gewickelt nur wenige Zentimeter unter der Erde beizusetzen, galt fortan als unhygienisch. Im Ergebnis hat das dazu geführt, dass a) ein Massenmarkt für Särge entstand, b) Särge aus der Stadt auf den Friedhof transportiert werden mussten und c) eine Grube notwendig wurde, um die Verstorbenen in einer gewisse Tiefe beizusetzen. Damit schlug die Stunde der Profis.

Die ersten Bestattungsunternehmer waren oft Schreiner. Sie hatten zunächst neben ihren anderen Tätigkeiten auch Särge hergestellt. Die Nachfrage nach Särgen stieg dann aber durch die Friedhofsreform sprunghaft. Also haben manche Schreiner sich ganz auf die Sargtischlerei spezialisiert. Und lag es dann nicht nahe, auch noch den Transport der Särge – egal, ob voll oder leer – zu übernehmen? Und einen Mitarbeiter zum Ausheben des Grabs abzustellen?

Andernorts waren es die Lohnfuhrbetriebe, die sich als Bestattungsunternehmer etablierten. So zum Beispiel bei dem Betrieb, in den Peter Wilhelm eingeheiratet hat. Er beschreibt die Firmengeschichte des Bestattungshauses seines Schwiegervaters folgendermaßen: „Er hatte von seinem Vater eine Hauderei übernommen. Ein Hauderer hatte ein Lohnfuhrunternehmen und transportierte im Grunde genommen alles. Früher mit Pferd und Kutsche. Später – so ab den Dreißigerjahren – mit Autos. Der Schreiner stellte die Särge her, der Hauderer transportierte sie. Früher waren Bestattungen noch nicht so kompliziert. Wenn jemand verstorben war, ging ein Angehöriger zum Schreiner und sagte Bescheid. Der Schreiner richtete den Sarg, der Hauderer holte den Sarg, bettete den Verstorbenen ein und brachte ihn zum Friedhof. Kurz gesagt: Eine Hauderei ist ein Taxiunternehmen für tote Leute. Im Laufe der Zeit fertigten immer weniger Schreiner eigene Särge, die großen Sargfabriken entstanden. So kam zur Hauderei oft noch ein Sarglager hinzu. 1948 machte mein Schwiegervater aus der Hauderei ein komplettes Bestattungsinstitut."

Vor 200 Jahren haben sich also die Schreiner oder die Lohnfuhrbetriebe professionell der Toten angenommen. Sie haben sichergestellt, dass mit den Körpern der Verstorbenen hygienisch und pietätvoll umgegangen wurde. Was für ein Fortschritt diese Form von Totenfürsorge war, zeigt eine Dienstanweisung an den Mesner der Münchner Frauenkirche aus dem Jahr 1708: Er wurde aufgefordert, vor dem Beginn der Sonntagsmesse zu kontrollieren, ob auf dem Friedhof Leichenteile von Frischbestatteten aus dem Erdreich ragten. Bei sommerlichen Temperaturen sollte er außerdem mehr Weihrauch verwenden. Die Toten stanken nämlich nicht nur zum Himmel, sondern auch in die Kirche hinein. Die hygienischen Zustände auf dem Friedhof müssen katastrophal gewesen sein. Hier verlässlich Abhilfe geschaffen zu haben ist ein Verdienst des Bestattungsgewerbes.

Dieses hat sich dann mit der Zeit – und zunächst vor allem in den Städten – weiterentwickelt: Was ein Nebenerwerb von Schreinern und Hauderern war, wurde zu einem eigenständigen Gewerbe. Ein branchenspezifisches Kompetenzprofil entstand. Die Entwicklung des Berufsbildes setzt sich bis in unsere Tage fort: Einige Bestatter verstehen sich heute nicht mehr nur als „Handwerker", sondern in einem umfassenden Sinne als „Lebensbegleiter". Die „technische Abwicklung" des Sterbefalls wird ergänzt durch trauerpsychologische Angebote. Immer mehr Bestattungshäuser bieten therapeutische Begleitung und Seminare an. Zu Gesprächskreisen, Singgruppen, Pilgerreisen und Malkursen laden sie ein. Sie bieten Kurse für meditatives Tanzen, Selbstfindung oder biografisches Schreiben an. Diese Angebote richten sich vornehmlich an Trauernde – aber nicht nur: „Wir begleiten Sie durch *alle* Lebensabschnitte", verspricht zum Beispiel das Münchner Trauerhaus AETAS. Es geht also nicht nur um Trauerkultur, sondern in einem weiteren Sinne um alle existenziellen Lebensfragen. Selbsthilfegruppen können Räume im Bestattungshaus nutzen. Unterm Strich beinhaltet das thematische Angebot einiger Bestattungsunternehmen inzwischen Veranstaltungen, die zum klassischen Angebotsspektrum der Kirchen gehören. Sensible Kirchenleute fangen an, sich zu fragen, ob ihnen da nicht eine Konkurrenz entsteht.

Zugleich befinden sich aber auch die Bestatter ihrerseits unter Konkurrenzdruck: Firmen aus anderen Branchen versuchen, auf dem Markt Fuß zu fassen. Früher konnten aus Schreinern und Hauderern Bestattungsunternehmer werden. Warum dann nicht heute auch aus Gärtnern? Und in der Tat: Einige Friedhofsgärtnereien bieten inzwischen nicht nur Blumenschmuck und Grabpflege an, sondern komplett die ganze Beerdigung. Dafür habe sie eine hervorragende Ausgangsposition: Friedhofsgärtnereien liegen meistens direkt neben dem Friedhof. Sie sind für viele Hinterbliebene ein selbstverständlicher Anlaufpunkt: „Da kauft man im Frühjahr die Stiefmütterchen und ist da also mehrmals im Jahr, im Gegensatz zum Bestatter", klagt ein Beerdigungsunternehmer und fährt fort: „Der Gärtner ist im Gegensatz zum Bestatter positiv besetzt." Die Damen und Herrn mit dem grünen Daumen sind also durchaus chancenreiche neue Anbieter im Bestattungsgewerbe.

Auch von den Betreibern von Seniorenheimen und Krankenhäusern droht neue Konkurrenz. So hat zum Beispiel der Arbeiter-Samariter-Bund in Hamburg 2007 ein eigenes Bestattungshaus gegründet.

Dass der ASB zugleich Altenheime betreibt und in der ambulanten Betreuung engagiert ist, kann man kritisch sehen. Zumindest Frank Kuhlmann, der zweite Vorsitzende des Bestatterverbandes Hamburg, tut dies: „Da jetzt auch noch Bestattungen anzubieten, das finde ich wirklich grenzwertig, eigentlich sogar abartig." Der ASB mache sich auf unfaire Weise einen Wettbewerbsvorteil zunutze. Der Bundesverband Deutscher Bestatter reagierte deshalb mit einer geharnischten Presseerklärung: „Es ist unverständlich, wenn branchenfremde Institutionen sich anmaßen und den Bürger glauben machen, sie könnten diese sensibelste Dienstleistung am Menschen nun auf einmal als Organisation ohne ausreichende Vorkenntnisse am Markt anbieten. Die Bestatterverbände fordern den ASB auf: Schuster, bleib bei deinen Leisten! Der ASB sollte sich mit solch fragwürdigen Aktivtäten nicht selbst diskreditieren." Derart unter Beschuss genommen, hat der Arbeiter-Samariter-Bund inzwischen das Feld geräumt und sein Bestattungsangebot in private Trägerschaft überführt.

Bestatter verschweigen allerdings gerne, dass manche von ihnen selbst mit Krankenhäusern und Altenheimen heimliche Absprachen getroffen haben. Deutschlands größtes Bestattungsunternehmen, die Ahorn AG, geriet in die Kritik, als ein Kooperationsvertrag mit einem Geriatriezentrum in Berlin ruchbar wurde. Der Vertrag regelte, dass die dort Verstorbenen automatisch von der Ahorn AG abgeholt wurden. Laut Zentrale zur Bekämpfung unlauteren Wettbewerbs e.V. „verschafft sich die Ahorn AG ohne Wissen und Wollen der Angehörigen Zugriff auf die Leichen der Verstorbenen, um die Angehörigen zu einer Kontaktaufnahme zu veranlassen". Andernorts wird gemunkelt, dass es für Pflegekräfte Provisionen oder zumindest großzügige „Kaffeekassenzuschüsse" gäbe, wenn sie ein Bestattungshaus mit der Abholung der Leiche beauftragen. Der Bestattungsgewerbekenner Dominic Akyel glaubt, dass sich dieses Schmiergeld für den Bestatter lohnt: „Wenn Hinterbliebene kein speziellen Unternehmenspräferenzen haben, lassen sie sich oft von den Empfehlungen der medizinischen Einrichtungen leiten."

Es lohnt sich, bewusst selbst eine Entscheidung über den Bestatter zu treffen. Die Qualität, der Stil und der Preis verschiedener Bestatter unterscheiden sich spürbar. Als Autokunde haben Sie die Wahl. Zum Beispiel zwischen einem preiswerten Dacia, einem klassischen VW Golf, einem hippen Mini oder einem gediegenen Mercedes. Bei den Bestattern gibt es eine ähnliche Bandbreite.

Verschaffen Sie sich beizeiten durch eine Internetrecherche einen Überblick über verschiedene Bestattungsunternehmen.

Wenn Sie den Bestattungskauf im Rahmen eines Vorsorgevertrags regeln, können Sie sich einen Überblick über die Marktsituation verschaffen und bewusst vergleichen.

Wie viel Anteil nimmt ein Pfarrer, der 500 Menschen unter die Erde gebracht hat?

„Ich lebe vom Zentralfriedhof mit allen seinen Leichen" – als Geistlicher hätte ich früher allen Grund gehabt, in dieses (leicht geänderte) Lied von Ludwig Hirsch einzustimmen. Der Tod war zeitweise die Haupteinnahmequelle der Kirche: Im Mittelalter waren sogenannte Seelenmessen üblich, die das himmlische Wohlergehen der Verstorbenen befördern sollten. Die Priester wurden dafür nach Stückpreis bezahlt. Der mittelalterliche Mensch glaubte, dass eine hohe Zahl solcher Messen ihm nach dem Tod zugutekäme. Von diesem Bedürfnis nach kirchlicher Fürbitte konnten viele Priester gut leben.

Ein durchschnittlicher Stadtbürger des ausgehenden Mittelalters verfügte in seinem Testament, dass 30 Seelenmessen für ihn zu lesen seien. In der reichen Oberschicht wollte man seine Privilegien auch im Himmel gewahrt wissen und bestellte vorsichtshalber bis zu 1000 Seelenmessen. Diese Messen hatten ihren Preis. Deshalb ging etwa ein Drittel der gesamten Erbmasse an die Kirche. Wenn Sie dies in heutige Relationen umrechnen, verstehen Sie, warum damals üppige Kathedralen gebaut werden konnten: Würde der heutige Durchschnittsdeutsche entsprechend den mittelalterlichen Gepflogenheiten ein Drittel seines Nachlasses der Kirche vererben, wäre der dadurch erzielte Betrag fast zehnmal so hoch wie das derzeitige Kirchensteueraufkommen.

Nicht nur der daraus resultierende Reichtum der Kirche würde uns heute befremden. Auch mit der Art, wie die Fürbitte für die Verstorbenen praktiziert wurde, könnten wir uns kaum anfreunden. Die Zahl der zu lesenden Seelenmessen war nämlich so groß, dass sie in Fließbandarbeit runtergebetet wurden. Zu diesem Zweck baute man in den städtischen Kirchen neben dem Hauptaltar zusätzliche Altäre in den Seitenschiffen auf. Mancherorts konnten dann über zehn Priester parallel Seelenmessen lesen. Wenn Sie im Spätmittelalter eine große Kirche betreten hätten, wären Sie in jeder Ecke auf mechanisch Messen murmelnde Priester gestoßen. Ihre Gebete wären überall die gleichen gewesen: Ohne persönlichen Bezug auf den Verstorbenen und – da viele meiner mittelalterlichen Kollegen den ganzen Tag nichts anderes taten – ohne spürbare innere Beteiligung.

Routineverrichtungen ohne innere Beteiligung? Geht das? Dass Geistliche auf dem Friedhof geistlos ihr Programm runterleiern, ist auch heute nicht völlig auszuschließen. Für uns Kirchenleute gehört der Tod schließlich immer noch zum Alltagsgeschäft. In meinem Pfarrerleben habe ich bereits über 500 Menschen unter die Erde gebracht. Auf dem nächstgelegenen Friedhof werde ich von den Mitarbeitern augenzwinkernd als „Stammgast“ begrüßt. Besteht da nicht das Risiko, dass die Empathie und persönliche Betroffenheit irgendwann mitbegraben werden? Dass ich nur noch maskenhaft Anteilnahme heuchle?

Zum Glück besteht mein (Berufs)Leben nicht ausschließlich aus Beerdigungen! Ich taufe auch Kinder, traue Verliebte und konfirmiere aufgeweckte Jugendliche. Verstorbene zu verabschieden ist nur ein Aspekt meines vielfältigen Berufslebens. Die zu begleitenden Todesfälle erlebe ich als Teil des Ganzen, was das Leben ausmacht. Zu meiner letzten Beerdigung bin ich zum Beispiel direkt aus der Grundschule gekommen. Bis 9.30 Uhr stand ich vor einer Horde quirliger Viertklässler im Religionsunterricht – um 10.30 Uhr dann in der Aussegnungshalle vor Trauernden. In diesem Kontrast steckt eine Chance: Mitten aus dem Leben zu kommen immunisiert gegen die Patina pathetisch-professioneller Pietät! Wer hingegen immer nur leidvoll gucken muss und nie laut lachen darf, läuft Gefahr, dass die Leichenbittermine zum normalen Gesichtsausdruck wird. Vor diesem Risiko fühle ich mich als Pfarrer – der eben auch mit anderen Menschen feiern, staunen, fröhlich, dankbar und gerührt sein darf – gefeit. Allein auf das Thema Tod abonniert zu sein würde mich bedrücken, und ich frage mich mit Blick auf die hauptberuflichen Trauerredner, wie es ihnen gelingt, trotzdem eine lebensbejahende Grundstimmung bei Bestattungen herzustellen.

Wenn Sie mich anlässlich eines Todesfalls kennenlernen würden, würde ich behaupten, „mitfühlend an Ihrer Seite zu sein". Aber stimmt das? Wie viel ehrliches Mitgefühl hat ein Mensch, der seit vielen Jahren von Berufs wegen laufend Bestattungen gestalten muss? Mir persönlich gefällt in diesem Zusammenhang das Wort „Mitgefühl". Es beschreibt meine eigene emotionale Beteiligung besser als das Wort „Trauer". „Trauer" empfinden die Angehörigen, die unter dem Tod des zu verabschiedenden Menschen leiden. Diejenigen, denen dieser Mensch im Alltag fehlen wird und die schmerzhaft realisieren, dass ihr Leben jetzt um eine wichtige Bezugsperson ärmer ist. Das ist mir bei als von Berufs wegen Bestattenden nur selten der Fall. Die meisten Verstorbenen kannte ich ja nur flüchtig oder gar nicht. Durch ihren Tod wird sich mein eigenes Leben nicht spürbar ändern. Deshalb behaupte ich auch nicht von mir, dass ich intensiv „mittrauere". Meine eigene Betroffenheit gilt eher den Angehörigen, die ich im Vorgespräch kennenlerne: Ich höre zu, wenn sie aus der gemeinsamen Lebensgeschichte erzählen. Ich sehe, wie sie weinen. Ich staune darüber, was sie miteinander erlebt haben und wie sie füreinander da waren. Ich bin berührt von ihrer Liebe und Loyalität. Ich spüre, wie hilflos und zutiefst traurig die Angehörigen jetzt sind. Und im Verlauf eines solchen Gesprächs kann ich dann fast immer ehrlich sagen: Ich fühle mit ihnen!

Dieses echte Mitgefühl wird überhaupt erst durch eine Besonderheit des Beerdigungsgesprächs ermöglicht: Bei den Treffen mit den engsten Hinterbliebenen erlebe ich, dass sich wildfremde Menschen mir in einer überraschenden Weise öffnen. Angehörige geben in Bestattungsgesprächen viel von sich preis. Sie gewähren dem Grabredner Einblicke in ihre Lebensgeschichte und Gefühlswelt, wie es normalerweise erst auf der Basis langjährigen Vertrauens geschieht. Ich müsste ein sehr hartherziger und zynischer Mensch sein, wenn ich davon nicht berührt wäre. Und ich bin davon überzeugt, dass fast alle Geistlichen und Trauerredner in solchen Situationen ein gewisses Maß an ehrlichem Mitgefühl empfinden.

7. WARUM WIR DIE MEISTEN BEERDIGUNGEN RECHT GUT ÜBERLEBEN

Schön, dass Sie sich die Zeit genommen haben, mit mir tiefer zu graben! Als Stammgast auf dem Friedhof liegt mir die Bestattungskultur am Herzen. Mein Herz schlägt dabei aber nicht für Bestattungen, bei denen die Trauergesellschaft alles „richtig" macht, das heißt sich reibungslos an die Konventionen und Erwartungen der Friedhofsprofis hält. Besonders berührt bin ich immer dann, wenn die Abschiede eine spürbar persönliche Note haben. Dieses Buch soll Ihnen Lust darauf machen, den Tod persönlich zu nehmen! Ich wollte Ihnen die Augen dafür öffnen, wie viele Beteiligungs- und Wahlmöglichkeiten Sie bei der Gestaltung eines Abschieds haben. Was Sie daraus machen, ist schlichtweg Ihre Sache. Die Menschen, die Sie betrauen, sind ja schließlich *Ihre* Angehörigen. Ein besserwisserischer Pfarrer ist auf dem Friedhof keine Hilfe. Sie wissen selbst am besten, was zu Ihnen passt und wie der Mensch war, den Sie loslassen müssen. Ich als Friedhofsprofi habe Ihnen nur die schöne Erfahrung voraus, dass es beim Abschiednehmen viel Spielraum für persönliche Anteilnahme gibt – und zugleich die traurige Erfahrung, dass die meisten Hinterbliebenen von diesen Gestaltungsmöglichkeiten zu wenig wissen.

Sie tragen einen geliebten Menschen im weißen Mahagonisarg mit rotem Azaleengesteck zu Grabe? Nicht mein Ding – aber ich liege ja auch nicht in diesem Sarg. Sie kredenzen ein von einem Sternekoch zubereitetes Buffet auf dem Sargdeckel? Nicht mein Ding – aber unter denen, die den Löffel abgeben, sind eben größere Feinschmecker, als ich es einer bin. Sie sehen gerührt einem Gasballon nach, der die Asche eines Ihrer Angehörigen in den Himmel trägt? Nicht mein Ding – aber meine Himmelfahrt kann ja auch gerne noch ein paar Jahre warten. In jedem Fall hätte ich als Grabredner aber den Anspruch, auf Ihre Wünsche einzugehen. Ich würde Achtung für das Lebensgefühl und die Lebensgeschichten empfinden, die durch solche Wünsche hindurchscheinen. Genau das ist ja auch die Aufgabe von uns Profis auf dem Friedhof: Wir sollen achtsam sein für das, was den Hinterbliebenen guttut. Dieses Einfühlungsvermögen zu haben behaupten Bestatter, Trauerredner und Geistliche in ihrer Eigenwerbung laufend: Also, nehmen Sie uns ernst! Sagen Sie, was Sie wollen, was Ihnen guttut und was zu Ihrem Verstorbenen passt!

In diesem Buch wird von Menschen berichtet, die mich in ihre Seele sehen ließen. Sie haben mir erzählt, wie ein Verstorbener war und was sie mit ihm erlebt haben. Sie haben mich an den Gefühlen teilhaben lassen, die der Verlust bei ihnen hervorruft. Manche haben mir dann noch im Nachhinein berichtet, was ihnen bei einer Bestattung gutgetan oder sie beim Abschiednehmen gestört hat. Ich habe von diesen Menschen viel gelernt: Nicht nur, wie ich Bestattungen besser machen kann, sondern über das Leben. Dafür bin ich sehr dankbar! Ich hoffe, dass diese Geschichten Ihnen den Umgang mit dem Tod leichter machen.

Auch wenn dies ein Buch über Bestattungskultur ist, haben Sie wahrscheinlich gemerkt: Ich lache sehr gerne! Dass mir auch im Angesicht des Todes das Lachen nicht vergeht, ist so, weil ich darauf vertraue, dass in meinem Leben Gott das letzte Wort haben wird. „Ich habe dich bei deinem Namen gerufen, du bist mein!" (Jesaja 43,1b) Diese Zusage Gottes ist mir Trost und Hoffnung. Darin klingt an, dass die Einzigartigkeit eines Menschen gottgewollt ist. Genau dies sollte auch bei einer guten Beerdigung spürbar werden: Jeder Mensch ist auf geniale Weise ein Unikat! Es gibt engagierte Bestatter, wunderschöne Friedhöfe und empathische Geistliche und Trauerredner. Sie freuen sich, auf Menschen zu stoßen, denen eine Bestattungskultur wichtig ist, in der die persönliche Wertschätzung für den Verstorbenen deutlich wird. Also: Lassen Sie sich nicht für blöd vergraben!

LITERATUR

Akyel, Dominic, *Die Ökonomisierung der Pietät. Der Wandel des Bestattungsmarktes in Deutschland*, Frankfurt 2013

Bonanno, George A., *Die andere Seite der Trauer. Verlustschmerz und Trauma aus eigener Kraft überwinden*, Bielefeld 2012

Rinder, Nicole, und Rauch, Florian, *Das letzte Fest. Neue Wege und heilsame Rituale in der Zeit der Trauer*, München 2012

Roth, Fritz, *Das letzte Hemd ist bunt. Die neue Freiheit in der Sterbekultur*, Frankfurt 2011

Salm, Christiane zu, *Dieser Mensch war ich. Nachrufe auf das eigene Leben*, München 2013

Schomers, Michael, *Todsichere Geschäfte. Wie Bestatter, Behörden und Versicherungen Hinterbliebene ausnehmen*, Berlin 2009

Sörrics, Reiner, *Herzliches Beileid. Eine Kulturgeschichte der Trauer*, Darmstadt 2012

Werner, Renate, *Zuhause sterben: Was Sie wissen müssen. Wie Sie sich vorbereiten können. Wo Sie Unterstützung bekommen*, München, 2014

Wilhelm, Peter, *Gestatten, Bestatter! Bei uns liegen Sie richtig*, München, 2009